지금 당장, 정의 실현

그때가 되면 깨달을 것인가?
마지막 나무를 쓰러뜨리고,
마지막 물고기를 잡아먹고,
마지막 강물마저 오염시켰을 때,
돈을 먹고는 살 수 없다는걸.

― 북아메리카 선주민 크리족 속담

조효제

성공회대 명예교수,
《침묵의 범죄 에코사이드》,
《탄소 사회의 종말》 저자

유엔환경계획, 기후변화에관한정부간협의체, 유엔개발계획 등 유엔 기구들은 오늘날 인류가 기후변화, 대기오염, 그리고 생물다양성 상실이라는 '3중 위기'에 직면해 있다고 경고한다. 지구의 문제는 인권의 문제이고, 인권의 문제는 지구의 문제다. 나는 인권의 시선에서 뫼비우스의 띠처럼 얽혀 있는 기후위기와 코로나19 같은 전 지구적인 환경·생태위기와 인권의 위기를 연구해왔고, 그 누구도 차별받지 않으면서 위기의 악순환을 끊기 위한 사회-생태적 전환의 길을 모색해왔다.

'에코사이드' 논의는 인권에 기반한 사회-생태적 전환을 상상하는 작업에 매우 중요하다. 1948년 유엔총회에서 채택된 〈세계인권선언〉 이후 1970년대에 이르러 국제 인권규범이 급속도로 발전하기 시작했고, 그 흐름 속에서 건강한 지구생태계 보호가 모든 인권의 온전한 향유를 위한 기초 조건이라는 점을 인식하기에 이르렀다. 1972년 스톡홀름 인간환경회의는 국제사회가 깨끗한 환경을 인권으로 인정하는 방향으로 도약하는 발판을 마련한 결정적인 계기였다.

하지만 같은 시기에 일어난 핵위기와 베트남전쟁은 인권규범과 제도의 공백을 적나라하게 드러냈다. 자유 진영을 대표하는 미국과 공산 진영을 이끈 소련은 서로에게 핵무기를 겨눈 상황에서 인권을 자의적으로 '자유권'과 '사회권'으로 분절하여 인권의 불가분성 원칙을 형해화했으며, 서방은 인권을 내세워 베트남을 비롯한 인도차이나에서 전쟁과 잔혹 행위를 저질렀다.

이 책에서 소개하듯이 심각한 환경파괴를 에코사이드 범죄로 처벌하라는 목소리는 인류의 도리를 저버리고 인권을 남용하여 저질러진 사회적·생태적 파괴에 책임을 묻기 위해 등장했다.

한국사회에서도 꾸준히 '에코사이드' 또는 '생태학살'이라는 개념이 미디어와 학계에서 등장하고 있지만, 에코사이드 저항운동의 역사와 현주소, 그리고 그 의의를 깊이 조망한 연구는 이제 막 시작 단계에 있다. 그런 점에서 이 책은 풍부한 사례를 들어 에코사이드 개념의 역사적 기원과 관련 쟁점을 소개하고 있어 매우 소중하다. 또한 이 책의 저자는 '에코사이드는 정의의 문제'라는 명료한 메시지를 던지면서 누가 어떤 사회적·법적 조건 아래에서 에코사이드 저항운동을 이끌며 정의의 질서를 재창조하고 있는지 꼼꼼하게 살핀다. 더 나아가 '생태정의', '생산과 파괴의 쳇바퀴', '승자의 정의', '본래적 범죄' 등 철학, 사회학, 정치학, 범죄학, 사학, 정책학, 경제학, 생태학 등 분과학문의 경계를 넘나들며 여러 개념과 접근을 참고하여 저자만의 에코사이드 개념을 제시하고, 그것을 바탕으로 에코사이드의 원인과 발생 경로에 대해 매우 탁월한 분석을 선보인다.

2024년 9월 피지, 사모아, 바누아투가 '에코사이드' 처벌을 위한 국제형사재판소 로마규정 개정안을 공식 제출했고, 남아프리카공화국 등 '글로벌 남반구' 국가들과 시민사회는 국제사법재판소에 이스라엘과 서방의 팔레스타인 제노사이드-에코사이드 책임을 묻기 위한 노력을 이어가고 있다. 이들은 그동안 국제 인권규범과 국제형사법 형성 과정에서 주변부에 머물러야 했던 나라들인데, 국제법 무대에서 지각변동을 일으키고 있다. 약자들의 목소리가 수많은 장벽을 넘어 '변방에서 중심으로' 나아가는 중인 것이다. 한편 한국에서도 녹색정의당이 2024년 국회의원 선거에서 '생태학살

처벌특별법'을 공약으로 제안한 바 있으며, 그 이전부터 시민사회에서는 다양한 형태의 '에코사이드' 내지 '생태학살'에 저항하기 위한 운동을 조직해왔다.

이 책은 현실에 대한 세밀한 분석을 바탕으로 생태정의의 관점에서 오늘날 논의되고 있는 에코사이드 처벌 방안과 저항운동의 의의와 한계, 향후 도전 과제를 조망한다. 예를 들어 인권을 제대로 고려하지 않은 에코사이드 처벌 및 방지 방안은 오히려 장애인이나 선주민, 이주민 등 사회적 소수집단의 존엄한 삶을 어렵게 만들 수 있다는 것이다. 또한 '부자들의 환경주의'를 비판하면서 에코사이드 저항은 빈곤에 맞서는 정의의 문제이기도 하다는 점을 강조한다. 그래서 환경운동과 환경법에 관심 있는 독자뿐만 아니라 인권운동의 확장을 모색하고 사회-생태적 전환을 고민하는 많은 이들에게 이 책은 훌륭한 지성적, 실천적 가이드 역할을 할 수 있을 것이다. 이 책의 출판을 계기로 한국사회에서도 에코사이드 저항을 위한 논의의 수준이 한 단계 더 높아지기를 희망한다.

이 책의 저자는 나의 오랜 제자인데, 꾸준한 연구와 활동을 바탕으로 좋은 출판사를 만나 첫 저서를 발간하게 되어 기쁜 마음이다. 부디 이 책이 널리 읽혀서 우리 사회에 새로운 녹색 감수성과 행동의지가 확산하는 데 큰 역할을 하기를 기대한다.

에코사이드에
저항하는
이유

'에코사이드'는 집을 의미하는 그리스어 '오이코스$_{oikos}$'에서 따온 '에코$_{eco}$'와 '살해 또는 파괴'를 뜻하는 '사이드$_{cide}$'의 합성어로, 직역하면 '집을 파괴하는 행위'라고 정의할 수 있다. 한국에서는 '생태학살'이라고 번역하기도 한다. 이 용어는 처음 등장했을 당시 베트남전쟁이라는 특수한 맥락에서 발생한 환경파괴를 의미했지만, 21세기에 접어들면서 국제 및 국내 환경법이 발전했음에도 생태계 붕괴가 더욱 악화하는 상황에 대해 비판적 사고력을 촉진하는 언어로서 그 의미가 확장되고 있다. 특히 에코사이드를 사회생태적으로 바람직하지 않은 범죄 행위로 규정하는 논리는 '인간만을 위한 환경법'을 넘어 '사회와 생태계의 공존'을 추구하는 대안적 인식론의 발전을 자극하고, 지구에서 에코사이드를 일으키지 않으면서 도 인간이 인간으로서 살 수 있는 정의의 질서와 삶의 방식 을 고민하게 만든다(범죄자가 되긴 싫으니까!).[1]

에코사이드는 내가 인지하지 못해도 생각보다 가까이에 서 일어난다(또는 이미 일어났다). 내가 나고 자란 서해는 '황 해'라고도 부른다. 중국 내륙의 황토가 강물을 타고 바다에 섞여서 혼탁해진 탓에 생긴 이름이다. 그래서인지 농담으로 '서해는 지저분하다'는 말을 많이 들으며 자랐다. 수심이 얕 아서인지 바다에 버려진 수많은 쓰레기가 적나라하게 보이 기도 했지만, 어렸을 때는 그래도 바다는 넓고 깊으니까 언 제나 그 모습을 그대로 간직할 줄 알았다. 게다가 바다의 오 염을 정화해주는 갯벌까지 있으니 쓰레기를 그만 버리면 서 해도 언젠가는 깨끗해지지 않을까 하는 막연한 기대를 하기 도 했다.

2007년 12월 겨울, 외국에 있었던 나는 인터넷을 통해 서해안을 둘러싼 검은 기름띠 사진을 보게 됐다. 삼성중공 업 소속 선박과 홍콩 유조선이 충돌해서 원유가 바다로 쏟 아져 나왔다고 했다. 이 사건은 한국 역사상 최악의 해양 기 름유출사고로 기록되었다. 긍정적인 모습도 찾아볼 수 있었 다. 매일매일 닦아도 밀려오는 기름을 제거하기 위해 전국에 서 123만 명이나 자원봉사를 하러 왔다. 지역 주민인 부모님도 자원봉사자와 함께 바다로 나가셨다. 하지만 이명박 정부와 언론은 자원봉사자들의 노력을 칭찬하면서도 발 빠르게 '삼성기름유출사건'을 '태안기름유출사건'으로 바꿔 부르면서 삼성을 사회적 기억 속에서 지우고, 피해 지역을 태안으로 한정했다. 이 사건을 계기로 나는 중요한 사실을 깨닫고 질문할 수밖에 없었다. 오염을 일으켜도 누군가는 계속 돈을 버는구나. 왜 그들은 책임을 회피할 수 있는가? 왜 피해자들이 더 큰 손해를 봐야 하는가?

10년도 넘게 지났지만 이 사건은 나를 다른 사람으로 만들었다. 나는 그 뒤 사회문제로서 환경문제를 연구하는 사람이 되었고, 다음과 같은 질문에 대한 답을 찾고 싶었다. 환경파괴의 원인은 무엇인가? 왜 환경법은 무분별한 개발과 파괴 앞에서 무력해지는가? 왜 환경 피해자들은 피해를 인정받지 못하는가? 이 질문들은 나를 '에코사이드'에 대한 연구로 이끌었다. 지금까지 10년이 넘도록 환경단체에서 자원활동을 했고, '국익'을 명목으로 한 개발사업과 군사기지 건설에 반대하는 주민들을 만났다. 대학에 몸담고 연구하는 동안 또 다른 질문들이 꼬리에 꼬리를 물고 이어졌다. 에코사이드 같은 대규모 환경파괴는 왜 일어나고, 왜 문제가 될까? 어떤 언어와 생각으로 에코사이드에 저항해야 할까? 생태파괴를 일삼는 삼성과 같은 기업은 해체되어야 할까? 다른 기업들은? 이 책에 담긴 내용은 그 고민에 대해 스스로 내린 답을 정리한 기록이라고 할 수 있다.

요즘 나는 환경불평등과 환경범죄 연구를 하기 위해 아일랜드섬island of Ireland[2]을 자주 방문한다. 아일랜드에는 비가 자주 내린다. 구름 하나 없이 해가 나 있어 외출하면 5분도 지나지 않아 세찬 비바람이 찾아온다. 비에 다 젖어 좌절할 때쯤이면 언제 그랬냐는 듯 다시 해가 보인다. 젖어서 화가 나지만 해가 다시 떴을 때 차 한 잔을 마시며 바라보는 창밖은 평온하기 그지없다. 하늘은 파랗고, 양과 소가 초원에서 풀을 뜯고 있다. 이렇게 평화로울 수가! "하지만 그건 착각일 뿐이야"라고 나와 함께 창밖을 바라보던 주민이 말해주었다. "겉으로는 푸르른 초원이지만, 농업으로 인해 땅이 얼마나 오염됐을지 모르거든." 실제로 아일랜드섬은, 특히 북아일랜드는 유럽에서 생물다양성지수가 가장 낮은 지역 중 한 곳이며, 오랫동안 화학물질·수질·토양 오염 등 유럽연합의 각종 환경규제 기준을 달성하지 못해왔다. 이렇게 푸르른 초원조차 오염된 땅이라니. 생태계를 보호하고, 파괴된 자연을 복원한다는 게 정말로 가능하기나 한 일일까? 자연스레 이런 의문을 품을 수밖에 없었다. 나는 그 문제의 크기에 압도당하고 말았다.

지구 곳곳에서 일어나고 있는 생태파괴는 더는 자연을

사랑하는 사람들만 심각성을 느끼는 문제가 아니다. 문제는 접근법이다. 환경오염의 주범인 기업과 많은 나라의 정부도 앞다퉈 '친환경' '녹색전환' '착한 소비' '지속가능성' 등 각종 미사여구를 동원해 개인이 일상에서 지구를 생각하며 살아가는 생활방식을 권장하고 있다. 그러나 우리는 매번 폭염과 한파 같은 이상기후, 자연재해, 오염물질의 확산과 집중, 멸종의 가속화, 가난의 대물림, 취약계층에 집중된 재난 위험, 심지어 기후부정론을 넘어선 '극우 환경주의'[3]의 부상 등과 같은 문제와 맞닥뜨리고 있다. 상황이 계속 나빠지고 있다는 소식을 더 많이 접하고 있는 셈이다. 그래서 어떤 사람들은 기후종말이 다가오고 있다며 무기력에 빠지거나 우울감을 느끼기도 한다. 다른 이들은 현실을 부인하거나 회피하며, 내가 먹고사는 문제가 더 급하다고 생각하면서 일상을 버티는 중일 수도 있다.

하지만 다행이라면 많은 사람이 부당한 세상을 바꾸는 과정에서 겪는 시행착오를 인내하며 계속해서 사회변화를 위해 전진하고 있다는 점이다. 나는 이러한 저항 행동이 왜 정당한지에 대한 논리를 고민하면서 정의의 관점에서 에코사이드를 살펴보게 되었다. 이 관점에서 보면 지구생태계를 회복 불가능한 수준으로 파괴하는 행위와 (강제로) 주어진 정치적, 경제적, 사회적 조건에서 변화하는 자연환경에 적응하며 생존을 모색하는 실천은 질적으로 다르게 대우받아야 한다. 전자는 타인의 존엄성과 삶의 근간을 해치는 '범죄' 행위이자 도덕적 의무를 저버린 것이고, 후자는 주어진 상황에서 개인이나 공동체가 극한의 환경 속에서도 생존을 위해 내린 최선(적어도 차악)의 결정이기 때문이다. 이러한 '불온한' 생각은 정부와 기업이 (고의적으로) 지구생태계를 파괴하는 행위를 '에코사이드'로 규정하고, 이들에게 법적, 윤리적 책임을 묻기 위한 저항운동과 조응한다.

이 책은 '에코사이드 개념 이해→한국형 에코사이드 분석→에코사이드 처벌 흐름 및 쟁점 논의'라는 구조로 구성되어 있다. 1부는 초기 에코사이드 논의를 요약하고, 다양한 사례를 5가지 유형으로 구별하여 에코사이드에 대한 배경지식을 제공한다. '에코사이드' 개념의 계보와 해외 사례에 관심이 많은 독자에게 유익할 내용이다. 2부는 '한국형 에코사이드'의 원인과 주범에 대한 사례분석을 전개한다. 한국 맥락에서 에코사이드 저항을 고민하는 독자는 2부부터 살펴보면 좋다. 3부는 지금까지 에코사이드 저항운동의 성과와 동향을 소개하고, 에코사이드 처벌을 둘러싼 여러 논쟁거리를 소개하며 인식의 지평을 넓히고자 한다. 이 책을 통해 독자들이 에코사이드 저항운동의 과거와 현재를 이해하고, 이 저항운동에 연대하면서 지구를 위한 정의를 되찾는 여정에 함께

할 수 있기를 소망한다.

　이 책을 준비하면서 많은 분의 도움을 받았다. 선우는 무엇보다 제일 중요한 책 집필에 집중할 수 있는 환경을 만들어주었다. 《침묵의 범죄 에코사이드》의 저자이자 나의 은사이신 조효제 선생님께서 아낌없는 응원을 해주셨다. 집필 초창기에 여러 의견을 나눠준 김보영·김진아·최준호·이희연·장윤석 선생님께 감사드린다. 스톱에코사이드인터내셔널Stop Ecocide International에서 활동하는 조조 메타Jojo Mehta와 루시 리즈Lucy Rees, 녹색범죄연구소End Ecocide Korea 대표 비와이는 언론으로 접하기 어려운 에코사이드 저항운동 내부 동향을 공유해주었다. 성공회대학교 기민형 학생이 독자의 관점에서 원고에 대해 논평해준 덕분에 최종 원고를 더 잘 가다듬을 수 있었다. 마지막으로 이 원고를 긍정적으로 검토하고, 독자들에게 가까이 다가갈 수 있는 형태로 책을 만들어준 오월의봄 여러분에게 깊이 감사드린다.

아일랜드 데리와 독일 함부르크를 넘나들며

황준서

1부   에코사이드는 어떻게 시작되었나

에코사이드는 정의의 문제다

해수구제와 '승자의 정의'

"자연이란 한번 파괴하기는 쉬워도 그 회복은 쉽지도 않을 뿐더러 영영 회복되지 않는 경우가 더 많다. 생태계가 허물어지고 그 숨소리가 끊긴 강산은 더 이상은 금수강산이 아니다."[1]

한반도 '유해동물'이 된 '멸종위기종' 고라니

유년 시절 고요한 밤이 찾아오면 창밖에서 아이가 울부짖는 소리가 나서 종종 놀라곤 했다. 부모님은 대수롭지 않게 저건 동물이 내는 소리라고 대답하셨다. 그러면서 그 동물은 밭에 심어둔 작물 중에서 가장 싱싱하고 맛있는 새싹들만 골고루 조금씩 베어먹고 가버린다고 불평하셨다. 울음소리의 주인공은 '고라니'였다. 고라니는 여름이 되면 2~6마리의 새끼를 낳는데, 아마 봄여름이면 들렸던 그 '아이 울음소리'는 짝을 찾는 고라니들의 대화가 아니었을까 싶다.

고라니는 온대기후에 잘 적응해서 주로 한반도 전역과 중국 동북부에 서식하는데, 그중에서도 약 70만 마리, 전체 고라니 규모 중 약 90%가 비무장지대 등 한반도 38선 이남에 서식하고 있다. 고라니 분포도를 보면 정말 전국이 빽빽할 정도다.[2] 그래서 고라니는 한국인과 가장 자주 마주치는 야생동물이지만, 대체로 부정적인 존재로 대우받는다. 농민에게는 농사 훼방꾼이고, 밤에는 자동차 불빛을 향해 무작정 뛰어드는 '위험한' 동물이기도 하다. 고라니는 한국에서 '도로 위 잔혹사'(로드킬)를 가장 많이 당하는 동물이다. 그래서 '킥라니'(킥보드+고라니), '자라니'(자전거+고라니) 등 도로로 위험하게 튀어나오는 사람들을 고라니에 빗대어 비하하기도 한다.

고라니에 대한 부정적인 사회 인식은 우리나라의 법률에도 반영되어 있다. 한국은 환경부령에 따라 고라니를 "일부 지역에서 서식밀도가 너무 높아 농·림·수산업에 피해를 주는" "유해야생동물" 중 하나로 규정하고 있다.[3] 법률에 따라 지방자치단체에서는 일명 '유해조수구제단'[4]을 조직해 고라니 개체 수 조절을 이유로 특정 기간에 사냥을 시행한다.

이러한 '유해조수구제 활동'을 통해 매년 20여만 마리가 이 땅에서 사라진다(로드킬로 사망한 고라니는 3만 마리 정도다). 이러한 활동은 고라니의 규모 증식을 억제하는 효과를 보인 다는 이유로 계속 이어지고 있다.[5]

사실 대신 공존 방법을 찾아야 한다는 목소리도 만만치 않다. 세종시에서는 고라니들이 수목원에 '침입'해서 값비싼 원예작물을 뜯어먹었다는 이유로 엽사를 고용해 10여 마리를 사살해 비판을 받았다.[6] 고라니는 세계자연보전연맹IUCN에서 '멸종취약Vulnerable' 상태로 지정한 종이며, 중국과 북한에서도 사냥 금지 대상으로 보호하고 있다. 국제적으로는 멸종위기종이라는데, 한국에서는 왜 이렇게 상황이 다를까?

고라니를 비롯한 이른바 '유해조수' 문제는 역사적 정의의 관점으로 살펴볼 때 그 근본적인 원인을 파악할 수 있다. 일제가 식민지 시기 한반도에서 저지른 '해수구제사업害獸驅除事業'에 큰 책임이 있기 때문이다. 아시아 전체로 침공 영역을 확대하기 위해 한반도를 병참기지로 수탈하던 일본제국은 독립운동뿐만 아니라 자연의 저항도 물리쳐야 했다. 한반도의 산과 들판을 불태우던 일본인들은 호랑이와 곰, 표범, 늑대, 멧돼지 등 대형동물들의 '공격'을 받았기 때문이다. 1910년대에 이르러 일제는 '인간과 가축에 위협을 끼치는 해로운 동물들을 제거'하겠다면서 해수구제사업을 실시했고, 호랑이처럼 일본에서 볼 수 없던 야생동물을 사냥하기 위해 일본 인들을 불러들였다.

그중 가장 대표적인 사람이 1917년에 '정호군征虎軍'을 조 직해서 한반도 호랑이 학살에 나섰던 야마모토 타다사부로 山本唯三郎이다. 그는 직접 손에 피를 묻히는 대신, '조선의 명포 수'들을 포함한 사냥꾼 군대를 동원했고, 언론을 초청해 사 냥 '성과'를 대대적으로 홍보했다. 호랑이를 잡으면 일제 총 독부 관계자들과 친일파 세력을 초청해 고기 시식회를 열었 고, 가죽은 옷으로 쓰고, 일부는 일본으로 가져가 박제 후 전 시했다.[7] 해수구제가 한창 진행되던 와중에 한반도 마지막 호랑이가 1921년에 경주 대덕산에서 총에 맞아 죽었다고 전 해진다.

폐허가 된 한반도, 눈감은 '승자의 정의'

한반도에서 벌어졌던 여러 생태계 파괴 사건 중에서도 해수구제사업에 먼저 주목한 이유는 '근대 사회정의 질서' 확 립 과정에서 발생한 대표적인 잔학 행위이기 때문이다. 미 국, 소련, 영국, 중화민국 등 제2차 세계대전에서 승리한 연 합군은 나치 독일과 일제의 전쟁범죄를 처벌하기 위해 '국제 군사재판소International Military Tribunal'(뉘른베르크법정)와 '극동국제 군사재판소International Military Tribunal for the Far East'(도쿄법정)라는 두 개의 국제특별재판소를 설치했다. 전쟁범죄가 여러 국가와 영토(식민지 포함)에서 이뤄진 만큼, 각 국가의 서로 다른 법률로는 공동의 책임을 묻기 어려웠기 때문이다. 또한 전쟁이란 국제적으로 피해를 끼치는 행위인 만큼 국제평화의 이름으로 정의를 실현하려는 실험이기도 했다.

일제가 저지른 '평화에 반하는 범죄crimes against peace' '전쟁범죄conventional war crimes' '인류에 반하는 죄crimes against humanity'를 심판하기 위해 출범한 도쿄법정은 도조 히데키를 비롯한 28명의 전쟁범죄자에게 유죄판결을 내렸다. 하지만 일제가 전쟁 이전부터 오랫동안 식민지에서 저지른 자연생태계 파괴와 학살 및 인간성 말살 행위는 단죄하지 못했다.

도쿄법정은 설립부터 조사, 판결까지 전 과정에 걸쳐 식민지 지배와 전쟁으로 고통받은 피해자와 생존자들의 목소리를 제대로 반영하지 않았다. 승전국들은 자신들이 입은 피해를 배상받기 위해 일제를 징벌하는 '승자의 정의victor's justice'를 실현하고자 했을 뿐, 토지강탈, 일본군 '위안부' 문제, 강제동원 등 인간의 존엄성을 침해하는 "식민지에서의 범죄"는 제대로 단죄하지 않았다.[8] 더 나아가 도쿄법정 헌장은 해수구제사업처럼 일제가 조직적으로 저지른 생명학살 행위와 전쟁으로 인한 생태계 파괴도 전혀 고려하지 않았다. 즉 인간이 아닌 피해자에 대해서는 눈을 감은 것이다. 하지만 식민지배와 전쟁이 자연에 가한 폭력은 매우 중대한 범죄였다. 조선 총독의 비호 아래 1935~1936년에 한국의 야생동물을 포획했던 동물학자 스텐 베리만Sten Bergman은 해수구제에 대해 다음과 같이 평했다.

> 일제시대나 그 당시에 빚어진 민족적 비극을 원료나 노동력의 수탈 또는 민족적 자존심의 훼손 정도로 치부하는 경향이 있다. …… 우리가 얻을 수 있는 교훈은 이미 그 당시에 엄청난 생태계의 파괴가 이뤄지고 있었다는 점이다. 다만 그것이 그 당시로서는 가시적이지 않았을 뿐이다. 지금의 시점에서 본다면 그것이 얼마나 끔찍스럽고 치명적인 착취였던가를 새삼 느끼지 않을 수 없다.[9]

어떤 이들은 도쿄법정이 출범했던 시대에 환경보호 의식이 부족해서 이런 한계가 있었다고 생각할지 모른다. 정말 그럴까? 도쿄법정 헌장 채택을 주도한 미국은 이미 1910년대부터 자국 내 국립공원 지정 및 관리, 철새보호 등 환경보호를 위한 여러 법률을 제정한 상태였다. 과연 미국 땅에서 일제가 해수구제와 같은 학살 행위를 저질렀다면 가만히 있었을까? 도쿄법정이 아니었다면, 그 시절 일제가 저지른 한반도 자연생태계의 파괴에 대한 책임은 누구에게, 어떻게 물어야 했을까?

한반도에 살았던 수많은 호랑이와 곰, 표범 등 '해수'들은 지금 사라지고 없다. 자연생태계에 고라니의 천적은 없어졌다. 이러한 상황을 초래한 자들은 책임지지 않고 있는데, 이제는 무분별한 국토 난개발까지 겹치면서 고라니 서식지가 인간의 공간과 점점 충돌하고 있다. '유해한' 대상이 된 고라니는 해마다 합법적으로 사살되고 있다. 식민지 시절에는 대형 육식동물이, 이제는 고라니가 '유해'하다고 한다. 그럼 고라니마저 다 사라지면 다음은 어떤 동물이 '유해조수' 목록에 오를까? 고라니가 이런 상황을 초래한 것도 아닌데, 왜 모든 책임을 고라니에게 전가해야 하는가? 이것은 정의가 아니다.

정의의 눈으로 보는 에코사이드

'정의'는 인간사회의 핵심 가치 중 하나지만, 이 개념에 대한 여러 정의가 각축을 벌이고 있다. 예를 들어 누군가는 정의를 '기회의 평등'으로 이해하는 반면, '결과의 평등'으로 바라봐야 한다고 주장하는 사람도 있다. 이 책에서는 정의를 철학자들이 답을 내린 특정한 상태가 아니라, 모두가 '같은 건 같게, 다른 건 다르게' 정당한 대우를 받는 사회를 만들기 위해 발현하는 민주적인 집합행동에 담긴 원칙으로 이해한다. 즉 정의란 '사회란 이래야 한다'는 고정불변의 질서가 아니라, 그 시대에 주어진 정치적, 사회적, 경제적, 문화적 모순과 장벽을 깨뜨리고, 자유롭고 평등한 세상을 만들기 위해 '사회를 이렇게 바꾸자'라는 억압받는 집단이 가진 열망의 표출로 본다. 이 세상에서 불평등한 질서를 통해 많은 것(권력, 재산 등)을 소유한 집단은 정의로운 질서를 필요로 하지 않기 때문이다. 1960년대 미국 민권운동을 이끌었던 마틴 루서 킹 목사는 투쟁의 언어로서 정의를 적확하게 요약하고 있다.

도시 근교에 넘치는 부와 안락으로부터 빈곤과 절망으로 가득 찬 도시 내부를 분리하고 있는 이 비극적인 장벽을 정의의 세력이 가진 무기로 무너뜨릴 때까지 안주하지 맙시다.[10]

투쟁의 언어로서 정의는 현대 민주사회를 구성하는 하나의 사회적 원칙으로서, 새로운 사회적 상상력을 추동하는 동력으로서, 그리고 제도로서 우리의 일상생활에 스며들어 있다. '원칙-투쟁-제도'는 서로 연쇄적으로 연결되어 정의 담론이 발전하는 (때로는 후퇴하는) 순환고리를 형성한다. 정의로운 질서는 인간사회 안에서만 필요한 게 아니라, 인간사회와 자연세계 사이에서도 필요하다는 목소리가 존재한다.

환경파괴에 정의를 묻는 이유는 세 가지 측면에서 의미가 있다. 첫째, 우리 사회가 자연을 어떻게 대우해야 하는지에 대한 도덕적 원칙에 대해 질문한다. 둘째, 환경파괴의 악순환을 초래하는 사회체제 속에서 차별과 폭력을 겪고 있는 집단의 민주적인 투쟁에 정당성을 부여한다. 셋째, 환경파괴를 조직적으로 초래하는 개인과 집단에 책임을 묻고, 오늘날 '환경보호제도'의 기원 및 한계를 비판적으로 검토하는 기준을 제공한다.

이 책은 자연생태계의 일원으로서 인간의 특별한 책임을 강조하는 '생태정의' 입장에서 에코사이드를 비판적으로 탐구한다. 여기서 에코사이드란 실정법에서 금지하는 환경파괴 행위뿐만 아니라(법률적 의미의 에코사이드) '합법적으로' 이루어진 환경파괴도 포함한다(사회적 의미의 에코사이드). 왜냐하면 생태계 붕괴를 부추기는 부당한 환경파괴를 합법으로 제도화하는 과정에는 사회적 불평등에 뿌리내리고 있는 권력관계가 작동하기 때문이다. 그래서 에코사이드에 대한 저항은 에코사이드라는 범죄를 유발하는 사회구조적 조건들과 에코사이드를 막지 못하게 세워진 장벽들을 동시에 허무는 정의를 향한 투쟁이다.

이제 이러한 관점을 바탕으로 국책사업, 인권탄압, 보조금 등 각종 방식으로 지구를 폐허로 만드는 행위들의 발생

조건을 분석하고, 에코사이드 처벌운동이 정의 실현에 어떤 역할을 하고 있는지 (그 한계도 함께) 살펴보면서 '한국형 에코사이드'에 대한 대응을 고민해보자.

1부

에코사이드는
어떻게 시작되었나

1.
에코사이드 논의의 시작, 베트남전쟁과 고엽제

고엽제의 발명과 환경전쟁

1940년대 미국 일리노이대학의 한 실험실, 박사과정 학생이었던 아서 갤스턴Arthur W. Galston은 화학물질이 식물의 생리에 미치는 영향을 검증하는 연구에 매진하고 있었다. 어느 연구나 그렇듯 여러 시행착오가 있었겠지만, 갤스턴의 실험은 끝내 결실을 보았다. 갤스턴은 '2,3,5-트리오도벤조산2,3,5-triiodobenzoic acid, TIBA'이라는 화합물을 흡수한 식물은 성장이 빨라지지만, 일정 수준을 넘어서면 모든 잎을 떨어뜨리며 말라죽는다는 사실을 발견했다. 그는 1943년에 〈개화의 생리학: 콩 작물의 개화 시기 연구를 중심으로Physiology of flowering: with especial reference to floral initiation in soybeans〉라는 제목의 박사논문을 제출하고,

이후 여러 학술논문도 발표했다.

본래 수의사를 지망했던 갤스턴이 유년기를 보냈던 뉴욕시 브루클린은 식물이나 밭을 보기 어려운 동네였지만, 그는 당시 뉴욕주 주민들에게 등록금을 면제해주었던 코넬대학교 농과대학에 입학했다. 대공황을 겪으며 가장이던 아버지가 일자리를 잃으면서 수의대를 다닐 경제적 여유가 없었기 때문이다. 그는 1년 동안 농과대학에서 공부하고, 마찬가지로 등록금이 무료였던 수의과대학으로 전공을 바꿀 생각을 하고 있었다.

하지만 기초식물학 강의를 맡았던 로런 페트리Loren C. Petry 교수의 카리스마에 사로잡혀 농과대학에 잔류했다. 그렇게 식물생리학 박사과정까지 진학했는데, 그의 지도교수는 제2차 세계대전의 여파로 미군의 임무 수행을 위해 남아메리카로 장기간 파견을 떠났고, 갤스턴은 전쟁으로 인해 3년 안에 박사과정을 끝내야 하는 처지에 놓였다. "촉박한 학업 기간과 지도교수가 부재"[1]했지만 그는 박사논문을 완성했다.

만약 내가 이렇게 힘들게 마친 연구가 뜻하지 않은 방식으로 주목받는다면 어떤 기분이 들까? 예를 들어 식물의 삶에 대한 연구가 인간과 식물을 대량으로 살상하는 수단으로 쓰인다면? 안타깝게도 갤스턴의 박사논문은 그가 생각지도 못했던 살상무기 개발에 활용되었다. 바로 '고엽제defoliant'

다. 우리에게는 여러 고엽제 중 하나인 '에이전트 오렌지Agent Orange'(55갤런 드럼통을 오렌지색 띠로 둘렀기 때문에 생긴 명칭)로 잘 알려진 '나무의 잎사귀를 마르게 해서 죽음에 이르게 하는 제초제'가 바로 그것이다.

말레이시아는 오랜 기간 영국의 식민지였다. 세계 고무 생산의 중심지[2]인 이곳은 지금까지 알려진 바로는 고엽제가 처음 사용된 땅이기도 하다. 영국은 1946년 일제를 몰아내고 이 지역을 식민지로 만들었다. 1948년 말라야연방이 수립되고, 말라야공산당이 무장투쟁을 일으키자 영국은 같은 해 6월 16일 '말라야 비상사태'를 선포하고 전쟁을 일으켰다. 말라야공산당 계열 무장 조직들이 밀림으로 들어가 게릴라 작전으로 맞서자, 영국 공군은 하늘에서 고엽제를 살포했다. 열대우림과 농작물을 죽이면서 말라야민족해방군이 밀림 속에 숨지 못하게 차단하고, 그들을 모두 굶어 죽게 하려는 의도였다.

이러한 고엽제 무기화는 당시 국제법상으로나 영국 국내법상으로나 큰 문제가 되지 않았다. 다만 무차별적인 고엽제 살포가 민간인에게도 큰 피해를 초래하면서 전시 민간인의 보호 규칙을 규정하고 있는 '제네바협약Geneva Conventions[3]' 위반 소지를 지적하는 목소리가 있기는 했다. 그러나 1952년 당시 식민지영토부 장관이었던 앨런 레녹스-보이드Allan Lennox-

Boyd 보수당 의원은 영국 의회에 나와 말라야반도에서 "정글 개척jungle clearings"을 목적으로 "비독성 제초제" 실험이 진행 중인 사실을 인정하면서도 제초제가 "테러리스트들의 농작물을 파괴"할 것이며 "성공적"이라고 평가했다. 그는 무차별적인 제초제 사용으로 특히 여성과 아동 등 민간인들이 굶어 죽을 수 있는 상황을 우려하는 질의에 대해 "과잉 해석"을 우려하며, 오히려 이러한 방식을 통해 "말라야에서 우리 동료 시민들을 죽이고 있는 산적들을 무찌를 수 있다"고 답했다.[4]

1952년 6월부터 10월 사이 말라야반도 약 510헥타르에 제초제가 살포되었고, 보수적으로 추정해도 1만 명 이상의 주민들이 장기적인 피해를 입었다고 알려져 있다. 살포된 제초제들은 땅으로 흡수되어 지하수로 유입되었고, 새로운 작물들은 자라나지 못했다. 참고로 여의도 면적이 290헥타르 정도이니, 말라야에서 얼마나 광범위하게 제초제가 뿌려졌을지 상상해보길 바란다.

말라야를 뒤덮었던 제초제 중 하나인 '트리오신Trioxone'은 이름도 복잡한 2,4,5-트리클로로페녹시 초산과 2,4-디클로로페녹시아세트산을 50 대 50의 비율로 섞은 화합물이다. 갤스턴의 연구 대상이었던 2,3,5-트리오도벤조산은 이 화학물과 같은 구조$C_{67}H_3O_2$를 공유한다. 영국 정부는 갤스턴의 연구를 바탕으로 화합물의 분자 구성을 조금씩 바꾸면서 무기화 실험을 했던 것이다. 그러나 영국은 지금까지도 당시 제초제 사용에 대한 어떠한 책임도 인정하지 않고 있다. 오히려 베트남, 라오스, 캄보디아 등 인도차이나반도에 있는 나라들에 고엽제를 살포할 수 있도록 실험 정보를 제공해 미국이 훨씬 더 조직적이고, 광범위하고, 무차별적으로 고엽제를 악용할 수 있는 길을 열어주었다. 그리고 영국이 고엽제 무기화에 대한 윤리적, 법적 책임을 인정하지 않았듯 미국 또한 영국의 행위를 그대로 따라 했다.

1945년 8월 15일 일본제국의 항복 후 베트남공산당의 지도자였던 호찌민은 '베트남민주공화국' 설립을 선언했는데, 베트남을 포함한 '프랑스령 인도차이나'를 식민 통치했던 프랑스는 베트남의 자결권을 부인하고 베트남 왕조를 내세워 전쟁을 일으켰다. 베트남은 남북으로 분단되었고, 1955년에 이르러 공산당이 이끄는 북베트남과 외세의 지원을 받은 반공정권이 들어선 남베트남 사이에 내전이 발발했다.

1960년에 존 F. 케네디가 대통령에 당선된 후 반공정권 수립을 지원했던 미국은 북베트남 해군이 미군 함정을 공격했다고 알려진 '통킹만 사건'[5]을 빌미로 본격적으로 베트남에 개입했다. 당시 미국 국방부 장관이었던 딘 러스크^{Dean Rusk}는 영국의 고엽제 무기화 선례를 근거로 케네디 대통령에게 고엽제 살포가 '합법적인' 전술이라고 조언했다.[6] 뒤에서 살펴보겠지만, 그 당시 전쟁을 규율하던 법률들을 따져본다면 이러한 판단이 완전히 틀린 것은 아니었다. 비록 비윤리적인 행동이지만 말이다.

미군은 1962년부터 1971년까지 약 10년 동안 베트남에서 C-47과 C-123 등 대형 항공기를 이용해 베트남에서 약 8000만 리터(2000만 갤런)의 고엽제를 살포했다.[7] 베트남 전체 국토 면적의 18%, 전체 삼림 면적의 20%에 달하는 지역이 오염되었다고 한다. 이 군사작전의 명칭은 '랜치 핸드Ranch Hand'였는데, 누가 어떤 이유로 이렇게 정했는지는 정확히 알려져 있지 않지만 '랜치'가 '농장'이라는 뜻을 가진 단어라는 점에서 섬뜩함을 느낄 수 있다. 마치 농장에 제초제를 뿌리듯이 인도차이나반도에 제초제를 뿌렸다는 뜻으로 읽을 수 있기 때문이다. 당시 미군이 살포한 여러 고엽제 중 가장 유명한 유형이 '에이전트 오렌지'였다.

영국이 그랬듯이, 미군도 고엽제 살포를 통해 밀림에 숨어 있는 게릴라에 대한 공격과 그들의 식량 보급로 차단 효과를 노렸다. 또한 공산당 지지세가 강했던 농촌의 토지 기반을 파괴해서 이들이 미군이 점령하고 있는 도시로 이주하도록 유도하려는 목적도 있었다.[8] 이뿐만 아니라 캄보디아와 라오스 등 인도차이나반도 등지에서 '비밀 전쟁'을 치르며 고엽제를 사용했다. 미국이 인도차이나반도에서 저지른 만행

은, 특히 1960년대 새로운 사회변화의 동력으로 등장한 환경
운동단체들로부터 환경전쟁environmental warfare이라고 비난받았으
며, 전쟁에서 환경파괴의 비윤리성과 법적 규제의 필요성에
대한 광범위한 토론을 촉발했다.

"고엽제 살포는 명백한 에코사이드"

고엽제로 에코사이드 이야기를 시작한 이유는 바로 갤
스턴이 고엽제가 파괴한 베트남을 방문한 후 그 용어를 사용
해 미국을 강력하게 비판했기 때문이다. 갤스턴은 미국의 고
엽제 무기화에 반대하기 위해 1970년 2월에 미국 워싱턴에
서 열린 '전쟁과 국가의 책임에 관한 회의Congressional Conference on War
and National Responsibility'에 참가해 다음과 같이 에코사이드 금지 및
처벌의 필요성을 강변했다. 한국에서는 에코사이드 처벌운
동의 역사적 맥락이나 갤스턴의 주장이 심도 있게 소개된 적
이 없어서 그의 주장 중 일부를 옮겨보았다.

제2차 세계대전이 끝나고 뉘른베르크 재판의 결과로 우리
는 인간이 구성한 집단의 전체와 그들의 문화에 대한 의도
적인 파괴를 인류에 반하는 범죄인 제노사이드genocide로 정
당하게 비난할 수 있게 되었습니다. 저는 이와 유사하게 인
간이 자립해서 살아갈 공간을 제공하는 자연환경을 의도적

이고 영구적으로 파괴하는 행위도 에코사이드라는 용어를 써서 인류에 반하는 범죄로 규정해야 한다고 생각합니다. 오늘날 가장 고도로 발전한 나라들은 이미 자신의 나라 곳곳에서 자기파괴적 에코사이드autoecocide를 저지르고 있습니다. 미국은 베트남에서 고엽제와 제초제를 광범위하게 살포하는 방식으로 아마도 유일하게 다른 나라에서도 에코사이드를 저지르고 있습니다. 유엔이 나서서 에코사이드 금지를 위한 노력을 다해야 합니다.[9]

이처럼 에코사이드 용어의 등장을 이해하기 위해서는 제2차 세계대전 전범재판에서 다뤘던 '제노사이드', 즉 '집단살해'[10] 범죄를 이해할 필요가 있다. 1933년 폴란드 법학자 라파엘 렘킨Raphael Lemkin은 인간으로서 도리를 저버린 악행barbarity과 예술·문화·공공시설을 비롯해 사회적 재산을 훼손하고 파괴하는 행위vandalism를 통한 집단파괴와 집단학살을 범죄로 처벌해야 한다고 주장했다. 당시 국제연맹League of Nations은 이러한 주장을 제대로 고려하지 않았는데, 렘킨은 포기하지 않고, 특히 나치의 홀로코스트를 목격하면서 민족, 종족, 인종을 뜻하는 'geno'와 살해 및 파괴를 뜻하는 'cide'를 합쳐 제노사이드라는 용어를 고안해 국제법으로 처벌해야 한다고 호소했다.

뉘른베르크 법정은 나치의 유대인과 다른 사회집단에 대한 잔인한 대우 및 살인 행위를 제노사이드로 규정하기는 했지만, 구체적으로 제노사이드 행위를 처벌하지는 못했다. 다만 제노사이드에 대한 논의를 수면 위로 끌어올리는 계기가 되었으며, 렘킨과 그의 동료들의 끈질긴 노력 끝에 유엔 회원국들은 제노사이드 범죄 및 방지 처벌 필요성을 인정하여 1948년 12월 9일 '집단살해죄의 방지와 처벌에 관한 협약 Convention on the Prevention and Punishment of the Crime of Genocide'(이하 '집단살해 방지 협약')을 체결했다. 이 협약은 제2조에서 집단살해를 "국민적, 인종적, 민족적 또는 종교적 집단을 전부 또는 일부 파괴할 의도로서 행하여진 이하의 행위"로 규정하고, 해당 행위 자체는 물론 공모, 교사, 미수, 공범까지 처벌하도록 되어 있다.

'집단살해 방지협약'은 다양한 방식과 차원에서 발생하는 집단살해를 전부 다루지는 못하고 있으며, 법률로 만들어지면서 '의도성' '살해의 규모' 등 범죄의 구성요건들이 실제로 법 적용을 어렵게 하고, 정작 협약 위반에 대한 처벌과 집단살해 예방 수단이 부족하다는 한계를 지적받아왔다.[11] 베트남전쟁 사례만 봐도 미국의 고엽제 살포로 직접적으로 사망한 베트남 사람만 40만 명에 이른다.[12] 하지만 미국은 집단살해 혐의로 국제사회에서 처벌받은 적이 없다. 그렇지만

'집단살해 방지협약'은 집단살해를 보편적인 정의의 원칙에 따라 용납할 수 없는 행위로 선언했다는 점, 이 책에서 이후 살펴볼 다른 국제협약들, 특히 환경협약들과 다르게 미국, 러시아 등 강대국들과 그들의 동맹국들도 비준했다는 점, 따라서 전 세계적으로 각국 정부에 제노사이드 방지 의무를 부과하고 있다는 점에서 의미가 있다.

갤스턴은 '집단살해 방지협약'이 가지는 장점을 근거로 '국제 에코사이드 금지협약'을 채택해야 한다고 강변했고, 미국 정부의 에이전트 오렌지 사용 금지를 촉구하는 캠페인을 펼치면서 과학자의 생명윤리 책임에 대한 여러 저술을 출판했다. 그가 초토화된 베트남을 방문한 후 쓴 논문 〈과학과 사회적 책임Science and Social Responsibility〉은 당시 고엽제가 초래한 참상을 목도하고 느낀 후회의 감정이 담겨 있다.

나는 순진하게 악의적이거나 파괴적인 과학적 연구에 참여하지 않으면, 과학이 사회에 해를 끼치는 결과들을 피할 수 있다고 생각했다. 나는 세상은 그렇게 단순하지 않다는 것을, 거의 모든 과학적 연구들이 특정한 이해관계에 따른 사회적 압력에 의해 악용되거나 왜곡될 수 있다는 사실을 깨달았다.[13]

랜치 핸드 작전이 한창이던 1966년, 유엔은 '화생방(화학·생물·방사능)' 무기 등 대량살상무기의 개발·생산·저장·사용을 금지하고, 이를 완전히 폐기하기 위한 군축협약을 논의하고 있었다. 그해 12월에 열린 유엔총회에서는 포괄적이고 완전한 군축을 촉구하는 결의 제2162(XXI)-B호가 채택되었다.

결의 제2162(XXI)-B호: 포괄적이고 완전한 군축[14]

유엔헌장과 국제법의 원칙에 의거하여 대량살상무기는 인류 전체에게 중대한 위험이며 문명의 규범과 양립할 수 없음을 상기하고,

......

여러 나라들이 1925년 6월 17일에 질식성, 독성 또는 기타 가스 및 세균학적 전쟁 수단의 전시 사용 금지에 관한 제네바 의정서(이하 '1925 제네바 의정서')를 서명한 점을 강조하고,

유엔 18개국 군축위원회 Eighteen Nation Disarmament Committee[15]는 화학무기와 생물무기 및 기타 대량살상무기 개발 및 생산의 중단에 관한 협약, 이러한 무기의 폐기에 관한 협약, 그리고 완전한 군축에 관한 협약 등의 체결을 모색할 임무가 있음을 확인한다.

유엔총회에서는 여러 차례 인도차이나반도에서 미국이 저지른 고엽제 살포를 비난하는 결의 채택이 시도되었는데, 미국 정부는 고엽제와 제초제는 인간에게 해를 끼치기 위한 물질이 아니기 때문에 화학무기가 아니라서 국제법을 위반한 적이 없다고 맞섰다. 갤스턴은 무기화된 고엽제 살포가 자연의 광범위한 파괴를 초래하고 직간접적 살해 행위에 해당하며 미국이 대량살상무기의 포괄적 군축을 촉구하는 유엔 결의를 위반했다고 비판했다.[16]

아마 독자들은 의문이 생길 것이다. 이렇게까지 베트남을 파괴했는데, 미국은 어떻게 국제법을 위반하지 않았다고 당당하게 주장할 수 있었을까? 두 가지 이유가 있다. 첫째, 국제법상 절차의 복잡함이다. 유엔총회 결의 제2162(XXI)-B호에 언급된 '1925 제네바 의정서'는 화학 및 생물학 독성물질의 무기화를 금지하는 국제법적 근거였다. 당시 미국은 의정서의 채택을 주도한 나라였으며, 제2차 세계대전 중 루스벨트 대통령은 화학·생물무기 선제공격 금지정책no-first-use policy을 천명했다. 국제협약은 정부가 서명하고 그 뒤 의회가 동의해야 효력이 발생하는데, 미국 국방부와 화학회사들의 로비에 손을 든 미국 상원의회는 1975년에 이르러서야 비준을 마쳤다. 그래서 미국은 비준 이전 당시에는 의정서를 준수하지 않아도 된다고 주장할 수 있었던 것이다.

둘째, (인간중심적) 국제법이 규정한 범죄의도criminal intent[17] 기준의 한계이다. 베트남전쟁은 전쟁 시기 적이 유리하게 활용할 수 있는 모든 기반시설을 파괴하는 전술인 '초토화 작전scorched earth'에 해당한다. 하지만 인간과 자연의 분리가 가능하다는 그릇된 전제에 따라 '인간의 피해'를 의도하지 않았다거나 또는 그 의도를 입증할 증거가 부족하다면 법적 책임을 피할 수 있다. 실제로 미국은 '인명 피해를 의도하지 않았기 때문에' 제초제와 고엽제가 화학무기가 아니라고 주장했다.

말라야반도에서 고엽제를 살포해 비난받았던 영국이 그 랬듯이[18] 미국은 남베트남 정부가 요청해서 랜치 핸드 작전을 수행했기 때문에 '나쁜' 의도가 있는 자의적 파괴 행위가 아니었다고 항변했다. 고엽제 살포는 우거진 삼림 속에 숨어서 미군에게 피해를 입히는 베트콩을 제압하기 위한 정당한 (또는 불가피한) 작전이었다는 것이다. 최근 영국은 물론 뉴질랜드, 호주도 미국의 베트남 폭격을 지원했다는 사실이 드러났다.[19] 하지만 이 나라들도 '나쁜 의도가 없었다'고 한다면 법적 책임을 피할 수 있는 셈이다. 이러한 의도성 입증의 문제는 오늘날에도 국제법의 도전 과제로 남아 있으며, 이후 살펴보겠지만 전쟁에 직접 공모하거나 전쟁으로 이익을 얻은 집단, 특히 기업에 전시 파괴에 대한 책임 부과를 어렵게 만드는 장벽으로 작동하고 있다.

'법률상 문제없다'는 입장을 내세운 미국의 변명에도 국제사회에서는 베트남전쟁의 결과와 이 전쟁이 앞으로 불러올 더 큰 참사를 우려하는 목소리가 커졌다. 쿠바는 제26차 유엔총회가 열리고 있던 1971년 11월 2일, 갤스턴 등 에코사이드 방지 및 처벌을 주장하는 의견을 인용하면서 "(미국) 제국주의자들"이 민족독립운동을 탄압하기 위해 인도차이나에서 저지르고 있는 잔학 행위는 "제노사이드라고 규정하기에는 적절하지 않으며 '생명살상biocide' 또는 에코사이드"라고 비판했다.[20] 미국은 '목적은 정당했고, 수단은 합리적이었으며, 피해는 비례했는데, 오히려 공산 국가들이 미국의 도덕성을 음해한다'고 반박했다.

　하지만 미국의 억지 주장은 '자유세계'에서도 지지받지 못했다. 당시 스웨덴 총리였던 올로프 팔메Olof Palme는 1972년 스톡홀름에서 열린 유엔인간환경회의UN Conference on the Human Environment에서 "무차별적인 폭탄 공습은 물론 광범위한 불도저 사용과 제초제 살포는 에코사이드라고 부를 수 있을 만한 불법 행위이며, 이에 대한 국제적인 관심이 절실하다. 우리는 장기적인 관점에서 군축과 평화를 위한 노력을 계속해야 한다. 생태전쟁ecological warfare은 당장 중단되어야 한다"고 지적했다.[21]

　한편 리처드 포크Richard A. Falk를 비롯해 국제 에코사이드 처벌법 제정운동에 뜻을 모은 학자들과 환경운동가들은 1973년에 '에코사이드 금지협약 초안Draft Ecocide Convention'을 발표했다. 초안의 주요 내용은 다음과 같다.

제1조. 협약 당사국은 전시와 평시를 구별하지 않고 에코사이드를 국제법으로 방지하고 처벌하기로 합의한다.

제2조. 이 협약은 인간 생태계human ecosystem의 전체 또는 일부를 교란 또는 파괴할 목적을 가진 다음의 행위들을 에코사이드로 규정한다.

1. 화생방 또는 기타 대량살상무기의 사용

2. 군사 목적으로 자연 삼림을 말라 죽이거나 파괴하는 화학 제초제의 사용

3. 토양의 질을 훼손하거나 인간, 동물 또는 작물에게 위험한 질병의 확산 가능성을 높일 수 있는 수량, 파괴력 또는 규모를 가진 폭탄과 대포의 사용

4. 군사 목적으로 대규모 면적의 숲이나 농경지를 파괴하는 불도저 장비의 사용

5. 전쟁 무기로 강우량 또는 날씨를 조작하는 기술의 사용

6. 군사 또는 산업 목적의 달성을 가속화하기 위해 인간 또는 동물을 그들의 서식지에서 강제로 추방하거나 제거하는 행위

이 초안에 따르면 베트남전쟁에서 미국과 그 동맹국들이 저지른 대규모 농토와 삼림 파괴는 비록 '인간 피해가 없었다'고 가정하더라도 중대한 국제범죄에 해당한다. 1970년대에 접어들자 미국 정부는 전쟁의 합법성 여부와는 별도로 국내외에서 전쟁 반대 여론과 맞닥뜨렸고, 베트남전쟁 승리도 사실상 불가능하다고 판단했다. 결국 미군은 남베트남에서 철수했고, 베트남전쟁은 1975년 4월 30일에 공식적으로 끝이 났다. 베트남을 비롯한 인도차이나반도에 에코사이드 재앙을 남기고서 말이다.

안타깝게도 갤스턴과 포크를 비롯해 여러 사람의 노력이 담긴 '에코사이드 금지협약 초안'은 국제사회에서 법으로 인정받기 위한 문턱을 넘지 못했다. 미국이 군사안보, 더 정확하게는 반공전쟁을 이유로 무기화된 고엽제의 참상을 부인한 이유도 있고, 같은 시기에 레이첼 카슨Rachel Carson이 주목했던 살충제인 DDT와 달리 고엽제는 미국에서 사회적으로 주목받지 못한 이유도 있다.[22]

하지만 에코사이드 처벌 주장은 반전평화운동과 환경운동 진영이 전쟁과 환경파괴의 연계에 주목하여 전쟁에 대항하는 논리와 언어를 만들 수 있도록 토대를 제공했고, 대량살상무기 개발, 저장, 이동, 사용 등을 포괄적으로 금지하는 여러 협약의 체결을 끌어내는 데 성공했다. '생물무기 금지협약Biological Weapons Convention'이 1972년 4월 10일에 채택되었고, 1975년 3월 25일에 발효되었다. 1977년에는 '환경조작기술의 군사적 또는 기타 적대적 사용 금지에 관한 협약Environmental Modification Convention, ENMOD'이 체결되었다. 소련과 다른 나라들의 압박에 못 이긴 미국은 이후 두 협약을 모두 비준했다.

하지만 만들어진 법이 합당한지, 그리고 그 법을 누구의 관점에서, 누구에게 어떻게 적용해서 환경파괴에 대한 정의를 실현할지는 다른 문제였다. 앞서 제2차 세계대전 전쟁범죄 재판에서 봤듯이 법은 강자들의 편에 서서 '승자의 정의'를 구현하는 도구로 사용될 수도 있기 때문이다. 그래서 우리에게는 법이 작동하는 사회적 조건들을 비판적으로 탐구하고, 환경파괴 책임자들이 책임에서 벗어날 수 없도록 하는 정의로운 체제가 필요하다. 그래서 베트남전쟁은 끝났을지 몰라도, 미국과 그 동맹국, 전쟁에 편승한 기업들이 함께 공모한 '합법 환경전쟁'에 대한 책임 문제는 현재 진행형이다.

'승자의 정의'에 가려진 강대국과 전쟁 공모자들

역사학자 에릭 홉스봄Eric Hobsbawm은 두 차례 세계대전이 발발했던 20세기를 '극단의 시대Age of Extremes'라고 칭했다. 이 시기 지구는 그 어느 때보다 거대한 전쟁터로 변했기 때문이다. 인간 사이의 악행은 더 잔혹하고 고도화되었고, 소수집단이 단 몇 개의 무기만으로 지구 전체를 초토화할 힘을 갖게 되었다. (여전히 많은 곳에서 쓰이고 있는) 무기화된 고엽제는 그중 하나에 불과하다. 갤스턴은 베트남을 방문한 후 다음과 같이 고엽제가 불러올 참혹한 결과에 대해 우려했다.

강어귀를 따라 발전한 맹그로브 생태계는 에이전트 오렌지 살포 한 번으로 사실상 완전히 죽어버렸고, 이 생태계가 되살아나려면 최소 수십 년이 걸릴 것이다. …… 광범위한 제초제 사용이 불러올 생태적·사회적 결과는 아직 제대로 평가되지 않았을 뿐만 아니라 그게 가능할지조차 확신할 수 없다.[23]

10여 년 동안 진행된 전쟁에서 사망자는 베트남 정부 추산 300만 명, 전쟁을 피해 이주한 사람들(이른바 '보트 피플'을 포함)은 최대 150만 명에 이른다. 터전을 떠나 배를 타고 해외로 이주하려던 사람들 중 배가 바다에 가라앉아서 익사하거나 해적에 의해 살해당한 사람들도 11만 명이나 된다.[24] 그리고 약 2만 곳의 마을에서 400만 명이 고엽제에 노출되었는데, 생존자들은 지금까지도 각종 질병과 정신적 고통을 겪고 있다. '고엽제 후유증Agent Orange Syndrome'으로는 암, 호지킨병, 피부병, 폐쇄성 혈전혈관염, 피부염, 신경마비 등 열거하기에 너무나 끔찍한 병환들이 있다. 체내로 흡수된 다이옥신 등 독성화학물질은 태아에게도 악영향을 미쳐 척추말초신경병, 인지 능력 저하, 면역력 저하 등의 질병을 초래하는데, 이러한 증상들은 베트남전쟁을 겪은 세대의 자식들뿐만 아니라 그 자식의 자식들로 3세대에 거쳐 발현하고 있다.[25] 자연생태계가 입은 피해는 '무시당했다'는 평가가 나올 정도로 제대로 알려진 바가 없다. 이제는 시간이 지나 다른 오염물질들도 고엽제가 뿌려졌던 삼림에 누적되면서, 고엽제의 영향을 정확히 파악하기가 더 어려워지고 있다.[26]

갤스턴은 미국의 고엽제 무기화를 멈추기 위해 분주히 움직이면서 매튜 메셀슨Matthew S. Meselson 등 동료 과학자와 함께 미국 국방부에 고엽제가 인체에 미치는 영향 조사를 촉구했다. 사실 당시 베트남 삼림파괴에 몰두하던 미군조차 에이전트 오렌지를 비롯한 제초제들이 인체에 장기적으로 어떤 악영향을 미칠지 제대로 알지 못한 상태였다. 랜치 핸드 작전에 참여했던 장병들을 비롯해 고엽제에 노출되었던 병사들이 후유증을 앓고 미국으로 돌아와 사망하거나 2차 피해가 발생하는 사례들이 보고되면서, 미국 국방부도 사태의 위험성을 뒤늦게 인지했다. 결국 미국 정부는 랜치 핸드 작전을 시작한 지 약 10년이 흐른 1971년에야 에이전트 오렌지 등 제초제의 사용과 생산을 중단하도록 지시했다. 1979년에는 다이옥신 성분을 함유한 2,4,5-T의 미국 내 사용을 금지했다.

고엽제 살포를 포함한 공중폭격으로 인해 파괴된 베트남 열대우림은 외관상 복원된 상태처럼 보이지만, 환경파괴의 상흔은 여전히 그대로이다. 전쟁이 환경에 미치는 영향을 추적하고 있는 영국의 시민과학연구소인 분쟁과환경관측소 Conflict and Environment Observatory에서 지원한 연구에 따르면 베트남, 라오스, 캄보디아의 토지 20% 이상이 여전히 불발탄으로 오염되어 있으며, 사람들과 동물들이 사고 위험에 노출되어 있다. 베트남전쟁 당시 워낙 무차별적으로 폭격이 있었기 때문에 구체적으로 어느 지역에 어떤 피해가 발생했는지 알기가 어렵다. 다만 최근 미국 정부가 가지고 있던 전쟁 당시 인도차이나반도를 촬영한 위성사진들을 활용한 연구를 통해 '다이옥신 주요 오염 지역dioxine hotspot'을 파악할 수 있게 되면서 독성물질이 주민들과 생태계에 미친 영향에 대한 조사가 더욱 활발하게 진행될 수 있을 것으로 보인다.[27] 이러한 진실규명은 정의 실현에 초석을 제공할 것으로 기대된다.

베트남을 비롯해 인도차이나 땅에 스며 들어간 독성물질과 수많은 불발탄을 누가 책임져야 할까? 미국은 전쟁의 목적이 '정당했고', 수단은 '적절했다'는 이유로 지금까지도 인도차이나에서 저지른 여러 잔혹 행위에 대한 책임을 부인하고 있다. 미국은 베트남전쟁에서 패배했지만, 여전히 강대국으로서 '승자의 정의'를 떠받드는 국제질서에서 주도권을 놓지 않고 있기도 하다. 거기에 더해서 베트남, 캄보디아, 라오스 정부도 당시 자신들이 저질렀던 인권침해 행위들을 감추는 한편 오늘날 관계 개선과 해외투자 유치를 이유로 전쟁 생존자들의 목소리를 억압하고 있다.

하지만 '어둠은 빛을 이길 수 없다'는 말이 있듯, 시민들은 침묵하지 않았다. 1966년 버트런드 러셀Bertrand Russell과 장폴 사르트르Jean-Paul Sartre 등 지식인들과 언론인들은 베트남전쟁에서 미국과 그 동맹국들이 저지른 전쟁범죄를 사회적으로 고발하기 위해 국제전쟁범죄법정International War Crimes Tribunal(이하 '1966 러셀법정')을 개최했다. 오늘날까지 브라질, 칠레, 베를린, 이라크, 팔레스타인 등 여러 분쟁지역에서 발생한 전쟁범죄를 고발하고 있는 이 법정은 비록 법적인 구속력은 없지만, 시민들의 이름으로 '승자의 정의'에 가려진 강대국들과 전쟁 공모자들의 잔혹한 인권침해 행위들을 고발하며, '빨갱이' '테러리스트' '미개인' 등으로 낙인찍혀서 그동안 인간으로서 정당한 대우를 받지 못한 생존자들이 자신의 존재를 드러내 정의의 의미를 새롭게 채워나가는 데 도움을 주고 있다.[28]

비록 '1966 러셀법정'에서 '에코사이드'라는 용어가 쓰이지는 않았지만, 법정 참가자들은 미국 정부가 베트남과 캄보디아 등 인도차이나에서 민간인들의 거주공간을 비롯해 댐과 제방, 역사 및 문화 기념물들을 "의도적이고, 체계적이며, 대규모로" 폭격했고, 국제전쟁법에서 금지하는 무기들을 사용하거나 실험했다고 비판했다. 그리고 미국의 이러한 잔혹 행위에 한국, 일본, 태국, 필리핀, 호주, 뉴질랜드 등이 공모했다고 만장일치 또는 다수결로 판단했다.[29] 한국에서도 2018년에 베트남전쟁 당시 한국군이 베트남 민간인들에게 저지른 학살 행위를 고발하는 시민평화법정이 어려움 끝에 열렸으며, 베트남전쟁 생존자 2명이 증언대에 올라 대한민국 정부를 피고로 세워 책임을 묻기도 했다.[30]

동시에 1984년에 몬산토와 다우케미컬 등 미국 대기업들은 베트남전쟁에 참여했던 호주, 캐나다, 뉴질랜드 출신 군인들에게 사실상 피해배상 청구권 포기를 조건으로 보상금을 지급했다. 이 기업들이 독성물질의 위험성에 대해 알고 있었으며, 이후 법적 책임 문제를 회피하기 위해 사전 조치를 취했다는 뜻이다. 한편 이들은 선제적으로 피해자들에게 진심 어린 사과를 하고, 피해배상과 환경복원에 책임을 다하며, 독성물질의 생산과 판매를 중단하는 대신 여러 법률을 활용해 자신들에게 유리한 입지를 구축해놓았다.

그러나 수많은 법적 장벽을 뚫고 베트남전쟁에 대한 책임을 묻기 위한 전쟁 생존자들과 시민들의 노력이 계속 이어지고 있다. 미국에서는 정부는 물론 독성물질의 위험성을 알면서도 고엽제를 생산하고 판매해서 막대한 부를 축적한 기업들에 대한 손해배상 소송이 진행 중이다. 2004년 베트남고엽제피해자협회 Vietnam Association for Victims of Agent Orange 는 미국 국무부를 비롯해 몬산토와 다우케미컬 등 고엽제를 생산했던 화학회사들을 상대로 소송을 제기했다. 고엽제에 함유되어 있던 다이옥신이 유발한 건강 피해로 인권을 침해당했다는 취지였다. 사건을 담당했던 판사는 "독성물질이 직접적으로 살상 목적으로 사용되었다"고 볼 만한 근거가 없고, 미국 대통령은 민형사상 책임으로부터 면책을 누리며 고엽제의 위해성은 수년 후에야 '확인'되었다는 이유로 사건을 각하해버렸다. 그러나 시민들은 좌절하지 않고 고엽제 피해에 대한 책임을 규명하기 위해 계속 노력하고 있다. 정의는 법정 안에서만 실현되는 것이 아니기 때문이다.[31]

한국에서도 고엽제를 개발한 미국, 독성물질을 생산한 화학회사들, 그리고 베트남전쟁 파병을 결정한 한국 정부의 책임을 묻는 '기억투쟁'과 법적 소송이 진행 중이다. 한국에서 결성된 베트남고엽제피해자전우회는 1990년대부터 미국 법원에서 화학회사들을 대상으로 피해배상 소송을 진행해왔는데, 번번이 '증거 불충분'을 이유로 패소하다가 2006년 서울고등법원에서 처음으로 승소했다. 이 판결은 전 세계에

서 처음으로 법원이 고엽제 생산에 대한 기업들의 책임을 인정한 사례로 알려져 있다.[32]

베트남 파병을 먼저 제안했다 거절당했던 박정희는 전황이 불리해진 미국이 손을 내밀자 1966년 브라운 각서Brown Memorandum[33]를 체결하고 야당이 반대하는데도 파병을 강행했다. 그렇게 시작된 월남전 참전으로 인한 한국군 사망자는 약 5000명, 부상자는 1만 명에 달한다.[34] 한국군은 미국 공군이 하늘에서 각양각색의 고엽제를 살포하는 동안 땅에서 열대우림에 진입하는 역할을 주로 수행했다. 참전군인들의 증언에 따르면 무엇인지도 모르고 땅에서 고엽제를 그대로 맞았다고 한다. 베트남에서 돌아온 한국군 장병들은 겉으로는 '참전용사'라는 이름으로 환대받았지만, 정작 박정희 정부는 '군인에 대한 이중 보상 금지'를 명시한 국가배상법을 제정해 국가의 책임을 회피했다. 1990년대 이르러 '고엽제 후유증'을 인지하기 시작한 참전군인들의 단체행동 이후 김영삼 정부가 1993년 3월 10일 '고엽제 후유의증 환자 진료 등에 관한 법률'을 도입했다(2024년 10월 기준 '고엽제 후유의증 등 환자 지원 및 단체 설립에 관한 법률').

고엽제 무기화에 대해 오히려 가해자들이 목소리를 높일 수 있는 이유는 그만큼 현행 법률들이 제대로 정의를 구현하기에 한계가 있기 때문이다. 그나마 끈질긴 시민들의 노력 덕분에 미국이 베트남전쟁 환경파괴 책임을 도의적으로 인정하는 수준까지 왔다. 그러나 미국은 여전히 라오스와 캄보디아에서 저지른 '조용한 전쟁'이 초래한 에코사이드에 대해서는 함구하고 있다.[35]

잔혹한 에코사이드를 저지를 수 있게 허용하는 정치적, 사회적, 생태적, 기술적 조건들을 제한하고, 실제로 저질러진 환경파괴에 책임을 묻고, 피해자의 존엄한 삶을 회복하며 사태의 재발을 방지하기 위해서는 가해자들이 의존하고 있는 '법적으로 문제없다'는 논리를 깨뜨리는 것이 중요하다. 갤스턴이 국제사회에 제안했던 '에코사이드 방지 및 처벌법'은 오늘날 더 발전된 형태의 에코사이드 논의를 이끌어내는 디딤돌이 되었다. 에코사이드 책임을 회피하려는 강대국들과 기업들의 조직적인 방해는 물론 법률을 제정하고 집행하는 과정에서 여전히 많은 도전 과제가 남아 있지만 말이다.

2.

죽고, 파괴되고, 사라지는 에코사이드 현장들

사회적 언어로 에코사이드 생각하기

현행 법체계가 환경보호에 적극적인 역할을 수행하지 못하고 있다고 생각하는 녹색범죄학자들green criminologists과 법률가들은 '에코사이드' 개념을 활용해 다각도로 '왜, 어떻게' 지구 생태계가 체계적으로 붕괴하고 있는지 탐구해왔다. 한 학자는 범죄를 '법적으로 금지된 행위mala prohibita'(금지적 범죄)뿐만 아니라 '그 자체로 위해를 야기하는 행위mala in se'(본래적 범죄)로 구별하며, 근대 형법이 그 자체로 위해로운 행위에 해당하는 환경파괴를 범죄로 규정하지 않는 원인으로 자본주의체제를 지목했다.[1] 이 구분을 에코사이드에 대입해보면 협소한 범위에서 법의 언어로 다뤄지는 에코사이드 행위뿐만 아니라 자본주의사회에서 '합법이지만' 본래적으로 사회에 유해한 에코사이드 행위도 범죄의 관점에서 바라보게 된다.

어떤 행위가 누구를 위해서, 어떠한 방식으로, 왜 지속해야 하는지에 대한 기초적인 숙의는 법정이 아니라 사회적인 공론장 속에서 이루어진다. 우리가 어떤 개념이 지배하는 사회에 살고 있는지에 따라 사회가 범죄로 여기는 행위가 달라진다는 뜻이다. 그리고 형법이 있다고 해서 범죄가 더 이상 발생하는 것이 아니듯, 법률로서 에코사이드를 다스린다고 해서 에코사이드를 일으키는 원인을 근절할 수 있는 것도 아니다. 따라서 에코사이드에 대한 법적 책임을 묻는 언어와 생태적으로 지속 불가능한 체제에 도전하는 사회적 언어가 동시에 필요하다.

사회적 언어로서 에코사이드 개념은 우리의 일상생활을 둘러싼 사고방식, 개념, 관계, 실천 행위가 왜, 어떻게 생태적으로 지속 불가능한 상태로 제도화되었는지 성찰을 요구한다. 법률 언어로서 에코사이드가 환경파괴 행위의 의도와 결과에 초점을 맞추고 있다면, 사회적 언어로서 에코사이드는 원인이 결과로 이어지는 과정에 주목한다. 이러한 과정은 (주로 법에서 다스리는) 짧은 시간 사이 발생하는 에코사이드 사건들을 통해 부분적으로만 그 모습을 드러낸다. 환경오염은 '즉각적으로 보이지는 않지만 점증적이고 사회적 불평등

을 악화시키는 방식으로 여러 시간과 공간에 걸쳐 발생하며, 잘 인지되지 않는 폭력'이기 때문이다.[2]

그래서 사회적 언어로서 에코사이드는 정의 실현의 열망을 담은 운동의 언어이다. 법률 용어로서 에코사이드는 본질적으로 제한적일 수밖에 없다. 예를 들어 법은 환경파괴로 인해 인간에게 '중대한' 피해가 발생해야 범죄를 처벌한다는 명확한 기준을 두고 있으므로 오염이 발생하더라도 그 기준에 해당하지 않으면 범죄로 다스리기 어렵다. 이 관점에서 에코사이드를 다음과 같이 폭넓게 정의해본다.

사회적 지위 또는 권력을 동원할 수 있는 개인 또는 집단의 정치적, 경제적, 사회적 이익 창출을 목적으로 체계적으로 생태계를 교란하거나 해체하여 거주 불가능한 상태로 만드는 일련의 제도화된 행위 또는 부작위.

이전에 필자는 다양한 에코사이드 사례들을 4개의 유형으로 나눠 설명한 적이 있는데,[3] 이번에는 집단살해를 별도의 범주로 다루면서 5개의 유형으로 구분해봤다. ① 전쟁 수단으로서 에코사이드, ② '부차적인 피해'로서 에코사이드, ③ 에코사이드-제노사이드: 뿌리뽑기와 땅뺏기, ④ 제도화된 살상: 일상의 에코사이드, ⑤ 대형 환경재난과 산업재해. 아직 부족한 점이 많지만, 이 구분법은 유형별로 어떤 권력집단이 어떻게 체계적으로 에코사이드를 일으키는지 기초분석을 돕는 논리적 틀로 유용하다. 또한 여기서 언급하는 사례들만 에코사이드라고 주장하는 것은 아니다. 한국 사례들은 제3부에서 다룰 예정이다.

전쟁 수단으로서 에코사이드

1970년대에 '적대적인 목적'으로 자연환경을 조작하는 기술을 금지하는 '환경조작기술의 군사적 또는 기타 적대적 사용 금지에 관한 협약ENMOD'이 체결되었고, 이제 '과도한 excessive' 전시 환경파괴는 국제법상 전쟁범죄로 규정하고 있다. 그러나 여전히 전쟁에서는 고의적으로 자연을 파괴하는 행위가 빈발하고 있다. 전쟁은 예외적으로 파괴 행위가 발생하는 상황이 아니라 그동안 사회에 누적되어온 일탈 행위가 '정상'처럼 일어나는 상황이다.[4] 즉, 우리 사회가 자연을 파괴해온 방식이 전쟁 상황에서 가장 극단적으로 드러나는 것이다. 그래서 전시 환경파괴는 얼마나 '과도하게' 파괴되었나가 문제가 아니라 본질적으로 자연생태계를 그 자체로 존중하지 않고 파괴해야 할 대상으로 도구화한다는 점에서 문제가 있다.

오늘날 전쟁은 국가 간 국제전보다 국가 내 무력분쟁이

더 많아졌고, 무장조직, 테러단체, 준군사조직paramilitaries, 민간 군사기업 등 다양한 비국가 행위자들이 연루되어 있으며, 자동화된 의사결정, 인공지능, 우주기술 등 여러 기술까지 동원되면서 훨씬 복잡해졌다. 하지만 아무리 복잡해졌더라도 전쟁의 목적은 적에게 공포를 심고, 무력으로 상대를 억제 또는 섬멸하는 것이다. 이 목적을 수행하기 위해, 정확하게는 전쟁에서 승리하기 위해 자연생태계를 파괴하는 것은 필수 불가결한 행위로 여겨진다.

전쟁 수단으로서 에코사이드 사례에는 ① 무력분쟁에서 불리한 상황을 뒤집거나 유리한 입지를 노린 환경파괴, ② 전쟁을 시작 또는 지속할 자금을 확보하기 위한 자원수탈, ③ 공포를 심는 무차별적 환경파괴 등이 있다. 이 행위들은 환경파괴를 통해 군사적 이득을 확보하겠다는 고의성을 띤다는 점에서 전쟁범죄에 해당하는 환경파괴 사례와 겹쳐서 생각할 수 있다.

1990~1991년 걸프전쟁 동안 미국이 주도한 연합군은 공중폭격과 장갑차를 동원해 이라크를 침공했고, 이라크군은 연합군의 진출을 저지할 목적으로 자국 내 석유 채굴 시설과 송유관을 파괴하는 무모한 짓을 감행했다. 연합군의 무차별 공습도 수많은 유전을 파괴했는데, 이렇게 걸프전쟁으로 인해 약 800개의 유전에서 1100만 배럴(약 46만 3200톤)

이 넘는 원유가 뿜어져 나와 페르시아만으로 흘러들어갔다. 당시 페르시아만은 전 세계 해양보다 47배나 오염되었다는 지적이 있었을 정도로 전쟁이 해양생태계에 미친 피해는 너무나 심각했다. 제1차 걸프전쟁에서 패배한 이라크는 2003년 또다시 미국, 영국 등이 파병한 나토군과 제2차 걸프전쟁을 치르는데, 이 과정에서 또 유전이 파괴되었을 뿐만 아니라 중금속 폭탄, 집속탄, 열화우라늄탄, 백린탄[5] 등 각종 무기로 인해 또다시 에코사이드가 발생했다.[6]

러시아-우크라이나 전쟁에서 양측이 저지르고 있는 고의적인 환경파괴와 미국이 주도한 '마약과의 전쟁'은 물리적, 정신적 고통을 수반하는 공포를 심기 위해 무차별적으로 터전을 파괴해버리는 대표적인 에코사이드 사례다.

러시아는 소련이 해체된 후 우크라이나 땅이었던 크름반도를 2014년에 강제로 병합했고, 2022년에는 전면적으로 우크라이나를 침공해 전면적인 전쟁을 벌이고 있다. 2024년 10월 기준 러시아는 우크라이나 자연보호구역 25%를 강탈했으며, 우크라이나 자포리자 원자력발전소 주변에 지뢰를 매설하는 등 환경재난을 위협하고 있다. 이 원자력발전소는 세계에서 9번째, 유럽에서는 가장 발전량이 큰 곳이다.

한편 2023년 6월 6일에는 러시아의 통제 아래 있던 카오후카댐이 붕괴하는 사건이 있었다. 최근 에코사이드 관련 논의에서 빠지지 않고 등장하는 사례인데, 댐 붕괴 후 저지대가 수몰되면서 카오후카 동물원에 있던 동물들이 모두 죽고, 40여 개 마을이 사라졌다. 그리고 댐 인근에 있는 드니프로강으로 석유와 지뢰가 흘러들어가 2·3차 환경오염이 발생한 상황이다. 2024년 10월 기준 러시아와 우크라이나 중 공식적으로 댐 붕괴의 책임이 누구에게 있는지는 불분명한데, 다만 러시아가 댐을 폭파했다는 가설을 지지하는 증거들이 더 많다.[7] 하지만 누구도 책임을 인정하지 않는 상황에서 에코사이드가 어디에서 다시 벌어질지 모른다는 공포가 엄습하고 있다. 한편 우크라이나는 러시아군의 진격을 막겠다는 목적으로 자국 땅임에도 산림을 소생 불가능한 수준으로 불태우고 있다.

한편 미국 정부는 1970년대부터 지금까지 군대, 화학회사들과 합작해 '마약과의 전쟁'을 벌여왔다. 마약 문제에 대한 '전쟁' 관점 접근에는 국내 빈곤층 마약 소비자를 '사회악'으로 처벌하고, 마약 거래와 자금세탁 등을 통해 조직을 유지하는 마피아 범죄집단의 자금줄을 차단하며, 대외적으로 미국의 군사적 영향력을 확대하려는 등 여러 셈법이 깔려 있다.

리처드 닉슨 대통령이 마약을 '공공의 적'이라고 규정한 이래 지금까지 미국은 '마약 생산기지'가 된 라틴아메리카 국가들, 특히 멕시코와 콜롬비아에 제초제를 살포하는 등 군사

작전을 실시했다. 이번에는 고엽제를 제조했던 몬산토가 '글리포세이트glyphosate'라는 화학물질로 만든 '라운드업Roundup'이라는 제초제를 사용했다. 세계보건기구는 글리포세이트를 2급 발암물질로 지정하고 있다. 마약과의 전쟁은 지금도 진행 중이지만, 적절한 의료시스템에 접근할 수 없어 많은 사람들이 약에 의존하고 있는 미국 내에서는 계속해서 마약중독자가 증가하고, 라틴아메리카에서 마약 생산 지하화를 부추겨서 실패했다는 평가를 받는다. 제초제는 수십만 헥타르에 달하는 규모의 숲을 죽여서[8] 주민들의 터전과 자연생태계 붕괴를 초래했고, 마약 카르텔에 대한 지역사회의 의존도만 악화시켰다는 비판을 받고 있다. 또한 삼림파괴를 저질러 기후붕괴를 가속화했다는 비판도 있다.[9]

'부차적인 피해'로서 에코사이드

전쟁 수단으로서 에코사이드가 전시의 고의적인 환경파괴 행위라는 걸 살펴봤다. 이번에는 '부차적인 피해collateral damage'로 발생하는 에코사이드 사례들을 파헤쳐보자. 이러한 유형의 에코사이드는 자연환경을 그저 의미 없는 사물로 간주해 전쟁이 환경에 미칠 영향을 고려하지 않거나 부주의로 인한 과실로 인해 발생한다. '부차적'이란 말에서 유추할 수 있듯이 '별로 신경 쓸 일이 아니'라는 인식이 깔려 있기 때문이다. 여기에 해당하는 사례로는 ① 군대의 온실가스 배출 등 '집계되지 않은' 전쟁으로 인한 환경 피해, ② 무기실험 및 훈련 중 발생하는 환경오염, ③ 불발탄, 독성 폐기물과 외래생물 이동 등 다양한 2차 환경오염 등이 있다.

먼저 집계되지 않은 전쟁으로 인한 환경 피해를 살펴보자. 전쟁이 직간접적으로 초래한 에코사이드의 원인과 규모에 대한 기록은 매우 제한적으로 남아 있다. 전쟁의 규모는 주로 '인명 피해casualties'와 경제적 손실 등 재산 피해를 기준으로 추산되기 때문이다. 예를 들어 1950년부터 1953년 사이 한국전쟁으로 인해 한국군과 유엔군 77만 명, 북한군 80만 명, 중공군 97만 명이 사망했다고 추정되며, 민간인 사망자도 300만 명에 달한다. 부상자나 피란민을 포함하면 그 규모는 훨씬 커진다. 하지만 한국전쟁으로 인해 얼마나 많은 생태계가 파괴되었는지, 동식물은 얼마나, 어떤 피해를 입고 지금까지 그 영향이 지속되고 있는지는 제대로 알 수 없다. 전쟁으로 많은 기록이 사라졌다 하더라도, 남아 있는 기록에서조차 자연생태계에 관한 내용을 찾아보기 어렵기 때문이다.

구체적인 기록이 없다 하더라도 전쟁은 다양한 방식으로 자연생태계를 착취하고 파괴하며, 비둘기, 개, 코끼리, 말 등 여러 동물을 '전투원'으로 동원하고, 동식물을 각종 화학 독성 실험 대상으로 학대한다. 전쟁이 끝난 후에도 지뢰나 불발탄을 밟아 죽는 동물들도 있다.

법은 특정한 기준에 따라 '전시'와 '평시'를 명확히 구분하지만, 이러한 구분은 사실 현실에 맞지 않는다. 전쟁을 준비하기 위해 '평시'에도 수많은 폭력이 일어나기 때문이다. 또한 앞서 지적했듯이 전쟁은 폭력이 용인되는 예외적인 일탈 상태가 아니라 사회적으로 키운 폭력성이 극단적으로 발현하는 상황이라는 점에서, 전시는 평시의 연장선으로 이해해야 한다.

이러한 관점에서 군대가 평시에도 저지르는 에코사이드를 바로 볼 수 있다. 세계 곳곳에서 환경을 파괴하는 각종 무기실험과 군사훈련이 벌어지고 있다. 감출 수 없는 대규모 군사훈련은 아예 대대적으로 홍보되는데, 예를 들어 한미합동 군사훈련인 '을지 자유의 방패Ulchi Freedom Shield'에는 '지상 최대'라는 수식어가 붙어 마치 한국이 세계에 우뚝 선 것처럼 자랑스러워해야 할 듯한 인상을 준다.

무기실험과 전쟁 연습이 일어나는 곳들을 지리적으로 살펴보면 정치적, 경제적 권력의 중심부로부터 멀리 떨어진 곳이라는 공통점을 발견할 수 있다. 인구와 자본이 몰려 있는 공간을 지탱하기 위한 '주변부' 공간들의 희생이 평시와 전시의 경계를 넘어 계속되고 있는 것이다. 서울에서 전투기 공중폭격 훈련을 하지 않듯이 말이다. 지리적으로 외진 곳에서 벌어지는 무기실험과 전쟁 연습이 초래하는 환경파괴는 그 결과가 빠르게 드러나지 않을 뿐만 아니라 사회적 관심을 받지 못한 채 방치된 경우가 많다. 결국 오염 축적이 심해져 희귀병 등 인간에게 '심각한' 영향을 미칠 때가 되어서야 그나마 세상에 알려지는 경우가 많다. 이른바 '서서히 발현하는slow-onset' 에코사이드의 일종인 것이다.

군사활동으로 인해 느리게 발생하는 에코사이드는 군사 기밀 접근 불가, 연구비 제한, 연구자의 자기검열 등 다양한 이유로 조사하기가 까다롭다. 특히 신자유주의 시대 자생적인 학술생태계가 무너진 상황에서 점점 더 많은 연구자가 정부와 군대, 기업이 결탁한 '군산복합체military-industry complex'가 제공하는 자금에 의존하고 있어 이런 주제들을 다루기가 쉽지 않다. 그리고 국가안보를 위한 기밀 사항에 접근하려는 사람은 사상과 정체를 의심받을 위험을 감수해야 한다. 어떤 경우 (있어도 없다고 하겠지만) 군대가 환경오염에 대한 자료를 정말 갖고 있지 않을 수도 있다. 군대가 유발하는 환경오염에 대한 관리 기준이 모호하거나, 존재하지 않거나, 안 지켜도 책임을 묻기 어렵기 때문이다.

이런 악조건에도 여러 연구자와 활동가, 시민들이 함께 군대의 환경 책임을 규명하기 위한 노력을 이어가고 있다. 롭 화이트Rob White, 로널드 크레이머Ronald Kramer 등 비판범죄학자들은 기후변화를 21세기 에코사이드 범죄의 주요 원인 중 하나로 지목하고 있다.[10] 이들의 논리에 따르면 군대는 기후변화를 일으키는 주요 범죄집단이다. 분쟁과환경관측소는 오늘날 각 나라의 군대가 배출하고 있는 탄소배출량을 합치면 전 세계 탄소배출의 5.5%를 차지한다고 지적한다. 만약 각 나라의 군대가 하나의 나라라면 전 세계에서 4번째로 탄소를 많이 배출하는 셈이다.[11] 기후및공동체연구소Climate & Community Institute는 미국 군대와 영국 군대가 기후변화로 가장 피해를 입은 공동체에만 최소 1110억 달러를 빚지고 있다고 지적했다.[12] 이러한 추정치들조차 군대의 유류 사용량을 기준으로 추정한 수치이기 때문에 유류의 수송, 무기의 실험 및 생산 등 이른바 군사활동의 '공급망supply chain' 전체를 따지면 발생하는 온실가스 배출량은 훨씬 더 많을 것이다.[13]

그러나 군대는 자신에게 유리한 방식으로 선별적으로만 환경 책임에 대해 언급하면서 오히려 기후변화를 "저탄소 녹색전쟁"[14]을 준비하기 위한 근거로 활용하고 있다. '기후를 지키기 위해' 자연생태계를 파괴하는 군사활동은 상식에 어긋나는 모순일 뿐만 아니라 과학적으로도 사기이다. 군대는 자신들이 환경보호의 역할을 수행한다고 홍보한다. 한국 국방부는 〈군 환경관리 훈령〉에 기반하여 〈군 환경 실무〉 편람을 발간하고, 주둔지의 깨끗한 환경 유지를 위해 모든 노력

1부. 에코사이드는 어떻게 시작되었나

을 다할 것을 장병들에게 교육한다고 말한다. 그러나 군대는 평화가 아니라 전쟁을 위해 존재한다는 점에서 파괴의 본질은 사라지지 않는다. 최근 전 세계 무기박람회에서는 활공하는 전투기 기술, 저탄소 AI 무기, 납 성분을 안 쓰는 총알 등 화석연료를 사용하지 않은 각종 '친환경' 살상기술을 선보이고 있다. '녹색 방위산업green defence industry'은 기후위기 시대 군대의 존립 전략이자 군수업계의 새로운 '산업 동력'으로 떠오르고 있는 셈인데, 정작 이러한 살상기술이 환경파괴를 일으켜도 군대에 법적 책임을 물을 수가 없다. 국내외에서 환경법은 '국가안보'를 위한 정책이나 활동에는 적용되지 않는 방식으로 만들어졌기 때문이다.

군대는 토착 생태계가 제대로 대응하기 어려운 외래생물체를 (때로는 의도적으로) 옮겨서 자연생태계 붕괴를 일으키기도 한다. 2010년 10월까지만 해도 카리브해에 있는 작은 나라인 아이티는 콜레라로부터 안전한 나라였다. 그런데 당시 아이티의 사회안정을 목적으로 배치된 유엔평화유지군이 제대로 위생정화 시설을 운영하지 않아 군인들을 따라 외국에서 넘어온 콜레라균이 아이티 강물로 흘러들어갔다. 그로 인해 아이티 주민 1만 명이 사망했고, 80만 명이 피해를 봤다.[15] 역시나 연구나 언론 기사에 동식물이 입은 피해는 제대로 언급되지 않았다. 당시 반기문 유엔사무총장은 유감을 표명하면서도 유엔의 면책특권을 내세워 책임을 부인했다. 유엔은 400만 달러의 콜레라 퇴치기금을 약속했지만, 2024년 현재까지 고작 목표한 기금의 5% 남짓밖에 모금하지 못했다. 아이티 피해자들은 유엔을 미국 법원에 제소하는 등 지연된 정의를 실현하기 위해 투쟁하고 있다.

에코사이드-제노사이드: 뿌리뽑기와 땅뺏기

법적으로는 집단살해 사건으로 인정받지 못하고 있지만, 학계와 언론, 시민사회에서는 1971년 방글라데시 집단학살,[16] 지금도 진행 중인 미얀마 로힝야 대학살,[17] 수단 다르푸르 사태,[18] 이라크 야지디 집단학살,[19] 러시아의 우크라이나 침략,[20] 팔레스타인 집단살해 등 수많은 학살 사건을 집단살해 문제로 규정하고 국제적인 제재와 처벌을 요구해왔다. 최근에는 전쟁 중에 저질러진 집단살해뿐만 아니라 "기업이 천천히 저지르는 집단살해"[21] 문제도 논의 선상에 올라 있다.

정말 많은 사례가 있지만, 이스라엘의 팔레스타인 '뿌리뽑기uprooting'와 캐나다의 선주민 '땅뺏기land grabbing'를 에코사이드와 제노사이드의 연쇄 발생 사례로 살펴본다. 이 사례를 선정한 이유는 두 가지다. 인권과 (자유)민주주의를 내세운 나라들이 교활하고 악랄한, 동시에 법적 책임을 부인하면서 에코사이드-제노사이드를 연쇄적으로 일으키고 있는 상황을 보여주고, 한국도 여기서 언급하는 사건들에 오랫동안 연루되어 있기 때문이다.

이스라엘은 미국의 군사지원을 받아 1960년대부터 팔레스타인을 완전히 불법 점령하고 있다. 점령당한 팔레스타인은 60만 명이 사는 동예루살렘, 274만 명이 사는 서안지구, 205만 명이 사는 가자지구로 분할되어 있다. 이스라엘은 스스로 '중동 유일한 자유민주국가'라고 자랑하지만, 팔레스타인인들이 뿌리내린 땅을 빼앗고, 점령촌 건설을 위해 특히 팔레스타인인들의 상징이자 생계 기반인 올리브나무를 뿌리 뽑고 있다. 이스라엘은 1967년 팔레스타인 강제 점령을 시작한 후 지금까지 80만 그루 이상의 올리브나무를 뽑아버리고, 아보카도와 파인애플 플랜테이션을 확장 중이다. 단일작물 플랜테이션은 주변 지하수를 빠르게 고갈시키고 토양의 재생 능력을 떨어뜨려 에코사이드를 초래하는 대표적인 원인 중 하나이다.

팔레스타인 전체 인구 중 15%에 달하는 80만 명 정도가 올리브 농업에 생계를 의존하고 있다. 그만큼 올리브나무는 팔레스타인 사회의 상징적인 존재다. 그래서 올리브나무 죽이기와 강제 점령은 팔레스타인의 사회적, 생태적 뿌리를 뽑아버리려는 에코사이드이자 집단학살 행위에 해당한다.[22] 한국은 다양한 방식으로 이스라엘의 뿌리뽑기 범죄에 공모하고 있다. 정부는 이스라엘 점령촌에서 생산되었을 수 있는 아보카도와 파인애플의 수입을 꾸준히 늘리고 있으며, 이스라엘에 무기를 팔고 있다. 또 이스라엘 점령촌 건설에는 HD현대(현대중공업에서 인적 분할된 회사)가 수출한 굴착기가 사용되고 있다.[23]

2024년 7월 17일, 국제사법재판소는 '동예루살렘을 포함한 팔레스타인 점령지에서 이스라엘의 정책과 행위가 초래한 법적 결과' 사건을 다루면서, 1967년 이후 이스라엘의 팔레스타인 점령과 식민촌 건설은 국제법 위반 행위라고 결정했다.[24] 앞서 남아프리카공화국은 2023년 10월 7일 이후 이스라엘이 팔레스타인 가자지구에서 저지르고 있는 학살 행위를 집단살해방지협약 위반으로 제소했다. 국제사법재판소는 이 사건을 다루면서 이스라엘의 팔레스타인 가자지구 침공이 집단살해방지협약 의무 위반 소지가 있다고 지적하기도 했다.[25] 팔레스타인 자치정부 보건부는 2024년 현재 팔레스타인인 3만 8000명이 이스라엘의 무차별 공습으로 사망했다고 추정하는데, 2024년 학술저널 《란셋The LANCET》에 게재된 연구는 최대 18만 6000명의 팔레스타인인이 전쟁으로 인해 "직접 또는 간접적"으로 사망했다고 추정한다.[26] 팔레스타인 사람들이 더 이상 자신의 집으로 되돌아올 수 없도록 이스라엘의 침략자들이 저지른 토지강탈과 자연파괴는 그 규모를 정확히 예측할 수 없는 상황이다.

한편 캐나다 정부는 자국 내에서 기업과 결탁해 수십 년에 걸쳐 선주민 집단의 '생태적 집단살해'를 저지르고 있다. '인권선진국'을 자임하는 캐나다는 2008년에 진실과화해위원회Truth and Reconciliation Commission of Canada를 발족하고, 1800년부터 캐나다 정부와 가톨릭교회가 토착민들의 문화를 말살하기 위해 강제로 토착민들을 '기숙학교'로 끌고 가 저지른 인권침해와 잔학 행위를 조사했다. 그리고 약 4000명 이상의 선주민들이 "문화적 제노사이드"로 사망했다고 발표했다. 캐나다는 매년 9월 30일을 '진실과 화해를 위한 국가 추념일'로 기리고 있다.[27] 그러나 캐나다의 '과거사' 청산 작업은 마치 국가가 저지른 잔학 행위가 더 이상 존재하지 않는다는 듯 '현재 진행형'인 제노사이드-에코사이드를 조직적으로 은폐하고 있다.

캐나다는 베네수엘라에 이어 전 세계에서 오일샌드Oil sand(타르샌드)가 가장 많이 매장된 곳이다. 오일샌드는 점토나 모래에 함유된 석유인데, 이전에는 채산성이 떨어진다는 이유로 채굴되지 않았으나 최근 캐나다 정부는 채굴비용을 낮추기 위해 원자력발전까지 동원하면서 개발에 나섰다.[28] 특히 앨버타주 북부에서는 지난 50년 동안 매년 5만 배럴(약 8000킬로리터)밖에 되지 않던 오일샌드 생산량이 5배나 증가했다.[29] '석유 대박'은 자연의 죽음을 의미했다. 석유를 운반하기 위해 수많은 도로가 생기면서 야생동물들의 서식지가 분절되거나 파괴되었고, 오일샌드 처리 과정에서 엄청난 토양과 지하수 오염이 발생했으며, 오일샌드 매장지 주변 생태계는 메말라 죽어가고 있다.[30]

이곳은 본래 크리Cree 부족민 등 '퍼스트 네이션First Nation' 주민들의 터전이다. 석유에 의존하는 사회에 반대하는 선주민들과 환경운동가들은 오일샌드 산업화에 저항하고 있다. 하지만 캐나다 정부는 오히려 이들을 탄압하면서 엑슨모빌Exxon Mobil, 임페리얼 오일Imperial Oil, 캐나다 내추럴 리소시스Canadian Natural Resources Ltd 등 거대 대기업들의 자연약탈을 지원하고 있다. 루비콘 크리Lubicon Cree 부족민의 자치영토 중 70%는 오일샌드 개발 허가가 내려져 있는 상황이다. 심지어 캐나다 정부는 석유 채굴 사업에 반대하는 환경운동가들을 '테러리스트'로 지정하려고 시도했다.[31] 도대체 지구에 테러를 저지르고 있는 자는 누구인가?

오일샌드 채굴을 위해 캐나다 정부와 기업들의 '땅뺏기'는 여러 이유로 에코사이드이자 집단살해 범죄다. 첫째, 오일샌드 개발은 광범위하고 장기간 생태계 붕괴를 초래하는 동시에 선주민 집단의 터전을 강탈하는 행위이다. 둘째, 선주민 집단이 자연과 맺어온 관계 속에서 발전시킨 세계관,

생활습관, 규범, 의식 등을 송두리째 지워버린다. 즉, 캐나다 진실과화해위원회가 지적했던 '문화적 제노사이드'에 해당한다. 셋째, 선주민과 환경보호자들이 자연생태계를 위해 행동할 권리를 박탈한다. 넷째, 전 지구적으로 석유에 의존하는 삶이 끝없이 가능하다는 식의 안일한 생각을 부추겨 도덕적 해이를 일으킨다. 그리고 생태계 붕괴 과정에서 가장 취약한 집단이 먼저 사라진다는 점에서 '구조적인 집단살해'를 유발한다.[32]

제도화된 살상: 일상의 에코사이드

인간은 사회적으로 형성된 개념과 맥락에 의존해 생각하고 행동하는 존재다. 어떤 상황을 해석하고 판단하는 기준을 사회적 규범과 상호작용(학습, 저항, 순응 등)하면서 습득한다는 뜻이다. 특정한 사회적 규범이나 가치, 믿음이 행동 기준으로 사회조직과 제도에 받아들여지는 과정을 '제도화 institutionalisation'라고 한다. 어떤 생각이나 행동이 '사회적 상식'이라고 받아들여지는 것이다. 상식에 부합하는 행위는 (다수에 의해) 너무나 당연하게 여겨져서 그 문제점을 공개적으로 지적하기 어려워진다.

'빼앗고, 만들고, 버리는 경제take-make-waste economy' 안에서 벌어지는 수많은 에코사이드 사건들은 너무나 당연하게 발생하기 때문에 문제라고 인지하기가 어렵다. 이렇게 '일상에서 발생하는 에코사이드everyday ecocide'는 지구를 거주 가능한 행성으로 지탱하는 생태적 토대를 빠르고 완전하게 파괴한 결과이자, 새로운 에코사이드의 원인이 된다. 이 맥락에서 열거할 수 있는 사례는 정말 무궁무진한데, 몇 가지 사례만 지적해보면 다음과 같다.

- 화석연료와 '친환경 신성장 사업'을 위한 '전략 광물'[33] 채굴로 인한 토양·대기·지하수 오염과 온실가스 배출.
- 담수 및 해양생태계 붕괴를 재촉하는 모래 채굴,[34] 저인망 어업trolling[35] 등 불법 및 비규제 어업, 상업 포경 등.
- 단일 경작작물 플랜테이션이 부추기는 삼림파괴, 토양 및 지하수 고갈.
- 건설, 의류, 에너지, 음식, 플라스틱 등 경제활동의 전 과정에 걸쳐 산업 및 가정 폐기물의 발생, 누적, (불법) 이동, 방치로 인한 생명 피해와 폐기물이 지배하는 세상의 도래.
- 매년 1000억 마리가 넘는 살아 있는 동물을 '경제적 가치'를 기준으로 등급을 선별해서 죽이는 공장식 축산과 수백만 마리의 동물을 대상으로 한 '윤리적으로 허가받은' 실험.
- 하루 5500만, 한 해 20억 이상 동물들이 직면하는 도로 위 죽음(로드킬)과 '새 충돌'.

1부. 에코사이드는 어떻게 시작되었나

• 세대를 거치며 생태적 감수성 상실 및 집단적 망각('환경에 대한 세대 간 기억상실'[36]).

이외에도 과잉관광,[37] 불법 동식물 거래, 감염병 대응 목적 살처분, 맹그로브와 이탄습지peatland[38] 파괴, 대규모 간척사업, 극지방 쇄빙선 등 제도화된 에코사이드 사례를 전부 열거하려면 끝이 없다. '제도화된 살상'으로서 에코사이드는 합법적이고, '당연하다'는 사회적 인식 속에서 일어난다는 공통점이 있다. 일부 행위는 '오염 허용치'를 넘어설 때 제한적으로나마 처벌받기도 한다. 예를 들어 많은 나라에서 폐기물 정보 조작, 정보 등록 미흡, 미허가 매립, 밀수 등은 폐기물 범죄에 해당한다. 하지만 대규모 쓰레기 생산과 매립 그 자체는 매우 심각한 생태계 파괴를 초래하지만 범죄가 아니다.

오늘날 환경법에서 환경오염을 유발하는 행위가 범죄인지 여부는 본질적으로 경제적 손실 규모에 따라 갈린다. 경제적으로 (소수를 위한) 수익을 창출하는 제도화된 살상 행위는 '신성장동력' 등 온갖 미사여구로 치장한 국책사업이나 보조금, 민관협력을 통해 장려된다. 그래서 제도화된 살상은 직관적으로 가해 주체를 특정하기가 어렵다. 모두가 에코사이드에 동참하면서 살도록 사회적으로 조건지어져 있기 때문이다. 그래서 문제의 극히 일부분만 '환경 사고'나 '재앙적

참사'의 형태로 인지된다. 예를 들어 기후붕괴를 견디지 못하고 농장에서 수만 마리의 동물이 사망하는 사건이 점점 늘고 있지만, 공장식 축산을 비롯해 죽음을 '생산'하는 체제는 문제시되지 않는다.

로드킬을 생각해보자. 우리는 자동차가 지배하는 세상에 살고 있다. 자동차의 지배는 도로의 확장을 통해 드러난다. 기차, 항공, 항만 등 다른 교통인프라 모두 도로를 통해 연결되지 않고서는 제대로 기능할 수 없다. 도로는 이동의 자유, 가능성, 부와 지위를 상징하는 인프라이다. 산업 국가에서 인구 증가가 정체하는데도 모순적으로 자동차 소비는 증가하고, 도로가 계속해서 확장하는 이유이다. 한 번 생겨난 도로는 좀처럼 사라지지 않는다. 도로 폐쇄는 '이동의 편의'가 줄어든다는 뜻이기 때문이다.

하지만 도로는 사람들과 동물로부터 땅을 빼앗는 행위이다. 도로가 생기는 순간부터 그곳의 질서는 자동차 위주로 돌아간다. 로드킬은 땅을 빼앗긴 동물들이 마지막으로 이동의 자유를 누리려다 당하는 죽음이다. 하지만 이 죽음에 대해 자동차회사, 도로를 관리하는 공단, 지방정부, 교통인프라 설계를 책임지는 정부 부처, 운전자 그 누구도 책임을 지지 않는다.[39] 고의로 죽인 것도 아니기 때문에 '동물학대'로 보기도 어렵다. 그저 불행한 죽음일 뿐이다. 하지만 불행한 죽음이 쌓이고 쌓여서 에코사이드가 된다.

미국에서 환경전문기자로 활동하는 벤 골드팝Ben Goldfarb은 독일 언론사 《도이체벨레》와 가진 인터뷰에서 로드킬이 아니더라도 도로가 서식지 파괴와 분절, 그리고 절멸에 이르게 하게 하는 이유에 대해 다음과 같이 지적한다.

북미에서만 매년 수억 마리의 꽃가루 매개 곤충들이 차에 깔려 죽는다고 합니다. 로드킬로 인한 죽음은 더 큰 생태계 붕괴를 초래하는 셈이죠. [로드킬은] 동물만 죽이는 게 아니라, 동물들이 참여하고 있는 생태적 과정의 모든 측면에서 교란을 일으키는 셈입니다.[40]

어떤 곳에서는 로드킬의 근본적 원인은 뒤로하고, 죽은 동물을 식량으로 쓰자거나 '친환경연료biodiesel'로 활용해야 한다는 의견이 나오고 있다. '아픈 상처에 소금 뿌리는' 발상이지만, 법률상 문제는 없다(합법도, 불법도 아닌 행위라서). 제도화된 살상은 우리의 일상 깊숙이 침투해 있고, 너무나 가까이에서 일어나는 탓에 문제를 인지하기 시작하면 그 규모에 압도당할 수 있다. 그래서 일상의 에코사이드는 평범한 사람들이 저항하기에는 복잡한 일이라서 기술적 해결책을 찾아야만 하는 문제처럼 비친다. 죽음의 사슬을 끊기 위해서는 정치적 결정이 필요한데도 말이다.

대형 환경재난과 산업재해

재해(또는 재난)를 규정하는 기준은 사회마다 서로 다르지만, 그 말에는 '손쓸 새도 없이 갑작스럽게 터진 대형사고'라는 공통적인 의미를 담고 있다. 산업재해와 사고는 아무리 기술을 발전시켰다 하더라도 인간이 얼마나 무력한지 보여주는 동시에 얼마나 부주의하고 무모하게 살고 있는지 돌아보게 한다. 또한 사고에 가장 책임이 큰 자들이 사고 발생 사실 자체를 감추거나 사고의 규모를 축소해 책임을 회피하려는 시도를 적나라하게 볼 수 있다. 그리고 환경재난과 산업재해는 대부분 취약집단이 거주하는 공간이나 위험물질을 다루는 시설들이 밀집해 있는 곳에서 발생한다는 점에서 사회적 불평등의 지리적 분포와 중첩한다.

독일 사회학자 울리히 벡Ulrich Beck은 근대사회가 실증과 계산에 기반한 과학적 지식과 기술의 발전에 대한 믿음을 바탕으로 발전해왔지만, 정작 발전을 거듭할수록 사회 내부에서 통제 불가능한 위험이 증가한다고 지적했다. 근대사회는 '위험에 의존하는 사회risk society'이며, 오늘날 우리가 직면한 재난은 불가항력에 의해 갑자기 발생하는 것이 아니라 정치적, 경제적, 사회적 요인들이 상호작용해 '만든' 위험이 누적되어

터진 결과물이다.[41]

　　환경재난과 산업재해로 발생하는 에코사이드 사례로는 핵발전소 노심용융meltdown, 시설 폭발이나 붕괴로 인한 환경오염, 살생물제biocide 사고, 해양 기름 유출 등을 꼽을 수 있다. 산업시설 폭발 또는 붕괴로 인한 에코사이드, 정유시설 사고나 댐 붕괴도 포함할 수 있다. 이런 사건은 인간의 안전관리 능력에 대한 환상을 산산조각 부순다. 예를 들어 핵발전 지지자들은 핵융합만큼은 안전하고, (탄소를 배출하지 않아) 깨끗하며, 이보다 지속가능한 에너지원은 없다는 논리를 펼친다. 또한 사고가 일어나더라도 통제할 수 있는 능력을 갖추고 있다고 말한다.[42] 정작 사고가 터지면, 인간의 역량을 넘어선 '예외적인 사례'일 뿐이라며 변명하고, 위험을 떠안고 사는 현대사회의 본질적 문제는 회피하기에 급급하다.

　　에코사이드를 초래할 수 있는 핵발전소 노심용융은 발전소 내부 노심nuclear reactor core이 제대로 냉각되지 않아 녹아내리면서 주변에 어마어마한 규모의 방사성물질과 먼지를 방출하는 최악의 상태이다. 이렇게 핵발전소가 통제 불능 상태에 빠지는 이유는 다양한데, 지금까지 알려진 바로는 원자로 내 기능 이상, 정전, 인간의 실수 등이 있다. 2011년 발생한 후쿠시마 핵발전소 사고는 해일과 지진 등 자연재해가 원인이었고, 이는 해안 지역에 연쇄적으로 건설된 핵발전소의 취약성을 보여주었다.

멜트다운 다음에 발생할 수 있는 '멜트스루melt-through'는 노심이 아예 녹아서 흐르기 시작한 최악의 사태로, 뜨거운 마그마가 세슘, 아이오딘, 스트론튬, 플루토늄 등 방사성물질과 함께 섞여서 땅을 뚫고 지하로 흘러갈 수 있다. 1986년 체르노빌 핵발전소 사고와 2011년 후쿠시마 핵발전소 사고에서 멜트스루가 발생했고, 두 사고 모두 가장 최악의 국제 원자력 사고를 의미하는 7등급 규모였다. 이들 사고는 핵물질을 관리할 수 있다는 인간의 '유능함'을 맹신한 탓에 발생한 에코사이드가 얼마나 파괴적인지 보여주는 사례로 기억되어야 한다.

체르노빌 핵발전소로 인한 방사성물질 피폭 피해자는 최대 83만 명에 이르며, 피해자들은 갑상선암, 심혈관 질환, 정신적 피해 등 각종 피폭 후유증으로 지금까지 고통받고 있다. 또한 이로 인해 발생한 토양과 지하수 오염은 지금까지 유전자 변형, 면역체계 파괴, 괴저현상 등을 일으키는 생태계 교란의 원인으로 지목받는다.[43] 후쿠시마 핵발전소는 일본 정부의 조직적이고 끈질긴 사건 은폐 때문에 피폭자 규모를 제대로 알 수가 없다. 오히려 일본 정부는 방사능 오염토에서 재배한 농작물을 '먹어서 응원하자'거나, 태평양 군소 도서 국가들을 비롯해 여러 나라의 반대에도 불구하고 핵 오

1부. 에코사이드는 어떻게 시작되었나

염수를 바다로 방출해 또 다른 에코사이드 행위를 저지르고 있다.[44]

위험 독성물질을 다루는 공장에서 발생한 대형 폭발 또한 쉽게 회복하기 어려운 생명 피해를 초래한다. 1984년 인도에서 발생한 보팔 참사는 (다우케미컬이 소유한 미국 화학기업) 유니언카바이드Union Carbide가 운영하는 화학공장에서 이틀 동안 독성가스가 외부로 누출된 사고인데, 약 1만 6000명 이상이 이 사건과 관련해 사망했고, 가축으로 기르던 동물 2000만 마리도 목숨을 잃었다.[45] 이 산업재해는 살충제 등 위험물질을 다루는 공장임에도 '안전비용'을 절감해 수익을 늘리려던 기업과, '해외투자'를 장려하면서 환경보호에 소홀했던 인도 정부의 합작품이었다. 참사 이후 사법 정의는 얼마나 실현되었을까? 유니언카바이드를 상대로 한 민사·형사소송은 2010년에야 끝났다. 인도인 경영진 7명은 '직무태만'에 대한 유죄를 선고받아 인도 법의 법정 최고형인 징역 2년 형과 벌금 2000달러를 부과받았다. 미국 경영진은 처벌받지 않았다.

2020년에는 한국기업인 LG가 보팔 참사가 남긴 여러 상흔이 사회 곳곳에 남아 있는 인도에서 화학 사고를 일으켰다. LG화학 산하 LG폴리머스인디아 공장에서 발암물질인 벤젠계 화합물인 스타이렌Styrene이 누출돼 지역사회가 큰 피해를 봤다. 12명이 사망했고, 1000여 명이 병원에서 치료를 받아야 했다. 생태계에 대한 피해는 아직 보고되지 않았다. LG가 사고를 일으킨 후 지역사회를 대하는 모습은 유니언카바이드가 한 처사와 너무나 닮았다. LG는 유가족과 피해 주민들에게 보상금을 약속했지만 법적 책임을 지지 않으려 하고 있다. 2024년 11월 현재까지도 '사고 책임 범위'에 대한 재판이 진행 중이라는 이유로 보상을 미루고 있다.

이렇듯 환경재난과 산업재해로 발생하는 환경파괴를 범죄로 처벌하기는 정말 어렵다. 그 이유는 다음과 같다. 첫째, 기업들이 법의 공백을 악용해서 환경 피해를 초래하고도 책임을 책임을 지지 않기 때문이다. 그래서 환경범죄는 '화이트칼라 범죄white-collar crime', '권력형 범죄'로 간주할 수 있다. 둘째, 피해자들은 자신들이 얼마나 피해를 봤는지 제대로 알지 못하는 경우가 많기 때문이다. 대개 피해자들은 피해를 특정하기 어렵거나 법정에서 명확한 인과관계를 입증하기가 어렵다. 서서히 발현하는 에코사이드 사건들은 특히 더 그런 경우가 많다. 그래서 심지어 '피해자가 없는victimless' 상황이 발생하기도 한다. 셋째, 기업과 정치가 결탁하는 경우가 잦기 때문이다. 지역사회 일자리 창출, 지역발전기금 기부, 은밀한 뒷거래 로비 등 각종 '달래기' 수단을 가진 기업과 정치가 결탁해 정의 실현 의지를 저버리는 사태가 빈번하게 발생한

1부. 에코사이드는 어떻게 시작되었나

다. 넷째, 인간(더 구체적으로는 경제적 가치) 중심으로만 재난 피해 규모를 측정하기 때문이다. 이런 이유로 정의 실현 과정에서조차 자연생태계와 동식물의 목소리가 배제되는 부정의가 발생한다.

3.

누가, 어떻게
에코사이드를
일으키는가

생산의 쳇바퀴, 파괴의 쳇바퀴

헬스장에 가면 러닝머신이 나란히 배치되어 있다. 러닝머신은 '달린다'는 '러닝running'과 기계라는 뜻의 '머신machine'을 합성한 한국식 단어인데, 영어로는 '트레드밀treadmill'이라고 부른다. '밟으며 나아가다'라는 뜻의 '트레드tread'와 물레방아처럼 돌아가는 물체를 지시하는 단어인 '밀mill'을 합친 말로, '쳇바퀴처럼 단조롭지만, 탈주는 어려운 일(또는 일상)'이라는 뜻도 있다. 트레드밀은 1800년대 영국에서 감옥 수감자들을 처벌하기 위해 도입한 도구였다. '생산적 형벌'에 처해진 수감자들은 하루에 6~7시간씩 기다란 물레방아처럼 생긴 원통을 밟아 에너지를 만드는 노역을 했다. 1898년 영국이 수감자 인권 증진을 위해 트레드밀을 금지한 이후 1950년 대 미국에서 운동기기로 등장해 지금에 이른다.

트레드밀 이야기로 이번 장을 시작한 이유는 지구를 파괴하는 방식을 쳇바퀴에 빗대어 표현할 수 있기 때문이다. 미국 환경사회학자 앨런 슈나이버그Allan Schnaiberg는 인구성장과 기술, 과소비 모두 생산의 증대와 결합해 환경오염을 부추기는 요인이기는 하지만, 역사적으로 봤을 때 자본주의적 경제성장을 위한 생산체제 확대가 환경파괴의 가장 결정적 원인이라고 주장했다.[1] 자연에서는 식량 등 에너지 생산의 확대를 통해 동식물의 개체 수가 증가하여 생태계가 팽창하더라도 적정선을 유지하는 반면, 자본주의사회에서는 미래의 잉여가치 축적을 위해 현재 노동력과 자연의 재생 능력 등 생산조건에 대한 무분별한 희생을 강제하기 때문이다. 이 주장에 따르면 생산체제를 문제 삼지 않고 인구성장, 기술, 과소비에만 대응해서는 환경오염을 멈출 수 없다.

이 관점을 바탕으로 슈나이버그는 현대사회가 '더 빨리, 더 많이' 잉여가치를 창출하기 위해 경제성장이라는 목표에 따라 제도화되어 있으며, 그 목표를 달성하기 위해 '인간자원'(노동자)과 '자연자원'이 끊임없이 착취 상태에 놓인다고 지적한다. 자본주의체제는 지구가 경제성장을 향한 트레드밀을 쉴 새 없이 뛰도록 만들고 있는 셈이다. 그래서 슈나이

1부. 에코사이드는 어떻게 시작되었나

버그의 이론을 '생산의 쳇바퀴Treadmill of Production, ToP' 이론이라고
부른다.

그레고리 훅스Gregory Hooks와 채드. 스미스Chad L. Smith는 생산
의 쳇바퀴 이론을 바탕으로 군대가 '군비경쟁의 악순환' 속에
서 자연을 자원으로 소모하는 방식을 관찰해 '파괴의 쳇바퀴
Treadmill of Destruction' 이론을 발전시켰다. 자본주의사회에서 군대
도 이윤 축적이라는 목표에 따라 움직이는 사회조직이지만,
한편으로 지구상 모든 것을 한순간에 파괴할 수 있는 대량살
상무기를 개발한다. 이러한 무기의 개발과 사용은 국가안보
를 이유로 정당화되지만, 정작 무기가 발전할수록 국가들 사
이에 군비경쟁은 더 빨라지고, 그로 인한 안보 불안은 또다
시 더 많은 무기 개발로 이어진다. 지구상에 얼마나 핵무기
가, 지뢰가, 전투 드론과 AI가, 탄도미사일이 많아져야 세상
이 더 안전해지는지 알 수 없는 상태로 쳇바퀴는 멈추지 않
고 계속 굴러간다.

기후변화와 생태계 붕괴를 걱정하는 여러 정치인과 미
디어, 환경단체는 '기후변화는 인간 모두의 문제'라는 논리로
사람들을 설득하고자 한다. 모두가 위험에 취약해진다고 해
서 실제로 동등한 수준으로 위험을 경험하지는 않지만, 적어
도 모두가 같은 위험에 처해 있다는 점에서 맞는 말이다. 하
지만 사회는 그렇게 공평하지 않다. 지구를 망치는 두 개의

쳇바퀴가 굴러갈수록 지구에서 살아남을 '승자'와 그렇지 못
할 '패자'의 구도가 점점 명확해진다.

　　그렇다면 에코사이드를 초래하는 두 개의 쳇바퀴가 멈
추지 않고 돌아갈 수 있도록 하는 사회적 조건은 무엇일까?
또한 그 조건 속에서 누가 승자의 위치를 차지하는가? 생산
과 파괴라는 두 개의 쳇바퀴 논리가 우리 사회의 지배 사상
이라면, 오늘날 그 지배 사상이 어떤 조건 아래에서 구체적
인 행위로 연결되는지 규명해야 한다. 예를 들어 전시 환경
파괴는 이를 용인하는 법과 환경을 파괴할 수 있는 기술, 무
력 사용에 대한 정치적인 정당화, 사회적 지지와 방관 등이
있기에 발생한다. 이러한 행위 또는 부작위(의무를 이행하지
않거나 방관하는 행위)는 합법과 불법의 경계를 넘나들며, 보
통 자연생태계를 파괴함으로써 정치적 권력 또는 경제적 이
익을 확보한다. 여기서는 4개의 조건(① 기술자본주의, ② 녹색
식민주의, ③ 기후부정론, ④ 해로운 남성성)에 대해 분석하려고
한다.

기술자본주의, 기술과 돈으로 지구를 살린다?

　　자본주의체제에서 자본가들은 상품 생산과 소비 과정에
서 창출된 이윤을 소유하거나 처분할 '권리'가 있으며, 사회
제도는 자본의 흐름이 원활하게 팽창할 수 있도록 조직되어

있다. 여기서 자본은 화폐로 측정하는 재화뿐만 아니라 인간의 노동력(소위 '인적자원')과 자원으로 상품화된 자연(소위 '천연자원')을 포함한다.

자본주의는 여러 역사적 사건을 거치면서 탈바꿈했고, 그 과정에서 자본의 흐름을 지배하는 집단도 달라졌다. 예를 들어 공업지대는 제조업 중심 산업자본주의의 상징으로 꼽힌다. 하지만 미국의 러스트 벨트, 잉글랜드 북부 공단지대, 한국의 여러 공업단지 등 상징적인 산업화 공간들의 쇠락이 보여주듯 이제 자본주의의 중심축은 제조업에서 소위 '고부가가치'를 창출하는 디지털산업과 신흥 기술산업으로 넘어갔다. 미국 경제의 새로운 중심으로 떠오른 실리콘밸리는 이러한 기술자본주의technocapitalism체제의 도래를 상징한다.

기술자본주의체제는 '새로운 기술의 혁신'을 통한 사회변화를 강조한다. 그리고 환경오염을 포함해 우리 사회가 겪고 있는 많은 문제는 과학과 기술을 통해 해결할 수 있다는 기술낙관론techno-optimism에 기대고 있다. 기술낙관론자들은 기후변화, 서식지 파괴 및 생태계 붕괴(이른바 '생물다양성biodiversity 손실'[2]), 각종 폐기물과 독성화학물질로 인한 토양·지하수·대기·해양 오염 등을 혁신적인 기술을 통해 해결할 수 있으며, 따라서 자본주의는 위험을 '극복'하면서 성장을 지속할 수 있다고 전망한다. 예를 들어 더 깨끗한 기술을 동원해서 지하에서 화석연료와 광물을 채굴하고, 이미 대기 중에 누적된 탄소를 포집해서 심해에 저장하고, 더욱 정교하게 화학물질을 합성해서 '친환경' 농업 비료로 쓴다는 식이다. 최근에는 파리기후협약에서 약속한 산업화 이전 기준 지구 온도 상승폭 1.5도를 넘길 가능성(오버슈트overshoot 현상)이 높아지면서 아예 기후 조작을 시도하는 지구공학geothermal engineering이 지지받고 있다.

기술혁신이 모든 인간, 더 나아가 지구상 모든 생명에게 희망을 안겨줄 수 있을까? 기술이 인간의 삶을 극적으로 바꾸고 있다는 점은 부정할 수 없다. 하지만 기술혁신에 의존하는 삶은 위험의 해소가 아니라 새로운 위험에 대한 종속을 의미한다. 탄소를 포집해서 심해에 저장하거나, 지구 밖으로 날려 보내는 데 성공한다고 치자. 그러면 적어도 일시적으로 대기권을 안정적인 상태로 만들 수 있을지 모른다. 하지만 그렇게 '외부'에 떠넘긴 탄소가 지구에 어떤 영향을 미칠지는 아무도 모른다. 또한 언제까지 그렇게 위험을 떠넘길 수 있을지조차 모른다. 위험을 보이지 않는 세계에 숨겨두고 안전하기만을 바라는 것은 미신에 가깝다.

이렇게 기술혁신을 통해 새로운 위험에 대응하다보면, 어느 순간 감당 불가능한 수준으로 한계점에 도달할지 모른다. 그 한계점이 언제인지 그 누구도 정확히 예측할 수가 없다. 상승폭 1.5도 제한조차 굉장히 자의적이고 불충분한 기준이라고 비판받아왔지만, 그마저도 지키지 못하면 어떤 세상이 펼쳐질지 아무도 모르듯이 말이다.

그러나 기술과 자본을 가진 자들은 지구가 불타고 있는 이 상황에서도 이미 길을 찾았을지도 모른다. 그렇게 행동할 수 있는 권력과 부를 거머쥐고 있기 때문이다. 전 세계적으로 물가가 올라 서민들의 삶은 힘들어진다고 하는데 제프 베이조스, 일론 머스크, 빌 게이츠, 워런 버핏 외 수많은 기업 CEO들과 한국의 재벌기업 총수들은 오히려 재산이 늘어나고 있다. 그러면서 그들은 각종 '친환경' 산업 투자 등 환경문제 대응에 앞장서는 듯한 면모를 보인다. 화성 '식민화'를 위한 스페이스X 프로젝트를 이끄는 일론 머스크는 붕괴하고 있는 지구를 떠나 화성을 에너지 효율적이고, 자급자족할 수 있으며, 친환경적인 거주지로 바꾸겠다고 약속한다. 스페이스X가 로켓을 한 번 쏠 때 약 300톤의 이산화탄소가 발생하는데(탄소배출 외에도 '친환경 연료'만으로 해결할 수 없는 생태계 교란을 초래한다), 이렇게 지구를 망치고 있는 장본인 중 한 명이 지구를 떠나 화성을 살 만한 곳으로 만들수 있을까?

기술과 돈은 지구를 살릴 수 없을 뿐만 아니라, 더욱 교묘하고 불공평하게 위험을 대다수에게 떠넘길 뿐이다.[3] 기술자본주의 시대에 접어들면서 환경오염 패턴이 달라지고 있다. 상품 생산이 산업자본주의 시대처럼 대규모 공장이 아니라 컴퓨터를 통해 이루어지면서, 에너지를 소비하는 인프라도 달라졌기 때문이다. 데이터센터가 대표적인 예이다. 인터넷 기술로 매개되는 모든 데이터는 서버를 통해 저장되기에, 서버를 물리적으로 모아둘 수 있는 시설과 장비가 필요하다. 그래서 우리 사회가 디지털 기술에 의존할수록, 더 많은 데이터센터가 생겨난다.

이런 디지털 인프라는 통상 '지역 발전'과 '일자리 창출'을 미끼로 데이터 소모량이 적은 농촌과 시골에 거대한 규모로 세워진다. 하지만 그 대가로 엄청나게 많은 전력을 소모하고, 서버실 온도 관리를 위해 지하수를 냉각수로 빨아들이며, 뜨거워진 물과 공기를 배출해 주변 생태계를 사실상 온천으로 강제 탈바꿈시킨다. 또한 미세먼지를 배출해 대기를 오염시키기도 한다.[4]

데이터센터는 디지털 시대의 플랜테이션이다. 새로운 'IT 강국'으로 떠오른 아일랜드에는 2024년 10월을 기준으로 80여 개의 데이터센터가 있는데, 이 데이터센터들의 1년 전력 사용량은 아일랜드 전체 가구의 그것과 맞먹는다. 한국은 어떨까? 2023년 현재 한국에 있는 데이터센터 수가 147개인데, 2029년에 이르면 630여 개까지 증가한다고 알려져 있다. 데이터센터들이 소모할 전력량을 충족하려면 신형 원

전(1.4기가와트) 30개가 필요하다.[5]

이제는 전 세상이 데이터로 연결된 시대에 디지털 기술에 대한 비판이 무슨 소용인가 의문을 품는 독자들도 있을 것이다. 내가 디지털 기기를 사용하지 않더라도, 일상의 디지털화는 더욱 빨라지고 있기 때문이다. 구글, 넷플릭스, IBM, 제너럴일렉트릭, 마이크로소프트, 아마존, 쿠팡, 테무 등 디지털 기업이 제공하는 서비스로부터 완전히 자유로운 삶은 사실상 불가능해졌다. 그래서 이러한 유형의 '디지털 에코사이드'에 저항하기 위해 나 혼자만 휴대폰을 끄는 게 무슨 소용일까 싶다. 하지만 그렇다고 해서 기술자본주의 흐름에 편승해서 환경을 파괴하고 있는 정부와 기업의 방종을 용납하지 않으면서 기술을 활용할 방안을 고민해볼 수는 있지 않을까.

녹색식민주의, 부자들이 주도하는 환경주의

식민주의는 한 국가가 다른 국가를 종속시켜 지배하는 행위이다. 여러 유형으로 나눌 수 있지만, 가장 대표적인 식민화 방식은 토착민을 내쫓고 침략자 인구를 이식하는 침략자 식민주의settler colonialism이다.[6] 일제가 한반도에서 조선인들을 내쫓고, 일본인 인구를 정착시킨 방식이기도 하다. 오늘날 많은 나라들이 식민지 상태에서 벗어나 독립했지만, 여전히 지구상에는 민족자결권을 인정받지 못하고 미국, 프랑스, 영국, 호주 등의 지배를 받는 식민지들이 있다. 이스라엘도 80년 넘게 팔레스타인에서 식민화를 저지르고 있다.

투쟁 끝에 식민지 상태에서 벗어났음에도 많은 나라들은 여전히 식민지 시절 쌓인 부채와 빈곤에 허덕이고 있다. 왜 그럴까? 일제 식민지 해방 이후 한반도 내부 정치적 분열과 미군정의 의지 부족, 친일파의 저항으로 한반도에서 토지 환수를 포함한 토지개혁에 실패했듯이, 식민지에서 독립한다고 해서 식민지 지배 질서가 곧바로 사라지는 것은 아니다. 오히려 독립국가 면모를 띠고 있음에도 식민지 시절 권력을 누린 자들은 토착 부패세력과 결탁해서 살아남는다. 이 부패 집단은 사회가 부정부패로 만연할수록, 사람들이 빈곤과 차별에 고통받으면서 타인을 향한 증오심을 키울수록 더욱 생기를 얻는다. 필요하다면 외세와 손잡고 쿠데타나 무력분쟁을 일으켜 자신의 이익을 방어하거나 극대화하기도 한다.

과거 식민주의는 제국이 세계 패권 장악을 내세워 다른 나라들을 정치적, 경제적, 군사적으로 지배하는 경향을 보였다. 하지만 오늘날 식민주의는 특정 인종집단이 다른 집단에 비해 우월하므로 지배자의 자격이 있다고 믿는 인종차별주의, 특히 백인우월주의white supremacy라는 본질을 감추고서 더욱 온화하고 교묘한 모습을 띤다. 과거에는 강압과 착취를 통해 식민지배가 이루어졌다면, 21세기 식민지 수탈은 보통 기술 협력과 해외 직접투자 등 '상호동의에 의한' 방식으로 일어난다.

여전히 옛 식민지에 막대한 정치적 영향력을 행사하고 있는 서구 국가들과 일본은 신흥 독립국들의 발전을 도모한다는 명목으로 각종 개발사업에 '투자'하거나 금융을 '지원'한다. 그 조건 아래에서 제국의 기업들은 현지 주민들과 동식물을 터전에서 내쫓으며 온갖 약탈 행위를 일삼을 수 있는 자원개발 허가권을 얻는다. 미국의 지원을 받았던 브라질 군사독재정권은 민영화와 외국 기업의 직접투자 유치를 통한 경제발전 정책을 내세우면서 폭력적으로 아마존 광산개발을 밀어붙였다. 이렇게 한 번 도장을 찍으면 민주적으로 집권한 다음 정부가 계약을 뒤집기가 어렵다. 우고 차베스와 에보 모랄레스 등 민중의 지지를 받아 집권에 성공한 볼리비아와 베네수엘라 좌파 지도자들은 전임 독재정권이 민영화했던 에너지 기업들을 국영화하고, 미국 등 외국 기업들이 독재정권을 통해 획득한 광산 채굴권을 '빼앗았다'는 이유로 '자유시장의 적'으로 공격받기도 했다.

이렇게 글로벌 북반구에 위치한 옛 제국주의 국가들과 글로벌 남반구에 위치한 옛 식민지 국가들 사이의 불평등한 관계에 기후변화와 생태계 붕괴까지 겹치면서 국제적 불평등은 더욱 악화하고 있다. '기후변화에 관한 정부 간 협의체 Intergovernmental Panel on Climate Change, IPCC'는 2022년 보고서에서 "역사적이고 지속적인 형태의 식민주의가 기후변화의 영향에 대한 특정한 사람과 장소의 취약성을 직접적으로 악화시켰다"고 지적한다. 기후 식민주의는 일상에서 끊임없는 차별과 착취에 노출된 개인이 감당하기에는 너무나 "무거워서" 그들이 저항할 수 없도록 무력하게 만든다.[7]

이때를 노린 옛 제국주의 국가들뿐만 아니라 한국처럼 부를 축적한 신흥 자본주의 국가들이 녹색의 탈을 쓰고 식민주의 흐름에 동참하고 있다. 부자 나라들은 '글로벌 가치사슬'이라는 이름으로 포장해서 다른 나라들의 자원을 빨아들인다.[8] 이 가치사슬은 서로 분업화된 나라들이 각자 맡은 역할을 수행하면서 상품과 서비스를 공동으로 생산한다는 개념으로, 기후변화 시대에 글로벌 공급망을 유지하기 위해서는 자원이 많이 매장되어 있는 글로벌 남반구 국가들을 안정적으로 '관리'하는 게 필요하다는 인식을 강화한다. 녹색식민주의는 '기후 대응 협력'이나 '기후안보 대응'의 모습으로 등장하는데, 구체적으로 파고들면 글로벌 남반구 국가는 글로벌 북반구 기업에 자원을 제공하면서, 식민 수탈에 반대하는 사회적 저항을 진압하는 역할을 맡고, 글로벌 북반구 국가는 창출한 이윤의 극히 일부를 '투자' 형태로 글로벌 남반구에 돌려주는 방식이다.

　이러한 '부자들의 환경주의environmentalism of the rich'[9]는 사회 전체로 보면 유해하지만, 소수 부자들에게는 이롭다. 이들은 자신들의 이익을 증대할 수 있는 방식으로 지속가능성 의제를 추구하면서 에코사이드를 부추긴다. 유럽연합이 그 대표적인 사례다. 아주 거만한 태도로 국제 환경정책의 선두주자를 자임하는 유럽연합은 탄소중립 재생에너지 전환을 목표로 주장하면서 유럽연합 주변 나라들로부터 에너지 자원을 빨아들인다. 그러면서 주변국들에 유럽연합 단일시장 참여 또는 회원국 자격 부여를 당근으로 제시한다. 특히 2022년 2월 24일 러시아의 전면적인 우크라이나 침공 이후 러시아와 관계 끊기에 나선 유럽연합은 2020년에 '최초의 탄소중립 대륙'을 목표로 채택한 '유럽 그린딜European Green Deal'을 집행하기 위한 대체에너지 수급 경로 확보를 위해 발빠르게 움직이고 있다.

　하지만 사회적 불평등을 방치한 채 '재생에너지' 기업에 대한 보조금 지원, 살충제 사용 금지, 기업 봐주기식 탄소배출 감축 조치, 환경범죄 처벌 강화 등 녹색정책을 추진하던 유럽연합은 극우파의 부상과 사회적 저항에 부딪혀 '(부자들의) 녹색 유럽'을 향한 전환 동력을 상실하고 있다.[10] 독일, 프랑스, 아일랜드 등 유럽 전역에서 2024년 초에 일어난 '부자들이 주도하는 환경규제'에 반대하는 농민 시위는 사회정의를 외면한 유럽 녹색세력의 몰락을 알리는 신호탄이 되었다. 정치인들에게 거액을 들여 로비하면서 '친환경 농업'을 추진할 수 있는 대기업과 다르게 농민들은 유럽연합이 확대하는 '자유무역'으로 인한 수입 농산품과 경쟁해야 하는 압박을 받고 있었다. 이런 상황에서 큰 비용이 드는 '친환경 농업'으로의 전환은 농민들의 수입 감소로 이어졌다. 결국 '부익부 빈익빈'을 악화하는 환경보호 조치는 결국 기성 정치권(특히 녹색정책을 주도한 정치인들)에 대한 반발을 불러왔고,[11] 이 분위기을 틈타 극우파가 세력을 확장했던 것이다.

세르비아에서 일어나고 있는 일도 언급할 수 있다. 2024년 유럽연합은 그동안 반목해왔던 세르비아 정부와 세르비아 서부 자다르 협곡에 매장된 리튬을 개발하기로 합의했다. 이 "역사적인" 합의는 세르비아 환경단체와 주민들의 반대에도 "유지 가능한 전략 광물, 배터리 공급망, 전기차 산업에 대한 전략적인 협력"을 위해 이루어졌다.[12] 2022년 세르비아 정부는 전국적인 대규모 시위 이후 리튬 채굴을 금지했는데, 2년 만에 상황이 뒤집힌 것이다. 이곳 광산 채굴권은 리오 틴토Rio Tinto라는 전 세계에서 두 번째로 규모가 큰 영국-호주 소재 기업이 따냈다. "몇몇 부유한 국가들의 부가 축적된 것은 항상 가난한 국가들의 희생에 힘입은 것이었으며 현

1부. 에코사이드는 어떻게 시작되었나

재에도 이는 변함이 없다"는 말은 여전히 유효하다.[13]

기후부정론, 권력집단이 퍼뜨리는 거짓말

페이스북과 트위터(현재 X)조차 틱톡이나 인스타그램, 유튜브에 비해 예전 SNS로 취급받을 만큼 인터넷 소통창구가 매우 다양해졌다. 이제 우리는 모바일이나 컴퓨터로 클릭한 번이면 전 세계 사람들과 정보를 교환할 수 있다. 챗GPT, 구글 제미나이 등 AI는 인간의 소통을 보조하는 수준을 넘어아예 인간을 대체할 수 있는 수준까지 넘보고 있다. 모순적으로 이렇게 통신기술이 발달하면서 어떤 정보가 진실인지 판단하기 어려울 정도로 역정보, 딥페이크 등 온갖 가짜뉴스가 전파를 타고 재생산되는 '탈진실post-truth'의 시대가 도래했다.[14]

이러한 시대에는 실제 일어난 사실보다 내가 믿고 싶은 대로 믿는 게 진실이 된다. 온갖 궤변과 혐오발언을 동원한 독일 나치의 선동이 가지는 무서운 힘을 관찰한 철학자 한나 아렌트는 정치적 거짓말이 공적 토론의 장에서 사람들이 무엇을 신뢰하고, 판단해야 하는지 혼탁하게 만들어 결국 거짓말이 승리하도록 유도한다고 지적한다.

기후부정론자들은 이 지적에 정확히 들어맞는 사례다. 이들은 '아니면 말고' 식으로 기후변화 자체에 대한 부정부터, 기후변화는 인간의 행동과 관계없이 자연스러운 현상이라는 논리, 정치적으로 편향적인 '좌파' 과학자들이 기후변화를 '정쟁 대상'으로 삼고 있다는 음모론, 생태계 붕괴에 대한 역사적 책임 부인까지 다양한 종류의 주장을 펼친다.[15] 누가 왜 기후변화를 부정하는 걸까? 이들은 불타는 지구 위에서 모두가 죽기를 바라는 순수한 악의 결정체일까? 아니면 사고방식이 조금 다를 뿐인 사람들일까? 이른바 '기후변화 선동'에 반대하면서 "I Love CO_2" "I Love Oil & Gas" 같은 문구를 쓴 팻말을 들고 행진하는 사람들을 보면 황당함과 답답함, 부끄러움과 무기력함 등 정말 많은 감정이 교차한다.

누가 기후부정론을 생산하고 퍼뜨리는지 파헤치기 위해서는 기후부정론이 일시적으로 유행하는 사회현상이 아니라 돈과 권력, 사회적 정체성이 유기적으로 결합한 하나의 정치운동이라는 점에 주목해야 한다. 이들의 등장은 우연한 사건이 아니라 지구를 망치는 쳇바퀴들을 계속해서 돌아가게 하려는 권력집단의 작품으로 봐야 한다. 2020년 11월 대통령 재임 당시 미국의 파리기후협약 탈퇴를 주도했던 도널드 트럼프가 대표적인 기후부정론자이다. 트럼프와 그의 추종자들은 기후변화를 '사회주의자들의 거짓말'이나 '미국 제조업 경쟁력을 떨어뜨리려는 중국의 음모'로 폄훼했는데,[16] 이들의 생각과 행동은 화석연료 규제를 반대하기 위해 철저히 계산된 행동이었다. 제46대 미국 대통령 선거에서 트럼프를 꺾은 조 바이든은 2021년 1월 취임 직후 파리협약에 다시 가입했다. 미국제일주의를 외치며 제47대 미국 대통령으로 돌아온 트럼프는 이에 복수라도 하듯 2025년 1월 20일 취임 첫날 파리기후협약 탈퇴를 포함해 바이든 정부의 환경보호 조치들을 뒤집었다. 또한 그는 취임 연설에서 화성 식민화, 화석연료 채굴 및 수출 확대, 세계보건기구 탈퇴, '환경규제' 전면 무효화 등을 선언하며 공공연하게 지구 파괴에 앞장설 것을 천명했다.

이들은 정치적 권력과 경제적 이윤을 재창출하기 위한 동맹을 구축하고 더욱 당당하고 큰 목소리로 기후행동 및 광범위한 환경보호 조치를 비난한다. 이미 미국의 석유회사 엑슨모빌이 1990년대 교토의정서 체결에 반대하기 위해 기후 부정론자들의 활동에 수십억 달러에 달하는 자금을 지원했다는 사실은 너무나 잘 알려져 있다.[17] 엑슨모빌은 교토의정서 체결 한참 전에 이미 화석연료 채굴과 사용으로 인해 지구온난화가 발생할 수 있다는 사실을 내부에서 인지하고 있었다. 미국 공화당의 '최대 돈줄'로 알려진 코크 인더스트리 Koch Industrie는 화석연료, 비료, 건축자재, 부동산 전자부품, 신재생 배터리 등 각종 산업에 손을 뻗치고 있는데, 이들은 미국의 환경정책 강화 흐름을 방해하기 위해 정치인은 물론 각종 로비스트와 돈에 양심을 판 사이비 과학자들을 후원해왔다. 기후부정론자들에 대한 기업의 후원은 자선사업이 아니라 상부상조하는 관계를 매개하는 수단이다. 최근 기후 소송에 직면해 있는 기업들은 책임을 회피하기 위해 기후부정론자들이 퍼뜨린 역정보를 근거로 활용하고 있다.[18]

트럼프를 비롯해 기후부정론자들은 '지금 우리가 누리는 삶은 문제가 없다'는 믿음을 퍼뜨린다. 반대로 생각하면 축적해둔 권력과 부를 잃는 것이 두려운 사람일수록 기후부정론을 더욱 매력적으로 느낄 수 있다. 믿고 싶은 대로 믿는 탈진실의 시대에 이들은 편향된 과학자들에게 맞서 자신들의 '과학적' 주장을 펼칠 수 있는 '공정한' 공간이 필요하다고 생각한다. 그래서 기후변화'만' 언급하는 미디어를 조작 방송이라고 믿으며 점점 더 역정보가 자유롭게 퍼질 수 있는 SNS 같은 사이버공간에 집결한다. 일론 머스크가 인수하고 X로 이름을 바꾼 트위터는 부정론자들이 안전하게 활동할 수 있는 공간enabling environment으로 변모했다.[19]

기후부정론자들의 대다수는 서구 자본주의체제에서 윤택한 삶을 누린 백인 남성들이다. 이들이 누리고 있는 윤택한 삶은 다른 인간을 착취하고 자연을 생산과 파괴의 쳇바퀴에 강제로 욱여넣어서 빼앗은 것이다. 그래서 기후부정론은 남을 희생해서 쌓아 올린 자신들의 이기적인 생활방식을 지키려는 배타적인 집단행동이자, (자신의 선택이 초래하는) 타

1부. 에코사이드는 어떻게 시작되었나

인의 고통을 방관하고 부인한다는 점에서 다양한 사회적 목소리 중 하나로 용납하기 어려운 도덕적 악행이며, 에코사이드에 공모하는 범죄 행위이다.

해로운 남성성, 불평등한 젠더관계가 일으키는 에코사이드

전쟁과 독재에 비판적인 목소리를 내온 벨라루스 출신 작가 스베틀라나 알렉시예비치는 《전쟁은 여자의 얼굴을 하지 않았다》에서 제2차 세계대전에 적극적으로 참여했거나, 묵묵히 살아남은 여성들의 삶을 구술사로 기록했다. 작가는 "그곳에서는 사람들만이 아니라 땅도 새도 나무도 고통을 당한다. 이 땅에서 우리와 함께 살아가는 모든 존재가 고통스러워한다. 이들은 말도 없이 더 큰 고통을 겪는다"고 말한다.[20] 이렇게 '여성주의적' 관점에서 쓰는 전쟁과 자연 파괴에 대한 비판은 단순히 '남자라서 문제다'는 지적이 아니라 사회적으로 만들어진 '남성성(남성다움)' 중심 가부장제를 겨냥한다.

시대를 거치며 사회적으로 '남성다움'을 판단하는 기준도 달라졌다. 이전에는 '도구와 기술을 잘 다루는 사람'이나 '척박한 땅을 개척하는 사람'이 남성으로 대우받았다면, 지금은 '보이지 않는 적과 위험으로부터 언제라도 가진 것을 지킬 능력이 있는 자'의 기준이 추가되었다.[21] 이러한 사회질서

속에서 남성은 여러 훈련을 거쳐 (가족부터 더 큰 사회까지) 집단을 통제할 힘과 권능을 부여받았고, 우월한 지위를 획득할 수 있었다. 고난과 시련, 공포 같은 '외부의 적'에게 굴복하는 일은 남자답지 못한 부끄러운 일로 취급당했다. 예를 들어 '여자 같다'라는 말은 줄곧 군대에서 '관심병사' 또는 '은따(은근한 따돌림 대상)'가 되는 남성에게 붙는 꼬리표이다. 이 말은 전쟁이 불가피한 세상에서, 남성에게는 가부장으로서 여성처럼 유약한 존재를 지켜야 하는 책임이(아니면 도덕적 의무가?) 있다는 여러 측면에서 잘못된 전제를 내포한다.

환경파괴와 남성성 사이의 인과관계를 탐구하는 연구자들은 세 가지 측면에서 가부장제 구조가 인간과 자연의 관계를 유해한 방식으로 매개한다고 지적한다. 첫째, 자연을 (여성과 마찬가지로) 보호와 개척 대상으로 여기면서, 나의 것과 (내 것으로 만들어야 하는) 타자의 것을 나누고 전자의 무한한 확장을 꾀한다. 이 맥락에서 카라 다제트Cara Daggett는 자본주의 시대 '석유남성성petro-masculinity'[22]의 형성과 재생산 현상을 포착한다. 화석연료에 의존하는 물질적 삶을 지지하는 사회적 경향은 이윤 창출을 우선으로 하는 자본주의체제에 대한 정치적 지지뿐 아니라 남성성과 '자급'이라는 특권적 정체성을 지키기 위한 세태를 보여준다는 것이다. 이러한 관점은 대다수 기후부정론자들이 세상에서 가장 특권을 많이 누리고 있는 서구-백인-보수-남성이라는 점을 명쾌하게 설명한다. 이들은 '자원 고갈'에 대비해 오히려 나의 것을 더욱 지키기 위해 '잠재적 적'으로서 타자를 구별하고, 권위주의적·가부장적 통제를 강화하려고 한다(도널드 트럼프, 윤석열 등 '강한 남성'을 표방하는 자들의 정책과 공약처럼).

둘째, 생태위기 속에서 가부장적 질서가 초래하는 성 및 젠더 기반 복합 차별과 폭력 문제를 악화한다. 글로벌 남반구에 집중된 기후 취약 지역에서 여성 매매나 강제 조혼이 증가하는 경향을 보이는데, 이는 생계위기에 몰린 농민들이 가족의 부양비용을 줄이고 경제적 소득을 확보하기 위해 여성의 신체를 수단화하고 있기 때문이다.[23] 이러한 인신매매는 국내외에서 중대범죄로 다뤄지고 있지만, 개별 사례 처벌만으로는 근본적인 해결이 어렵다. 기후위기 피해자 집단 안에서도 지위와 물질적 자급자족 능력이 가장 취약한 여성과 소녀들이 희생을 강요당하는 구조는 존속하고 있기 때문이다. 국제기구와 인권단체들은 아무리 조혼을 금지하더라도, 가부장 질서 아래에서 다른 형태의 성 및 젠더 기반 폭력이 기후변화와 자연생태계 붕괴의 속도와 맞물려 더 확산할 것이라고 우려한다.[24]

셋째, 친환경 소비, 재활용, 채식/비거니즘 등 환경문제 대응과 전 지구적 환경변화에 적응하기 위한 개인적 수준 행동을 남성성을 저해하는 행위로 인식하게 만든다. 여러 실험에 따르면 청소를 (사회적으로도 그렇게 노동이 분업화되어 있듯) 여성이 하는 일이라고 인식하는 남성들은 환경문제의 심각성을 인지하더라도 '여성적인' 면모를 보이지 않기 위한 행동을 취했다.[25] 이러한 사회적 고정관념은 남성이 사회적 질서에서 우월한 존재라는 특권의식을 반영하는데, 그래서 남성성을 위협받는다고 느끼는 집단일수록 친환경 행동에 대해 더 격하게 반대했다.[26]

가부장제는 여성은 물론 성소수자와 젠더 다양성을 가진 집단, 젠더 비순응 등 성적 지향 및 젠더 정체성에 따른 다양한 집단의 존엄성과 권리를 침해하고, 의미 있는 사회 참여를 제한하는 주요 원인이다.[27] 가부장제는 결과적으로 폭력에 의존하는 사회질서를 고착화한다는 점에서 그 구조에서 특권을 누리는 남성들에게도 해롭다. 가부장적 질서를 그대로 살려두면서 환경위기를 '통제' 또는 '제압'하려는 시도들은 (여성뿐만 아니라) 인간의 돌봄 능력, 자연생태계의 돌봄 능력 상실을 부추길 뿐만 아니라 남성의 의미 있는 지구의 건강planetary health 돌봄에 대한 참여를 방해하기 때문이다.[28] 그래서 해로운 남성성toxic masculinity은 에코사이드를 일으키는 행위를 정당화하는 직접 원인인 동시에 에코사이드에 대한 저항을 방해하는 요인이다.

2부

'한국형' 에코사이드

1. 모든 비극의 서막, 개발독재

한국형 에코사이드의 축소판 새만금개발사업

"어서 아이들을 지옥에서 구출해야 합니다!" 2023년 군산 새만금에서 열린 제25회 세계스카우트잼버리는 그야말로 아이들에게 '생지옥' 체험이나 다름없었다는 부정적인 평가를 받았다. 행사 개최 전까지만 해도 잼버리 유치를 둘러싼 서로의 공적을 내세우던 국민의힘과 더불어민주당(이하 '민주당')은 정작 잼버리가 수습 불가능한 수준으로 엉망이 되자 서로를 탓하기에 바빴다. 윤석열 정부는 문재인 정부와 전라북도가 준비를 똑바로 하지 않았다고 비난했고, 민주당은 윤석열 정부가 무능해서 세계적인 행사를 망쳤다고 반박했다. 문재인 전 대통령도 논쟁에 가세해 "새만금을 세계에 홍보해 경제적 개발을 촉진함과 아울러 낙후된 지역경제를 성장시킬 절호의 기회"를 놓쳐서 안타깝다고 사과하는 촌극을 연출했다.[1]

이런 네 탓 공방 속에서도 마치 짜고 치기라도 한 듯 서로 건들지 않은 뇌관이 하나 있었다. 바로 새만금간척사업 자체의 문제였다. 두 정권은 모두 잼버리 개최를 핑계로 각종 건설사에 특혜를 몰아주기도 했는데, 새만금간척사업의 비상식적인 추진이 어떤 결과를 일으키는지는 한마디도 하지 않았다. 간척사업을 밀어붙여 억지로 갯벌을 덮은 땅에 전 세계의 아이들을 불러 모은 것이 애초부터 잘못된 결정이었는데도 서로 책임 떠넘기기만 일삼을 뿐이었다. 잼버리 사태에 대한 녹색연합 활동가의 기고문을 읽어보자.

잼버리 개최지로 새만금은 최악의 부지였다. 그러나 유치된 순간 이미 이면의 목적은 달성하고도 남았다. …… 계획대로 새만금 동서대로와 남북대로가 개통되었고, 새만금 신항만, 새만금항 입인 철도를 비롯해, 새만금 국제공항까지 추진되고 있으니 새만금에서의 토건개발세력은 남는 장사를 하고 있는 셈이다. …… 애초에 새만금 간척사업은 상식적이지 않았다. 군산에서 변산까지 33km 방조제를 건설하여 바다를 막아 여의도 면적의 140배에 달하는 갯벌을

매립하고 담수호를 만들어 농지와 농업용수로 쓰겠다는 계획 자체가 문제였다.[2]

잼버리가 새만금 개발의 발판이 되었다는 인식을 가진 건 비단 환경단체만이 아니다. 2017년 도의회 회의에 출석한 전라북도 관계자는 "세계잼버리를 유치하는 가장 큰 목적"을 묻는 질문에 "새만금을 속도감 있게 개발하기 위한 것"이라고 답했다. 질문을 했던 도의원은 '잘한 결정'이라고 전라북도를 칭찬했다.[3]

새만금 갯벌 죽이기는 '단군 이래 최대 국토개발사업'이라 불릴 정도로 가장 긴 시간 동안 한국 정부와 건설사, 외국인 투자회사, 심지어 미군까지 조직적으로 가담하고 있는 '한국형 에코사이드'다. 새만금 잔혹사의 역사는 박정희 개발독재 시기로 거슬러 올라간다. 1970년대 초 국제 곡물 가격이 요동치자 '식량 확보에 위기'를 느낀 정부는 국토를 쑥대밭으로 만들던 난개발 정책을 재검토하는 대신, 전국적으로 간척사업을 추진하기 위해 여러 개발계획을 수립했다. 그중 하나가 지금의 새만금 지역을 포함한 '옥서지구 대단위농업종합개발계획'인데, 국제부흥개발은행IRBD으로부터 차관을 받아 농업용 토지 확보를 위해 1단계로 논산과 금강 일대에서, 2단계로 김제·부안·옥구지구에 갯벌 매립을 통한 간척지를 조성한다는 내용이었다.

　1980년대 초 냉해 등 자연재해 대응에 실패한 전두환 정부는 옥서지구 개발계획을 확대하여 1987년에 '새만금간척종합개발사업'을 발표하고,[4] 사업 타당성 분석과 환경영향평가 절차 등을 시작하면서 새만금 죽이기의 신호탄을 쏘았다. 전두환 정권을 계승한 노태우 정부는 '새만금사업을 최우선 사업으로 선정하여 임기 내 이룩하겠다'고 공약했고, 전라북도 부안, 김제, 군산에 걸쳐 있는 갯벌로 들어오는 바닷물을 방조제로 틀어막아버렸다. 이 간척사업은 민주화 이후에도 계속 진행되어 18년 5개월이 지난 2010년 4월에 끝났다. 33.9km에 달하는 새만금방조제는 '전 세계에서 가장 긴 방조제'라는 참으로 쓸모없는 기네스북 기록을 보유하고 있다. 새만금방조제가 바닷물을 가로막아 새로 만든 염분 가득한 간척지는 409km^{2}에 달하는데, 이는 서울 전체 면적의 67%에 해당한다. 서울에서 주거지를 전부 밀어버리고 이만큼의 땅을 '농토'로 바꾼다고 했다면 과연 사회적으로 용납되었을까?

　농사를 위한 간척사업이 진정한 목적이었다면, 새만금은 지금쯤 가을마다 벼가 고개를 숙이는 황금빛 곡창지대의 모습을 하고 있어야 한다. 하지만 염분 농도가 너무 높아 농사를 지을 수 없는 땅이라 정권에 따라 그 목적이 오락가락

하고 있다. 절반 이상이 농지로 지정되었지만 시간이 갈수록 점점 산업용지와 도시용지로 지정된 구역이 넓어지고 있다.

여러 번 새만금간척사업을 중단할 수 있는 기회가 있었다. 하지만 그때마다 정부는 '공익'을 내세워 사업을 강행했다. 김대중·노무현 민주당 정부는 '지역균형개발'을 이유로 사업 중단과 갯벌 살리기를 요구하는 시민사회의 목소리를 외면했다. 2001년 8월 22일 환경단체, 종교단체, 새만금 일대 주민들이 새만금간척사업 중단 소송을 제기했으나, 2006년 3월 16일 대법원이 이 사업은 '공익에 부합'하며, 수질 정화 대책을 실시하면 문제가 없다고 판결하면서 소송은 마무리되었다. 오히려 2007년 노무현 정부는 '새만금사업 촉진을 위한 특별법'을 제정하여 더욱 '안정적인' 새만금간척사업 추진의 근거를 마련해주었다. 시민들의 끈질긴 저항에 눈치를 보면서 어불성설에 불과한 친환경을 위장한 난개발을 약속했을 뿐이다. 대체 용도조차 갈피를 못 잡는 간척지가 바다를 정화하는 갯벌보다 어떤 '공익'에 부합한다는 걸까.

이제 새만금간척지는 모든 가능성을 품은 미지의 땅처럼 포장되어 투기 광풍을 자극하는 꽃놀이패처럼 남용되고 있다. 어차피 땅은 생겼고, 이젠 농지로 안 써도 되니 공장도 세우고, 국제투자진흥지구를 만들어 외국 회사도 유치해보고, 짓고 싶은 거대한 건물도 지어보고, 주택단지도 조성하

자는 식이다. 온갖 미사여구와 헛꿈을 켤 수 있는 '원더랜드'
인 셈이다. 2019년에는 '교통의 편리성'을 보장하기 위해 항
만에 이어 '새만금 국제공항 건설계획'이 확정되었다. 국제공
항 건설 예정 부지로 지정된 수라갯벌은 주한미군이 운영하
는 비행장이 있는 군산공항 바로 옆에 있다. 이에 주한미군
이 새만금 국제공항을 군산공항과 연결해달라는 요구를 하
고 나서면서 사실상 미군기지 확장 공사가 아니냐는 의혹도
제기된 상황이다. 생태파괴는 물론이고 경제적 타당성이라
는 구실도 없으면서 새만금을 '군사적 대결의 덫'에 가두는
셈이다.[5]

　　새만금간척사업으로 해창갯벌이 사라진 지금, 수라갯벌
은 새만금 에코사이드 저항을 상징하는 마지막 공간으로 버
티고 있다. "갯벌은 이미 삶의 터전이 무너지고 어민들이 떠
난 상황이기 때문에 지금은 삶의 터전을 지키기 위한 투쟁
이 아니라, 생태계를 지키기 위한 투쟁만이 남아 있는 상황"
이라고 한다.[6] 많은 사람이 떠났어도 수라갯벌은 여전히 갯
벌을 사랑하는 사람들, 저어새, 황새, 흰꼬리수리, 장다리물
떼새, 흰발농게, 갯지렁이 등 굳이 이름과 인간이 정한 보호
등급을 열거하지 않아도 그 자체로 소중한 뭇 생명의 터전이
다. 누군가 이렇게 남아 있는 터전이라도 지키다보면, 빼앗
긴 들에도 봄이 오지 않을까 생각해본다.

각종 세금 혜택과 사업이익을 노리고 빠르게 새만금을 파괴하고 있는 건설사, 주한미군을 통해 동아시아에서 군사적 지배 확대를 노리는 미국, 광기만 남은 간척사업의 실패를 인정하지 않고 새만금을 죽음의 벼랑으로 몰아세우고 있는 한국 정부 모두 에코사이드에 책임이 있다. 2024년 9월 20일에 열린 새만금 국제공항 환경영향평가 초안 설명회에서 주민들은 "8천 년의 시간을 간직한 수라갯벌을 파괴하고, 기후붕괴와 생물다양성 붕괴를 가속하는 생태학살 범죄"라고 규탄했다.[7] 새만금 생태계의 파괴가 사회적으로 가시화되자 2020년 12월부터 정부는 새만금 '수질 개선'을 위해 하루 2회 바닷물을 막고 있는 수문을 개방하고 있다. 그러나 이는 실패한 미봉책에 불과할 뿐만 아니라 자연에 대한 모독이다. 2024년 10월 11일 새만금시민생태조사단은 보도자료를 통해 부분적 수문 개방은 오히려 물 흐름을 불규칙적으로 바꾸는 역효과를 일으켜 "생물 폐사 구역"을 초래하고 있다고 지적했다.[8]

'한국식 민주주의'와 토건국가의 형성

한국형 에코사이드를 일으키는 구조적 요인들로는 권력집단에 유리하게 기울어진 민주주의제도, 토건국가, 그린벨트식 환경보호 사고, 그리고 '쓸모를 찾지 못하는' 환경법을 꼽을 수 있다. 이 구조적 요인들은 한국사회가 국토 난개발과 관련해 온갖 탈법, 편법, 불법을 저질러도 책임을 묻지 않고 개발사업을 밀어붙일 수 있는 환경을 조성하고, 변화하는 정치경제적 상황 속에서도 (심지어 수익성이 없다는 결론을 받아들고도) 각종 개발사업을 추진하도록 유도하는 경로의존성path dependence을 만들어낸다. 먼저 정치경제적 조건에 해당하는 기울어진 민주주의제도와 토건국가의 형성에 대해 살펴보자.

'조국 근대화'를 국가가 달성할 최우선 과제로 앞세운 박정희 정권은 민주주의 탄압, 인권침해, 재벌 특혜, 환경파괴 등 여러 비판에 맞서 '한국식 (또는 민족적) 민주주의'라는 말을 만들어 반박했다. 그러나 그에게 민주주의는 "견제와 균형이 아니라 강력한 지도자 중심으로 비판세력이 없는 만장일치의 의사결정이 이루어지"는 체제를 정당화하는 미사여구에 불과했다.[9]

이 사이비 민주주의체제 아래에서 개발독재정권이 수립되었다. '개발독재'란 독재정권이 경제발전을 국가의 최우선 목표로 삼고 반대파의 억압과 개발동맹세력의 구축, 강제력의 동원을 통해 유지하는 정치체제를 의미한다.[10] 박정희 정권은 반공과 경제개발을 내세워 "단군 이래 최대 토목공사"인 경부고속도로를 개통했고, 베트남전쟁 파병을 대가로 미국으로부터 얻은 차관으로 중화학공업, 새마을운동 등을 전 개했다. '한강의 기적'을 달성하기 위해 많은 노동자가 희생 되는 동안 국가보안법을 내세워 민주화운동과 노동운동을 탄압하고 탈법적인 살해와 고문을 저지르며 길들이기를 시 도했다. 민주화 이후 지금까지도 강력한 위력을 떨치고 있는 '토건국가'는 개발독재의 잔재이다. 본래 부동산 개발을 통해 경제를 부양하던 일본을 설명하기 위해 등장한 토건국가 개 념은 한국 맥락에서는 온갖 탈법과 편법을 동원해 "토건업과 정치권이 유착하여 세금을 탕진하고 자연을 파괴하는" 정치 체제로 해석할 수 있다.[11]

　　한국전쟁 이후 이승만 정부는 전후 복구 및 국가건설을 이유로 댐과 도로 등 대규모 건설사업을 추진했으나, 본격 적으로 토지를 국가관리체제에 편입하고, 개발에 나선 시기 는 박정희 정권에 이르러서다. 1960년대 박정희 정부는 한 국전력공사, 대한주택공사(현 한국토지주택공사), 한국수자원 공사, 한국도로공사 등 공기업을 설립해 국토개발 분업체제 를 마련했다.[12] 이 과정에서 대규모 건설산업을 시행하기 위 한 각종 법과 제도가 마련되었을 뿐만 아니라 "국토개발 업 무를 담당하는 건설부와 산하 공기업들은 …… 각종 개발사 업을 통해 민간 기업들과 결합하고 토건업의 확장에 대한 이 해관계를 공유하게 되면서 중앙 단위의 성장연합을 구축"했

고, 지금까지 한국 정치에서 주요한 권력집단으로 군림하고 있다.[13]

이 개발독재 시기에 성장한 토건산업을 통해 현대, 삼성, SK, 대우 등이 한국의 대기업으로 자리매김했으며, 지금도 국내외에서 에코사이드를 일으켜 막대한 수익을 벌어들이고 있다. 고속도로, 포항종합제철단지, 호남정유공장, 소양강 댐 건설 등 "1960년대 중반 이후 고속도로, 댐, 철도, 공단 건설 등을 포함한 대규모 건설산업이 추진되었고 …… 기업들은 정부가 추진하는 기간산업 건설을 통해 성장기반을 마련하고 대기업으로의 전환을 모색했다".[14] 같은 시기 현대건설, 대림산업 등 각종 건설회사는 베트남전쟁 '특수'를 노려 베트남에서 미군기지 건설과 도로 확장 등 각종 사업을 수주했다.[15]

세계은행 등 여러 연구에 따르면 2024년 10월 현재 한국 국민총생산에서 건설산업이 차지하는 비중은 15%를 상회한다. 이는 7~10% 이내 수준인 다른 OECD 국가에 비해 월등하게 높다. 이런 조건 아래에서는 건설경제가 무너지면 한국 경제도 쪼그라든다는 위기의식이 팽배해지고, 그래서 '부동산 개발=국가 경제발전'이라는 등식에 의존하는 논리가 사회에서 강한 힘을 발휘한다. 독재정권이 무너졌어도, 독재정권의 잔재인 토건산업에 의존하는 경제구조와 사회문화는 오히려 고착화된 것이다. 민주주의체제에서 본래 '일탈' 상황이었어야 할 건설사업 특혜, 비리, 대규모 환경파괴, 이른바 '영끌'이 상징하는 불안의식, 주거불평등, 부동산 투자 광풍 등 토건 의존 경제의 폐부들이 여전히 한국사회를 장악하고 있다.

개발독재 국가가 만든 '그린벨트'

박정희가 만든 개발독재체제에 비판적인 사람들조차 농담 반, 진담 반으로 하는 이야기가 있다. '박정희가 잘한 게 두 개 있다면, 국민건강보험제도 도입이랑 개발제한구역(일명 '그린벨트') 지정'이라는 것이다. 1971년에 군사독재정권이 처음 도입한 그린벨트의 표면적인 목적은 난개발 방지를 위한 '수도권 녹지보호'다. 그래서 '한국형 에코사이드' 맥락에서 그린벨트의 문제를 파헤치는 것이 다소 의아하다고 할 수도 있겠다.

그린벨트를 박정희 정권의 성공적인 정책 중 하나로 보는 평가에는 이런 서사가 기본적으로 깔려 있다. 박정희 정권은 전쟁 이후 혼란스럽고, (북한에 비해) 가난한 나라를 살리기 위해 국가중심 경제개발을 시작했는데, 그 과정에서 무분별한 환경오염이 발생하자 대통령이 강한 정치적 의지를 발휘해 그린벨트를 지정했다는 것이다.[16] 그린벨트 지정은

1960년대 후반에 서울의 인구 집중을 해소하기 위한 하나의 대책으로 고려되다가 1968년 북한 무장군인 31명이 침투한 1·21사건을 계기로 빠르게 추진되었다. 서울 개발로 인구가 집중되면 북한의 공격에 취약해질 수 있기 때문에 서울 도심 개발을 제한해서 주변에 위성도시를 조성한다는 취지였다.[17] 그리하여 1971년 서울과 경기 지역 일대에 처음으로 그린벨트가 지정되었으며, 이후 1977년까지 순차적으로 지정 범위가 전국으로 확대되었다.

그린벨트식으로 환경을 보전하는 사고를 한국형 에코사이드의 구조적 원인으로 짚찍은 데에는 세 가지 이유가 있다. 첫째, 그린벨트는 한국전쟁 이후 분단 질서 속에서 독재정권이 주도한 폭력적인 근대화 과정과 맞물려 일어난 전국적인 난개발을 은폐하는 상징이다. '난개발'이란 무분별한 파괴만을 의미하지 않는다. 인간의 삶이 자연세계의 일부로서만 의미 있게 존재할 수 있다는 사실을 간과하고, 무분별하게 자연을 구획으로 나누고, 분절화하는 과정이다. 이 과정에서도 '환경보호'는 얼마든지 가능하다. 문제는 어떤 자연환경을 어떻게 보호하는지인데, 그린벨트는 (사유재산권 침해 논쟁은 차치하더라도) 생태도시에 대한 빈약한 상상력을 보여준다.

개발독재정권은 서울을 비롯한 몇 개의 도시를 둘러싼

구역을 녹색지대로 두는 대신 나머지 도심을 집중적으로 개척했다. 오늘날 서울의 화려한 '스타일'을 상징하는 강남은 대표적인 몰아주기 난개발의 증거이다. 본래 강남은 한강 하류 저지대에 위치하여 하천 범람이 심해 사람이 살기 어려운 공간이었지만, 박정희 정부는 '북한과의 전쟁 대비'를 염두에 두고 이 지역을 개발하기로 했다. 독재정권이 밀어붙인 개발계획은 일사천리로 실행되었고, 그렇게 한강을 가로질러 다리가 생기고, 버스터미널, 종합병원, 학교, 백화점 등 사회적 인프라가 강남에 몰렸다. 강남과 서울 집중개발이 일어난 1963년부터 1977년 사이 강남 땅값은 약 176배, 서울 전체는 87배가 상승했다. 대한민국 첫 신도시 개발이자 전국적인 부동산 투기사업의 시작이었던 셈이다.[18] 그 과정에서 가진 게 없는 사람들은 도심 변두리로 계속해서 쫓겨나야 했고,[19] 상괭이, 수달, 서울개발나물[20] 등 많은 동식물도 서식지를 잃었으며, 자연생태계는 오염된 채 방치되었다. 이처럼 '한강의 기적'이라는 신화 속에서 토지강탈과 환경파괴의 역사는 그린벨트 찬양에 밀려났고, 서울에 대한 사회적 기억 속에서 점점 사라지고 있다.

둘째, 그린벨트는 반민주적이고 강압적인 제도와 절차를 통해 환경보호를 달성하려고 한 허울 좋은 시도였다. 만약 서울 지역, 그리고 더 넓은 범위에서 한강 생태계의 통일성을 유지하고자 했다면 개발독재정권은 땅을 파헤치고 한 강 상류 지역에 댐을 지을 게 아니라 서울 난개발 계획부터 재검토했어야 한다. 그린벨트 지정은 지방자치가 불가능했던 시절 복잡하고 오랜 시간이 걸리는 공적 숙의 과정을 건너뛰고 이뤄졌다(정권이 서울 지역 교수들을 한 모텔 방에 가둬 놓고 그린벨트 구역 초안을 설계하게 했다는 설화가 있다). 당시 그린벨트 지정에 참여했던 한 교수는 지도를 지나는 "연필 선 굵기에 따라 5m 정도의 오차가 발생"해서 "하나의 집인데도 둘로 나뉘어 마당과 아래채는 개발제한구역이고, 위채는 개발제한구역이 아닌 집이 1만 채 이상"이었다고 회고한다.[21]

그린벨트가 보여주는 절차적 문제들은 '녹색권위주의 green authoritarianism' 논쟁 맥락에서도 생각해볼 수 있다. 녹색권위주의는 환경오염에 대한 민주주의체제의 대응 실패를 지적하면서 빠르고 효율적인 대안 모델로 등장했다. 녹색권위주의 지지자들은 민주주의의 제도와 절차에는 너무나 많은 목소리가 존재하고, 이해관계를 조정할 수 있는 강력한 지도자가 부재하기 때문에 환경오염을 해결할 수 없다고 주장한다.[22] 그리고 환경오염의 심각성에 비해 대응이 느린 민주주의체제에 비해 소수에게 권력이 집중된 권위주의체제는 빠른 대응이 가능하다는 장점을 내세운다. 녹색권위주의를 지지하는 시선에서 1970년대 한국 개발독재정권의 그린벨트를 보면 '긍정적인' 평가가 가능할 수도 있다. '그 혼란스러운 시대에 대통령이 의지를 발휘한 그린벨트보다 더 나은 방식이 있었겠는가?'라는 주장을 할 수 있는 것이다. 하지만 대통령의 의지가 왜 '조국의 근대화'를 이유로 폭압적인 도시화를 위해 발휘되어야 했으며, '후대에게 남겨줄 녹지공간'으로서 그린벨트는 왜 도심 안에서 자연생태계를 잇는 축이 아니라 건물 숲에 둘러싸여 고립된 땅이 되었는지 따져봐야 하지 않을까? 중국을 중심으로 녹색권위주의를 연구하는 주디스 샤피로Judith Shapiro와 이페이 리Yipei Li는 권위주의정권에게 환경보호는 자연에 대한 국가의 소유 및 지배를 공고화하고, 권위주의 지도자의 권력 기반을 강화하는 수단으로 전락한다고 지적한다.[23]

한국형 에코사이드로서 그린벨트가 시사하는 세 번째 문제는 그린벨트가 정말로 수도권에 얼마 남지 않은 녹지가 되어버렸다는 점이다. 그린벨트는 1979년 도시계획에 대한 공적 숙의 과정이 부재한 상태로 첫 해제 조치가 내려진 이후 '신도시' 개발을 내세운 노태우 정부에 이르러 급격한 변화를 맞는다. 당시 분당, 일산, 산본, 평촌, 중동 등 서울 주변 경기도 지역 그린벨트가 해제되었고 이곳들에 현재 '1기 신도시'가 건설되었다. 이러한 반민주적 절차를 통한 그린벨트 지정 및 유지가 도시계획과 환경보호 목적을 실제로 얼마나 달성했는지에 대해서는 아직 논쟁 중이다. 난개발로 탄생한 도시가 뿜어내는 환경오염을 그린벨트가 상쇄하고 있다고 확신할 수 없는 것이다.[24]

그린벨트를 한국형 에코사이드의 서사에 배치한다고 해서 이를 해제하자는 주장은 전혀 아니다. 오히려 그린벨트를 포함해 개발독재가 남긴 국가가 (넓은 의미에서) 토지를 수탈하고 지배하는 방식을 경고하려는 의도이다. 그린벨트는 개발 광풍 속에서 에코사이드를 피한 안전구역이 아니라 모순적으로 에코사이드를 상징하는 공간이다. 애초에 '도시 난개발' 방지를 위해 한시적으로 개발을 제한했던 구역이고, '필요'한 경우에는 얼마든지 용도변경이나 지정 해제가 가능하기 때문이다. 그래서 그린벨트는 개발독재가 남긴 사회적·생태적으로 유지 불가능한 도시 구조에 대한 반성 없이 대규모 토건사업과 유착해 경제를 지탱하는 한국에서 정부의 꽃놀이패로 악용되고 있다.

이 맥락에서 민주화 이후 오히려 더 가열되고 있는 그린벨트 개발 논란을 이해할 수 있다. 어떤 환경운동가는 "환경단체와 무수한 전문가들이" 여러 비난에도 불구하고 "그린벨트 해제를 반대하는 이유는 그린벨트 제도 바깥에 있다. ······ 틈만 있으면 솟아나는 개발 압력으로 국토는 만신창이 되고 도시 녹지는 물론 국립공원마저 위협받고 있는 것이 우

리나라 국토이용 수준"이기 때문이다.[25]

김대중 정부 때 건설업 부양을 통한 IMF 위기 대응을 이유로 대규모 그린벨트 해제가 또다시 이루어졌고, 그린벨트 용도제한도 완화하여 남아 있는 그린벨트에 대해서도 일정 부분 개발을 가능하게 했다. 그린벨트 해제는 정부의 성향을 가리지 않고 특히 수도권 부동산 문제 해결을 위한 단골 해결책으로 등장했다. 김대중 정부를 이은 노무현 정부도 수도권 집값 잡기를 이유로 비난을 무릅쓰고 그린벨트를 택지로 전환했지만, 결국 집값 폭등을 막지 못해 원하던 목표를 달성하지는 못했다. 이명박·박근혜·문재인 정부 모두 소규모 수도권 지역 그린벨트 해제를 단행했으며, 2024년 윤석열 정부는 아예 환경 1~2등급지도 대체지 지정을 조건으로 그린벨트 해제를 허가한다고 발표했다.

이어 2024년 서울시도 서초구 서리풀지구 그린벨트를 해제하여 신규 택지를 조성한다고 밝혔는데, 해당 구역이 이미 많이 훼손되어 보존 가치가 낮다는 이유도 덧붙였다. 실제로 주민 재산권 보장, 지역 발전 등 온갖 이유로 40차례가 넘게 용도가 변경되면서 그린벨트에서는 단어가 주는 이미지와 다르게 수많은 비닐하우스와 불법 건축물들을 볼 수 있다.[26] 그러나 그린벨트가 도심에서 중요한, 그리고 몇 안 되는 생태축이라면 훼손을 복원하는 노력을 해야 하는 게 맞지 않을까? 정권을 가리지 않고 그린벨트를 예비 부동산 개발 토지로 대하는 자세는 한국이 토건국가의 망령에서 벗어나지 못하고 있다는 점을 보여준다.

서울시는 그린벨트 해제 발표보다 몇 달 앞선 2024년 3월에 서울의 녹지 비율을 높이기 위해서 2026년까지 1000개의 정원을 만들겠다고 선언했다. 현재 서울의 1인당 도시공원 면적은 약 5.4평에 불과한데, 향후 3년 동안 매년 300여 개의 도심 공원을 조성해서 '세계적인 녹색 서울'을 만들겠다는 계획이다.[27] 건축물 높이 제한(용적률)을 풀어서 더 높은 건물을 세우되, 아름다운 꽃들로 조성된 녹색정원이 그 건물들 사이사이를 비집고 만들어질 예정이다. 녹지를 방치해놓다가 이제는 아예 없애겠다면서 정작 고층빌딩으로 인해 열이 순환하지 않아 찜통이 되어버린 도심 안에 작은 녹지를 짓겠다는 '창조적인' 발상이 어디서부터 문제인지 따져보려니 눈앞이 까마득할 뿐이다.

'제자리를 찾지 못한' 환경법

자연환경에 대한 '과학적' 관리는 근대 국가의 한 특징이다. 한국뿐만 아니라 식민지 독립 후 근대 국가로 나아가는 과정에서 많은 나라들이 경제개발을 추진했고,[28] 그 과정에서 발생하는 환경오염(경제에 비용을 초래하는)을 관리하기 위

2부. '한국형' 에코사이드

한 법과 제도, 지식생산체계가 생겨났다. 후발 자본주의 국가들일수록 매우 압축적으로 수립한 환경관리체제가 오히려 도시-농촌 불평등, 빈곤 등 사회경제적 불평등을 악화시키는 원인으로 작동했다. 그 체제에 무소불위 권력을 누리는 기업이 편승했고, 민주적인 감시를 회피하는 정치인들과 공무원이 있었으며, 각종 탈법과 편법으로 추진되는 사업에 제동을 걸 수단은 부재했다. 이 체제 안에서 개발업자들은 환경오염에 대한 근본적인 원인을 고려하지 않고, 개발사업을 법에 따라 '친환경적'으로 추진한다는 논리를 폈다. 마치 생크림 케이크 위에 딸기 반쪽을 올려놓고 '딸기 케이크'라고 부르듯, 환경법이 있으니 친환경 발전의 토대가 마련되었다는 괴상한 발상이다(아예 없는 것보다는 낫다고 하더라도).

박정희 정권은 난개발로 발생한 환경오염 관리를 목적으로 1963년에 '공해방지법'을 제정했다. 이 법은 "공장이나 사업장 또는 기계·기구의 조업으로 인하여 야기되는 대기오염·하천오염·소음 또는 진동으로 인한 보건위생상의 위해" 방지를 목적으로 제정한다고 규정하고 있다. 이 법은 대한민국 최초의 환경법이라는 의의가 있지만, '오염자부담원칙'[29] 시행이 우선이었기 때문에 환경보호에는 소극적이었다. 공장이나 산업시설이 특정한 기준을 넘어서지 않는 한도, 즉 '공해'로 인식되지 않을 수준이면 오염을 배출할 수 있도록 허용했기 때문이다. 공해 피해자를 지원하는 내용은 담겨 있지 않았다.

1970년대 중공업 위주 산업화가 빨라지면서 환경은 더욱 나빠졌고, '선 오염-후 관리' 접근을 따르는 공해방지법은 많은 한계를 보였다. 이에 정부는 1977년 12월 31일에 '환경보전법'을 제정해 포괄적으로 환경오염을 규정하고, 환경오염으로 인한 피해배상 조항도 도입했다. 하지만 여전히 복잡한 환경문제에 국가가 적극적으로 대응하기보다 산업시설 관리 목적이 더 강했고, 환경오염을 중대한 범죄로 보는 인식이나 피해집단에 대한 고려가 거의 없었다. 애초에 유신정권 아래에서 법률 제정 과정 자체가 민주적이기 어려웠으므로 사회적 목소리가 반영될 수 없었기 때문이다. 박정희 정부가 환경보전법을 제정한 목적은 환경보호보다 오히려 권력집단의 정당성 유지 수단과 국제사회에서 북한의 입지에 맞서기 위한 대항 수단 확보였다는 지적도 있다.[30] 환경보전법은 1990년 8월 1일에 이른바 '환경 6법'(환경정책기본법, 대기환경보전법, 수질환경보전법, 소음 및 진동규제법, 유해화학물질관리법, 환경오염피해 분쟁조정법)으로 세분화되어 지금에 이른다.

한편 1979년 12·12 군사반란을 일으켜놓고도 '자유민주주의'를 표방하면서 자신만의 독재체제를 완성한 전두환은 박정희 정권이 깔아놓은 길을 따라 환경법을 자신의 정치적 입지 구축을 위한 수단으로 활용했다. 예를 들어 1980년 한국 헌정 사상 처음으로 제8차 헌법 제33조에 "깨끗한 환경에서 생활할 권리"를 삽입했지만, 정작 권리의 실체적 내용이 없어 전두환 정권이 환경권을 수단화했다는 비판적인 평가를 받는다.[31] 8차 헌법 개정의 핵심 내용은 전두환의 '합법적인' 집권을 위한 대통령 선출제도 변경이었기 때문이다. 독재정권이 각종 개발사업에서 부정부패로 이익을 취하고, 대규모 인권침해를 자행하던 시기였던 만큼 국토난개발 중단과 (국적을 초월한) 보편적 인권으로서 환경권 보호 등 헌법에 담을 내용에 대해 민주적인 토론이 가능했을 리 없다.

한국 최초의 공해병으로 알려진 '온산병' 사태는 개발독재 시기 환경법이 제대로 영향력을 발휘하지 못한 대표적인 사건이었다. 울산시 울주군 온산읍 일대에는 1970년대부터 중화학 공장들이 밀집한 공업단지가 조성되었는데, 당시 공장들이 하천에 버린 각종 폐수가 바다로 흘러들어갔다. 한편 공장단지 주변에 살던 주민들은 전신마비, 신경통, 피부병등 원인 모를 질병으로 인한 피해와 울산 앞바다에서 어획량 감소로 인한 생계의 어려움을 호소했다. 당시 시민들의 힘으로 만들어진 한국공해문제연구소에서 이 원인 모를 질병을 조사했고, 1985년 1월에 온산공단에서 뿜어져 나오는 공해

물질을 원인으로 지목했다. 온산읍 지역에서 발생한 병이라 '온산병'이라는 이름이 붙었다.

안타깝게도 온산병의 '공식적인' 원인은 지금도 오리무중이고, 중금속 오염으로 추정되고 있을 뿐이다. 당시 정부는 공해를 온산병의 원인으로 인정하지 않았다. 대신 1988년 서울올림픽 개최를 앞두고 공해문제가 사회적으로 공론화되지 않도록 주민들의 이주 요구를 빠르게 수용했다.[32] 이러한 조치는 사후 미봉책에 불과했고, 무분별한 오염을 사전에 방지하지 못했던 당시 환경법의 한계를 노출했다. 오히려 환경청은 1주일 동안 졸속으로 실시한 조사 결과를 토대로 온산병이 환경문제가 아니라고 발표했다. 결국 온산병 피해 지역 주민들은 피해를 배상받기 위해 고통을 인내하면서 온산공단 기업들을 상대로 손해배상청구를 제기했고, 1985년 12월 일부 승소하여 건강 피해에 대한 위자료와 농작물 피해 보상금을 받았다. 온산병 사건은 한국 환경소송 역사상 처음으로 공해 피해를 인정받은 사례다.

2.

한국
에코사이드
현장들

이번 장에서는 한국 땅 안팎에서 벌어지고 있는 에코사이드 사례들을 살펴보면서 '한국형 에코사이드'가 어디서 어떻게 일어나고 있는지 분석한다. 독자들의 관점과 판단, 경험에 따라 여기서 언급한 사례는 물론 다른 사례들도 한국형 에코사이드로 포함할 수 있을 테지만 수많은 한국형 에코사이드 사례를 전부 다루려면 아마 별도로 백서를 제작해야 할 것이다. 이 책에서 언급한 사례들은 필자의 관심에 따라 좀 더 비중 있게 다뤄졌을 뿐이라는 점을 일러둔다.

전쟁에서 쓰이는/쓰일 한국산 무기들?

스톡홀름국제평화연구소SIPRI가 매년 발표하는 《세계

군비연감》Trends in World Military Expenditure》에 따르면 한국은 세계 군비 지출 10위 안팎을 꾸준히 유지하고 있다. 2023년에 한국은 총 479억 달러(한화 66조 원)를 군비로 지출했는데, 앞으로 점점 더 늘어날 예정이다. 윤석열 정부가 향후 5년 동안 총 348.7조 원(연평균 69.7조 원)까지 국방비를 늘리기로 한 '2024~2028 국방중기계획'을 발표했기 때문이다. 참여연대는 정부의 결정이 "군비경쟁의 악순환을 만들고, 사회안전망 확충과 기후위기 대응 등 더욱 시급한 곳에 사용할 예산을 뺏는" 무모한 짓이라고 비판했다.[1]

한국뿐만 아니라 많은 나라 정부가 군사비 지출을, 특히 무기산업에 대한 투자를 '평화'와 '안보'를 위해 필수 불가결하다고 주장한다. 이러한 논리에는 강한 군대가 없다면 끊임없이 외세의 침략에 시달리고, 전쟁으로 인해 국가의 존립이 어려워진다는 공포가 깔려 있다. 미국처럼 사회 불평등이 만연한 나라일수록 군대(특히 모병제)는 적정 수준의 생활을 보장하고 사회적 진출 발판을 제공하는 사회화 기관 구실을 하기도 한다.[2] '외관상' 징병제를 시행하는 한국은[3] 약간 상황이 다르지만, 군대는 일정 부분 '인적자원 투자'의 기능을 수행한다. 그래서 군대가 사회적 계층 이동 사다리를 제공한다는 긍정적인 면모를 부각하면서 군사비 지출을 옹호하는 시각도 있다.[4]

2부. '한국형' 에코사이드

하지만 평화로운 삶을 영위할 수 있도록 인간이 가진 역량을 온전히 발휘하는 환경을 조성하는 투자는 다른 방식으로도 얼마든지 가능하다. 총은 본질적으로 살상을 목적으로 하는 도구이다. 그렇다면 총잡이 훈련보다는 평화 일꾼 만들기에 투자할 때 살상을 더 줄일 수 있지 않을까. 2023년 기준 한국의 공적개발원조ODA 예산 48억 달러와 내전, 폭력사태 등 분쟁 후 평화로운 사회로 이행을 지원하는 유엔 평화구축기금Peacebuilding Fund에 기여한 434만 달러를 합치면 같은 해 한국 국방비 지출의 10% 정도에 불과하다.[5] 몇 년 전에 필자는 전 세계 군사비가 유엔이 앞으로 615년 동안 활동할 수 있는 예산과 맞먹는다고 지적한 적이 있는데,[6] 이 계산은 지금도 유효하다.

파괴적인 살상기술이 주도하는 현대 전쟁에서 인간은 전쟁 기계의 부속품으로 길들여지고 있다. 군대의 '인적자원 투자'도 본질적으로 적군의 땅에 '깃발을 꽂고', 명령체계에 복종하면서 한층 복잡해진 살상무기를 운용할 사람이 필요하기에 이루어진다. 예비군을 포함해 한국 군인들은 국방부와 국방과학연구소, 한화, LIG넥스원, 현대자동차, 풍산 등 여러 방산기업이 결합한 한국 군산복합체가 새로 개발하는 무기와 훈련체계의 성능을 (저임금으로) 실행하는 노동을 하고 있다. 이러한 무기가 어떻게 쓰이는지는 제대로 생각해볼 겨를도 없이.

한국산 무기는 세계 곳곳에서 어떻게 쓰이고 있을까. 한국산 무기는 그동안 필리핀, 인도, 태국, 방글라데시 등 아시아와 오세아니아 국가들로 수출되었지만, 최근에는 영국, 폴란드, 이스라엘, 바레인, 아랍에미리트연합 등 유럽과 중동 나라들도 한국산 무기를 찾기 시작했다. 많은 한국 무기 수입국이 국내외 분쟁과 인권침해에 연루되었다는 비난을 받고 있지만, 한국 정부는 수출된 무기가 어떻게 사용되는지 밝히고 있지 않다. 제대로 현황 파악조차 안 되고 있는지도 모른다.[7]

한국은 인권침해, 제노사이드 등 국제법에 저촉하는 잔학 행위를 저지르는 국가에 무기 수출을 제한하는 무기거래협약Arms Control Treaty을 비롯해 여러 무기 관련 국제협약을 비준했다. 심지어 북한을 비난하면서도 '책임 있는 무기 거래'를 이끄는 리더로 자신을 포장해왔다.

이런 포장이 얼마나 모순적인지 한국산 '집속탄/확산탄 cluster munitions'이 초래하는 문제를 살펴보면 알 수 있다. 집속탄은 하나의 큰 폭탄 안에 작은 폭탄들을 내장한 형태의 무기로 폭발과 함께 소형 폭탄들이 광범위한 지역으로 떨어져 무차별적인 살상과 환경파괴를 초래한다. 집속탄 중 일부는 터지지 않은 상태로 땅에 박히는데, 이러한 불발탄은 추가적인 생명 피해와 환경오염을 초래한다. 베트남전쟁 때 미군은 1963년부터 1973년까지 베트남 땅에 200만 톤의 집속탄을 58만 차례 쏟아부었다.[8] 2006년과 2019년에 이스라엘이 레바논을 폭격하면서 사용했던 소이탄, 백린탄 등 집속탄의 40%가 불발탄으로 남았는데, 이는 파괴된 땅을 복구할 기회를 차단하여 복합적으로 에코사이드를 일으킨다.[9]

국제사회는 2010년 2월에 집속탄금지협약Convention on Cluster Munitions, CCM을 체결하여 집속탄의 생산·사용·보유·이동을 금지하고 집속탄 폐기와 피해자 지원을 약속했다. 한국은 '국내 안보상 이유'로 집속탄금지협약 비준을 거부하고 집속탄을 생산 중인 16개 나라 중 하나이다. 한국에서 집속탄을 생산하는 주요 기업은 한화, 풍산, LIG넥스원인데, 한화는 집속탄을 반대하는 유럽에서 사업이 어려워지자 '코리아디펜스인더스트리'라는 기업을 새로 만들고 주민들이 반대하는데도 충남 논산에 대규모 공장 설립을 추진하고 있다.[10] 한편 한국 정부는 시민단체 전쟁없는세상의 질의에 대해 2022년 대인지뢰와 확산탄 생산 사실이 없다고 거짓말을 했다가 들통났다.[11] 게다가 국내 안보 상황을 이유로 집속탄 확보를 정당화하는 해명과 달리 파키스탄에 수출한 사실이 밝혀졌고, 더 많은 나라들로 한국산 집속탄이 흘러갔을 가능성을 배제할 수 없는 상황이다.[12]

미군과 한국군이 짓밟은 생태계

군대는 인간의 발길이 닿지 않아 '야생 상태'가 유지되고 있다는 논리를 활용해 '녹색 분칠'을 하기도 한다. 예를 들어 DMZ를 인간의 발길이 닿지 않는 땅이나 생태계의 보고로 생각하는 사회적 인식이 있다. 실제로 DMZ에서는 멸종위기종을 비롯해 야생동식물의 평화로운 모습을 볼 수 있다. 이런 이유로 DMZ를 (군대 문제에 대해서는 침묵하면서도) 생태평화의 상징적 공간으로 활용해야 한다는 목소리가 끊임없이 제기되어왔다.

이러한 '신화'는 여러 문제를 은폐하는데, 첫째, '집계되지 않은' 전쟁의 피해를 감춘다. 이곳은 전 세계에서 지뢰 매설 밀도가 가장 높은 죽음이 도사리는 땅이다. 철과 쇠, 각종 화학물질로 만들어진 폭탄은 시간이 지나면 녹이 슬고, 비가 내리면 그 녹물이 주변 토양과 지하수로 유입된다. 하지만 지금까지 DMZ에 어떤 오염이 누적되어 있는지 제대로 알 수 없다.[13] 둘째, 개발 광풍은 그대로 둔 채 녹지를 조성하는 그린벨트처럼, 군대가 에코사이드를 일으킬 수 있는 구조적인 원인은 그대로 둔 채 DMZ만 마치 혼란한 세상에서 '멀리 떨어진' 야생공간으로 물신화된다. 이는 오히려 생태평화를 저해하는 근본적인 원인 분석을 가로막아 생태평화의 상상력을 제한한다. DMZ 보전에서조차 자연생태계가 부차적

2부 '한국형' 에코사이드

인 지위를 부여받고 있는 셈이다.

이외에도 군대가 일으키고 있지만 '부차적인 결과'로 취급되는 에코사이드 사례들은 군사기지·군사시설 건설(땅뺏기), 군사훈련, 오염 방치 범주로 묶을 수 있다. 한국은 전 세계에서 독일, 일본 다음으로 해외 미군기지·시설이 가장 많은 나라로, 미군과 한국군이 짓밟고 떠난 자리에서 광범위한 자연파괴가 '조용히', 그리고 보통 '법적으로 문제없이' 일어나고 있다.

어떤 사례들은 시민사회단체에서 일찍이 '생태학살'로 규정하고 저항해왔다. 이를테면 세계에서 가장 큰 미군기지 중 하나인 '캠프 험프리스' 건설을 위해 주민들을 몰아내고 토지를 강탈한 평택 대추리 사태, 구럼비 파괴와 수생태계의 핵심축인 연산호를 말려 죽이고 있는 강정해군기지, 폭격훈련장으로 쓰인 화성 매향리와 군산 범섬, 부평, 춘천, 서울 용산 등 심각한 환경오염과 함께 반환된 미군기지, 제주도의 우주전쟁기지화[14] 등이 있다.

에코사이드 맥락에서 논의를 찾아보기는 거의 어렵지만, 서해 점박이물범의 생존 문제는 동물의 행복한 삶과 해양생태계 보호, 남북분단과 군사주의, 에코사이드가 교차하는 지점에 놓여 있다. 점박이물범은 북한을 거쳐 중국과 러시아로 올라가 겨울을 보내고 봄이 오면 서해 연안으로 내려오는데, 한국에서는 특히 백령도에서 많이 볼 수 있다(최근에는 충남 가로림만에서도 발견되었다). 점박이물범은 천연기념물이자 지난 40년 동안 개체 수가 90%나 감소한 멸종위기종이다. 중국과 러시아에서는 사냥에 희생당하고, 남쪽으로 내려오면 서식지가 없어져서 점점 살 곳을 잃고 있기 때문이다.

점박이물범을 멸종위기로 몰아넣는 데 군대가 어떤 역할을 하고 있을까? 점박이물범이 내려오는 백령도는 군사충돌이 발생하는 공간이며, 군사기지와 시설로 요새화되어 있는 섬이다. 서해 점박이물범은 해안가가 아니라 암초 위에서 생활하는 독특한 모습을 보이는데, 땅을 빼앗겨서 그렇게 살 수밖에 없다는 지적이 있다. 물범이 올라와서 쉬던 백령도 하늬해변에는 '용의 이빨'을 뜻하는 '용치龍齒'라는 이름을 가진 군사시설물을 (물범보다) 많이 볼 수 있다. 북한군의 해안가 진입을 막기 위해 세워졌지만, 점박이물범이 해안가로 올라오지 못하게 하는 원인 중 하나이다. 예전에는 물범을 북한군으로 오인해서 사격했다는 증언도 있다.[15]

최근 털갈이가 미처 끝나지 않은 점박이물범 새끼들이 서해에서 발견되면서 점박이물범이 중국과 러시아로 올라가지 않고 이곳에서 가족을 꾸리고 있을 가능성이 커졌다.[16] 하지만 남북한의 충돌이 고조되는 상황에서 잦은 군사훈련과 수많은 군사시설물이 점박이물범의 생존을 위협하고 있

2부. '한국형' 에코사이드

다. 이러다가는 점박이물범을 보지 못할지도 모른다.

　　군사기지 골프장은 군대가 '안보'를 위해 자연환경의 파괴를 부차적으로 '처리'하는 또 다른 사례이다. '체력단련장'이라는 멋진 이름을 가진 군사기지 내 골프장에서는 농약과 제초제 살포, 지하수 고갈로 인한 주변 생태계의 파괴를 수반하는 일상적인 에코사이드가 벌어진다. 전국에 이런 골프장은 약 30개가 있는데, 군사시설이기 때문에 정확한 조사는 물론 감독이 어려워 관리 사각지대에 놓여 있다. 《한겨레21》은 "환경부는 해마다 2차례 전국 150여 개 골프장의 농약 사용량과 잔류량을 발표하면서도 군 골프장에 대해서는 나몰라라 했다"고 지적한다.[17] 그나마 2000년대 초 녹색연합의 활동 덕분에 군 골프장의 농약사용량이 민간 골프장보다 2배 더 많다는 점이 밝혀진 다음에야 군대 소유 골프장에서도 독성화학물질 사용규제가 부분적으로 이루어졌다.[18] 골프장은 잔디 유지를 위해 엄청나게 많은 지하수를 빨아들이면서 주변 수생태계를 교란한다. 18홀 골프장 잔디 유지를 위해 매일 평균 800~900톤의 물이 필요하다고 한다(1홀당 약 44.4톤).[19] 군사기지 골프장은 '군인 복지'라는 명목으로 벌어지는 수익사업이다. 하지만 그 수익이 누구의 품에 안기는지, 그리고 주변 생태계 복원, 환경정화 등 군대가 환경보호 책임을 얼마나 다하고 있는지 알 수가 없는 조용한 에코사이드 현장이다.

해외에서 에코사이드를 일으키는 한국 정부와 기업들

'한국형 에코사이드'는 한국 땅에서만 일어나지 않는다. 한국 정부와 기업이 해외에서 에코사이드를 저지르는 주범이거나 공범인 경우도 있기 때문이다. 이 책 전반에 걸쳐 계속 언급하고 있는 이스라엘의 팔레스타인 식민지배 및 제노사이드에 한국 정부와 기업들은 무기 수출, 토지수탈, 무역거래 등을 통해 미국과 서유럽 나라들만큼이나 상당히 깊게 연루되어 있다.

여기에서는 인도네시아의 웨스트파푸아 말라 죽이기에 한국 정부와 기업이 어떻게 조직적으로 동참했는지 살펴보자. 웨스트파푸아는 1885년 영국, 독일, 네덜란드가 분할한 뉴기니섬의 서쪽 지역에 있는 지역[20]을 일컫는데, 네덜란드로부터 통치권을 넘겨받은 인도네시아는 웨스트파푸아 독립운동을 무력으로 탄압하고 제노사이드-에코사이드를 저지르고 있다. 인도네시아는 강제 점령 이래 웨스트파푸아 총인구(2014년 기준 436.4만) 10%가 넘는 50만 명 이상을 살해했으며, 민족문화 절멸을 목적으로 토지강탈 및 주민 추방,[21] 강제구금, 고문, 성 및 젠더 기반 폭력, 표현의 자유와 집회 및 결사의 자유 탄압을 통한 공포통치 등 인권침해를 저질러

왔다. 웨스트파푸아 독립 정부와 인권단체들은 인도네시아
가 인도에 반하는 범죄를 저지르고 있다고 비난해왔지만,[22]
인도네시아 정부는 천연자원을 미끼로 국제사회의 묵인을
얻어냈다. 한국도 마찬가지 이유로 인도네시아의 인권침해
에 동조해왔다.

　　웨스트파푸아는 석유, 가스 등 화석연료는 물론 금, 구
리, 니켈 등 광물, 목재 등 정말로 다양한 천연자원이 있는 지
역이다. 다른 관점에서 보면, 그만큼 다채로운 자연생태계가
살아 숨 쉬는 공간이며, 인간은 그 공간의 일부로서 존재해
왔다는 뜻이다. 인도네시아 정부는 웨스트파푸아에서 '자원
러시'를 벌이면서 곳곳을 쑥대밭으로 만들어놓고 있다. 예를
들어 수하르토가 이끈 독재정권은 1973년에 미국 기업 프리
포트-맥모란Freeport-McMoRan과 함께 웨스트파푸아에서 세계 최
대 구리 및 금 광산 개발 계약을 맺었다.[23] 웨스트파푸아의 자
결권을 외면했을 뿐만 아니라 대대로 내려온 선주민들의 땅
을 강제로 빼앗고 삶의 뿌리를 송두리째 뽑는 제노사이드 행
위였다. 웨스트파푸아에 대한 착취는 인도네시아 독재정권
이 무너졌어도 현재 진행형이다. 2022년 인도네시아 정부는
"파푸아 원주민들의 복지 증진과 파푸아 개발의 가속화"를
위해 웨스트파푸아 행정구역 분할법을 추진했는데, 웨스트
파푸아 주민들은 오히려 인도네시아 식민지배에 대한 지역

사회의 저항을 분열시키려는 시도라고 반발했다.[24]

2017년 11월 인도네시아는 한국의 '특별한 전략적 동반자'가 되었다. 문재인 정부는 '특별한' 관계를 맺은 인도네시아와 함께 차세대 전투기 공동개발에 합의하고, 무기 수출에 열을 올렸다. 그래서 인도네시아는 2017년부터 2021년 사이 한국의 무기 수출 상대국 2위에 오르기도 했다. 인도네시아가 수입한 각종 무기 목록에는 훈련기, 잠수함, 대공포 등 살상 장비뿐만 아니라 물대포, 최루탄 등 '치안무기'[25]도 포함되어 있는데, 이 무기들이 웨스트파푸아 탄압에 사용되고 있다는 증언이 있다.[26] 현대, 기아, 한화, 대지정공, 대우조선해양 등 많은 방산기업이 돈을 벌어들이는 동안 정부는 인권침해를 용인한 것이다.

웨스트파푸아 탄압은 인도네시아와 결탁한 한국 기업들에 새로운 '비즈니스 기회'를 제공했다. 웨스트파푸아를 방문했던 한 기자는 포스코, 삼성, 코린도 등 이곳에서 에코사이드를 저지르고 있는 한국 기업을 보며 다음과 같이 적었다.

인도네시아의 가장 동쪽 지역인 웨스트파푸아 …… 는 한국의 대기업들에 의해 잘려지고 소각되어 영원히 사라져가고 있다. 이 회사들은 고국에서 친환경을 지향한다고 사람들을 기만하면서 웨스트파푸아의 유일무이한 생태계를 파

괴하는 데 주도적인 역할을 한다.[27]

　한국 자본 소유 기업인 코린도는 인도네시아 정부와 결탁해서 웨스트파푸아 선주민들의 땅을 '합법적'으로 빼앗아 이곳에서 가장 많은 토지를 소유한 기업이 되었다. 이 회사는 팜유 농장 확대를 위해 고의로 6만 헥타르에 달하는 열대우림을 불태워서 비난받았는데, 고의 방화를 한두 번 저지른 게 아니라는 의심을 받았다. 그러나 '증거가 불충분하다'는 이유로 법적 책임을 모면했다.[28]

　2024년 6월 27일부터 29일까지 영국 런던 퀸메리대학교 '기후범죄와 정의연구센터Centre for Climate Crime and Climate Justice'에서는 '웨스트파푸아 국가폭력 및 환경폭력에 대한 상설 민중재판Permanent Peoples' Tribunal on State and Environmental Violence in West Papua'을 개최했다. 이 법정에서 인도네시아 정부는 "생태계의 파괴, 토양오염, 강과 지류 오염, 웨스트파푸아에서 사업을 운영하는 국영 및 해외 기업이 환경오염을 일으켜도 법적 책임을 피할 수 있도록 허가, 양해, 지원하여 조직적으로 환경을 오염을 초래"하고, "국영 및 해외 기업들과 합작하여 웨스트파푸아에서 환경오염, 강제이산, 지속적인 폭력적 억압을 일으킨" 죄로 기소되었다.[29] 기소 사유서에 한국에 대한 언급은 없었지만, 한국 정부와 기업들은 웨스트파푸아에서 벌어지고 있는 에코사이드-제노사이드를 부추기고 있는 공범이다.

국가가 주도하는 생태학살

국가 주도로 제도화된 에코사이드 사례는 다시 여러 하위 유형으로 나눌 수 있을 정도로 다양하다. 공통점이라고 한다면 '국익이 곧 공익'이라는 등식이 통하는 한국사회에서 국가가 각종 법적 하자에도 밀어붙인 정책과 사업이며, 법적 소송에 나서도 보통 '법적 하자가 있으나 공익을 해칠 수준까지는 아니'어서 중단이 어렵고, 사업의 결과에 대해 책임자를 식별하거나 책임을 부과하기 어렵다는 것이다.

몇 가지 사례를 살펴보자. '생태학살 성토대회'[30]에서 에코사이드 사례로 언급되었던 가덕도 신공항 사업, 설악산 케이블카, 지리산 산악열차, 4대강 보 해체 투쟁은 토건산업과 관련이 깊은 환경파괴이다. 이외에도 국책사업이 일으킨 에코사이드 사건을 나열해보자면 '사후 복원'이라는 지켜지지 않을 조건을 달고 2018년 평창올림픽 개최를 명분으로 보호구역에서 나무 10만 그루를 베어낸 가리왕산 생태파괴,[31] '식량위기' 대응을 면피용 목적으로 밀어붙인 대규모 간척사업(서산AB지구, 시화호, 새만금 등), (민군복합) 신공항 건설사업, '단군 이래 최대 사기극' 별명을 얻은 4대강 죽이기 사업, 자유무역협정 체결로 인한 토착 농업생태계 파괴 등이 있다.

2부 '한국형' 에코사이드

토건사업처럼 국가에서 주도하는 국책사업은 공적 자금으로 이루어지기 때문에 공개적이고 투명한 절차에 따라 민주적인 감시와 숙의를 거쳐야만 한다. 하지만 그나마 환경보호 안전장치 역할을 해야 하는 예비타당성 검토나 환경영향평가 같은 절차가 생략된 채 많은 국책사업이 '주민숙원사업' '국가필수사업' 등으로 포장되어 추진되고 있다. 토건산업에 반대하는 주민들과 활동가들이 법원에 문제를 제기해도, 대개 '절차상 하자가 있긴 하지만 사업이 이미 진행되어 늦었거나, 사업의 취지에 비추어 취소할 정도는 아니다'라는 결론의 판결문을 받고 끝난다.

토건국가는 '추방'과 '착취'라는 두 가지 방식으로 폭력을 행사하며 삶의 터전을 파괴한다. 개발 대상 지역에서는 사람과 자연을 폭력적으로 추방하고(2009년 용산참사, 젠트리피케이션, 새만금 등), 토건사업에 필요한 자본을 확보하기 위해 개발 지역 주변부에서 '건설자재'의 형태로 자원을 착취한다. 자재 공급이 어려워지면 건설공정이 멈추듯이 자원 착취가 불가능해지면 토건국가를 지탱할 기반이 사라진다.

모래는 전 세계에서 빠르게 사라지고 있는 생태계이자 건설사업의 핵심 자원 중 하나인데, 한국 토건세력은 강에서 모래를 파낼 수 없게 되자 서해와 남해 앞바다 도서 지역에서 모래를 빨아들이고 있다. 지난 30년 동안 인천 옹진군 선

갑도, 덕적도, 굴업도 등지에서 채굴된 바닷모래만 서울 남산의 5배에 달하는 약 2억 9000만m³에 달한다. 같은 시기 옹진군 주변 해역 어획량은 40~80%가량 감소했다.[32] 어족 감소와 함께 복합적으로 발생하고 있을 해양생태계 붕괴 규모는 정확한 예측이 어렵더라도 정말 심각하리라 예상할 수 있다.

바다는 단순히 경제적 자원으로만 환원될 수 없는 인간의 삶을 지탱하는 생명의 근원이자 문화가 피어나는 공간이다. 72명의 문인과 예술인들은 인간과 바다 생명체들의 삶을 파괴하는 바닷모래 채취 금지를 촉구하는 시집을 발표하기도 했다.[33] 그러나 인천 섬 지역 해사 채취는 어장 및 해양생태계의 파괴와 모래 고갈로 인한 바다의 죽음을 우려하는 어민들과 환경단체의 반대에도 오히려 확장될 가능성이 크다.

지금까지 '부동산 위기'를 둘러싼 수많은 사회적 논란과 정치적 토론이 있을 때마다 모래 착취에 대한 논의는 찾아볼 수 없었다. 도시에서는 '보이지 않는'(또는 보고 싶지 않은) 에코사이드이기 때문이다. 2017년 문재인 정부는 2022년까지 총 골재 대비 해사 채취 비율을 선진국 수준인 5%로 대폭 감축하겠다는 '골재 수급 안정 대책'을 발표했다. 그러나 해당 목표는 대체 골재를 마련하기 전까지는 달성하기 어려울 뿐만 아니라 대책의 초점이 파괴된 해양생태계 복원과 주민 권리 보장보다 '안정적인' 골재 수급에 맞춰져 있다는 문제가 있다.

국가가 주도하는 제도화된 살상은 대규모 토건사업뿐만이 아니다. 이제부터 '죽어서도 끝나지 않는' 에코사이드, 살처분에 관한 이야기를 조심스럽게 풀어보려고 한다. '살처분'은 통상 전염병 확산 방지를 목적으로 일정 반경 안에 있는 가축의 도살을 지칭하는데, 여기서는 전염병, 물리적 위협 등을 이유로 인간의 판단 아래 동물을 사살 '처리'하는 행위로 정의한다. 살처분이라는 말이 잔인해서 '안락사'나 '축사비우기' 등 다른 (더 기괴한) 용어로 순화하려는 흐름이 있는데, 단어 하나 바꾼다고 잔인한 행위의 본질이 달라지는 건 아니다.[34] 에코사이드에 해당하는 살처분 사례로는 공장식 축산, (예방적) 가축 살처분, 해수구제 살처분, 미필적 고의에 의한 살처분(실험 살처분 포함) 등을 떠올릴 수 있다.

한국에서만 매년 11억 5000만 마리가 넘는 '축산동물'이 '식품'이 되기 위해 죽는다고 한다. 이 중 닭이 10억 마리 정도로, 하루 평균 약 274만 마리가 죽고 있다.[35] 한편 '가치가 없는' 수평아리나 수퇘지는 태어나자마자 '도태'된다. 전 세계적으로 매년 65~70억 마리의 수평아리가, 한국에서는 5000만 마리가 살처분으로 희생된다고 추정된다(정확한 공식통계가 없다).[36] 그 와중에 농림축산식품부와 함께 지방자치단체들은 앞다퉈 '스마트 축산업' 진흥에 열을 올리고 있다. 충청남도는 갯벌을 매립한 간척지 위에 최대 30만 마리에 달하는 돼지들을 사육·도축할 수 있는 양돈농장 건설을 추진하다가 동물권단체의 반발에 포기했다. 하지만 충청남도는 "안정적이고 저렴하게 돼지고기 소비가 가능"하도록 다른 지역에 계속해 스마트 축산단지 조성을 추진하겠다고 밝혔다.[37]

한편 아프리카돼지열병, 구제역, 조류독감 등 질병에 걸리거나 질병 감염 위험이 있는 가축들은 순식간에 긴급하게 제거해야 할 위험으로 취급된다. "최첨단 시스템 아래서 자라 도축된 동물은 깨끗하고 위생적이지만 관리와 통제 영역에서 벗어난 동물은 잠재적인 바이러스 덩어리나 다름없기에 병에 걸렸을 경우 인간의 영역으로부터 최대한 먼 곳으로 추방하거나 살처분"되는 운명을 맞는다.[38]

살처분은 질병에 대응하는 유일한 방식이 아니라 '가장 비용이 저렴한 방식'이다. "만일 소와 돼지를 사람처럼 격리 병실에 입원시켜 항바이러스제, 항생제, 수액 등의 약물로 치료를 한다면, 엄청나게 많은 가축들의 생명을 살릴 수 있을 것"이라고 한다.[39] 예방적 살처분을 정당화하는 명분은 '감염 확산 방지'이지만, 정작 질병 확산-살처분의 악순환이 멈추지 않고 있다.[40] 우리 사회에 그렇게 많은 고기 소비가 필요한지, 그 고기 수요를 공장식 축산으로 충당해야 하는지와 같은 윤리적인 반성 없이는 죽음의 악순환을 끊을 수 없을 것이다.

동물의 생명보호 차원보다는 축산산업을 위협하는 동물 감염병 방지를 위한 조치는 예기치 못한 학살을 초래하기도 한다. 환경부는 약 3000칼로미터에 달하는 울타리를 아프리카돼지열병 확산 차단을 목적으로 산에 설치했다. 특히 60% 이상의 울타리가 강원도에 밀집해 있는데, 감염병의 주범으로 비난받고 있는 멧돼지뿐만 아니라 다른 동물의 생존도 위협하고 있다. 2024년 초 언론에서는 멸종위기 1급 산양 990마리가 떼죽음을 당한 사건으로 떠들썩했는데(한국에 서식하는 전체 산양 인구의 70%), 그 주요 원인으로 환경부가 방치한 울타리가 지목되었다.[41] 환경부는 야생동물이 끼어 죽는 사례 등 울타리가 이러한 문제를 일으킬 수 있다고 보고받고도 사태를 방치해왔다.[42] 이는 '미필적 고의'에 의한 살처분이 초래한 에코사이드라고 할 수 있다.

흔히 '가축'으로 분류되지 않지만, 살처분 위기에 놓여 있거나 살처분되는 동물도 있다. 매년 강원도 화천에서 열리는 산천어 '축제'를 생각해보자('과잉관광' 문제와도 중첩된다). 매년 100만 명이 넘는 사람들이 산천어를 잡는 '손맛'을 느끼기 위해 모여든다. '축제' 사진들을 쭉 살피다보면 살아 있는 산천어를 입으로 물어뜯는, 마치 곰의 후손답게 곰이 된 듯한 동물적 쾌감을 느끼는 사람의 모습도 볼 수 있다. 사실 산천어는 화천 자생종이 아니라 외래종이다. 약 76만 마리의 산천어가 '축제'날만을 기다리며 화천 바깥 양식장에서 길러지다가 화천천에 방류된다. '축제'가 끝나고 간신히(?) 살아남은 산천어들은 이후 살처분된다. 이 과정에서 산천어를 굶기고, 산 채로 찌르면서 고문하고, 짓밟는 등 동물보호법 위반으로 비판받는 각종 학대 행위가 일어난다. 하지만 동물보호법 시행령은 제2조에서 "식용 목적" 동물에 대한 법률 적용을 배제하고 있다. KBS, MBC, SBS를 비롯한 지상파 방송사들은 물론 메이저 신문사들은 일본 다이지 마을에서 '전통'이라는 미명으로 저지르고 있는 돌고래 학살을 충격적인 현장으로 보도한다. 이런 언론사들이 해외의 '극찬' 소식까지 동원해서 매년 화천 산천어 '축제'가 얼마나 성황리에 끝났는지 홍보하느라 목청을 높이는 기행을 선보인다.

'사육 곰'은 영문도 모른 채 철창에 갇혀 죽음을 기다리는 또 다른 동물이다. 전두환 정권은 취약한 정치적 지지 기반을 다지기 위해 1981년에 '농가 소득 증대'를 목적으로 곰사육을 허가했다. 그렇게 동남아에서 끌려온 반달가슴곰들은 '수출 상품'으로 길러지고 도축되었으나, 김영삼 정부가 '멸종위기에 처한 야생동식물 국제 거래에 관한 협약CITES'을 비준하면서 상황이 달라졌다. 반달가슴곰은 국제 멸종위기종이기 때문에 수출이 금지된 것이다. 더구나 곰 웅담, 쓸개 즙에 대한 '국내 수요'도 줄어들면서 철창에 갇힌 '사육 곰'은 '가치 없는 애물단지'가 되고 말았다. 가끔 녹슨 철창에서 탈출해 주변을 어슬렁거리던 곰들은 사살된다. 녹색연합 등 여러 환경단체의 노력 끝에 2026년부터 곰 사육·증식·도축 등이 전면 금지되지만, 그 이후 사육 곰의 운명은 어떻게 될지 정해진 게 없다. 환경부는 공식적으로 전국 22곳의 곰 사육 농가에 319마리의 곰이 갇혀 있다고 파악하고 있다. 2026년 전까지 사육 곰의 운명을 농가의 자율에 맡긴 상황에서 사육 곰 농장주들은 법적 책임을 피하고자 법 시행 전에 모든 곰을 도축 또는 (그나마 좋은 말로) '안락사'를 해도 되는 상황이다.[43] 게다가 불법 곰 사육농장 실태는 아무도 모른다.

재난과 사고, 책임지지 않는 정부와 기업

한국의 '재난 및 안전관리 기본법'은 피해 규모가 일정 기준을 초과하여 이미 발생한 피해를 재난으로 규정하고, 자연현상이 원인이 되는 자연재난과 태만이나 부주의 등 인간의 행위가 초래하는 사회재난으로 구분한다. 법적으로 지진이나 해일, 태풍 등은 자연재난이고, 전쟁, 환경오염, 전염병 등은 사회재난에 해당한다. 비록 인간이 자연에 가하는 힘을 고려할 때 자연재난과 사회재난은 본질적인 인과관계가 연

결되어 있지만 말이다.[44]

한국형 에코사이드 중 재난과 사고에 해당하는 사건들로는 앞서 언급했던 온산병과 낙동강 페놀 오염을 비롯해 2007년 삼성-허베이 스피릿호 원유유출사고, 가습기살균제 참사, 라오스 세피안-세남노이 댐 붕괴, 대형산불, 광범위한 기후재난 등이 있다. 흔히 재난은 외부의 불가항력에 의해 발생한 통제 불가능한 상황이라는 뜻을 내포하지만, 자세히 살펴보면 불평등, 태만 등 사회적 요소가 결정적인 원인이라는 점을 확인할 수 있다. 예를 들어 2019년 강원도 고성-속초, 2022년 강릉-동해 대형산불의 경우 기후변화의 흐름 속에서 점점 산의 생태계가 산불에 취약해지고 있다는 경고를 보내는 사건들로 자주 언급되지만,[45] 다른 재난과 사고 사례들과 마찬가지로 인간(한국전력)이 원인을 제공한 측면도 무시할 수 없다.[46]

위에서 언급한 에코사이드 재난과 사고 사건들을 일으킨 책임자들이 모두 법적 책임을 피한 것은 아니다. 2009년 대법원은 삼성과 허베이 스피릿호 모두에 충돌에 대한 책임을 인정해 해양오염방지법 위반 유죄를 선고했다. 독성화학물질을 넣은 가습기살균제를 '무해하다고' 허위로 광고하면서 판매한 옥시 경영진과 옥시에 유리하게 실험보고서를 조작한 서울대 교수에게는 징역형이 내려졌다.[47] 하지만 에코사이드 재난과 사고에 대응하는 현재의 법·제도는 ① 본질적으로 장기적이고 지속적인 환경 피해에 대한 완전한 예측이 불가능한 상황에서, ② 피해자의 범위를 매우 한정적으로 인정하며, ③ 기업이 투자 확대, 꼬리 자르기, 정부 로비 등 각종 수단을 동원하여 책임을 축소하거나 회피해도 막지 못하는 허점을 안고 있다.

2008년 3월 13일 '삼성중공업 기름유출사고 시민사회 대책위원회'는 삼성중공업과 삼성물산을 '환경범죄의 단속에 관한 특별조치법 위반' 혐의로 대검찰청에 고발했는데, 이후 후속 조치에 대한 소식은 아직도 들리지 않는다.[48] 한편 삼성은 사고의 심각성을 축소하기 위해 언론이 '삼성' 이름을 빼고 충돌이 발생한 태안을 부각하도록 '서해안/태안 기름유출사건' 프레이밍을 지원했으며,[49] 법적 책임을 띠는 배상금이 아니라 보상금으로 피해자를 회유했다. 정부도 문제를 "생태적, 사회적, 경제적 그리고 심리적인 피해 사이 상호작용을 진지하게 다루지 않"고, "피해와 복원을 주로 경제적 보상과 법적 이해당사자 간의 해결로 다루"며 삼성의 책임 회피를 도왔다.[50] 공동체와 생태계의 파괴, 건강 피해 등 기름유출사고의 폐해가 계속되고 있음에도, 삼성의 법적 책임은 '끝이 났고,'[51] 상처에 소금 뿌리듯 몇몇 단체들은 삼성중공업이 (책임 인정에 따른 배상이 아닌) '보상' 차원에서 내놓은 출연

금 관리를 두고 이권 다툼을 벌이며 주민들의 고통을 외면하고 있다.[52]

한편 한국 정부와 기업은 해외에서 저지른 '사고'에 대해서도 집요하게 책임을 회피하고 있다. 2018년 7월 23일 SK에코플랜트(당시 SK건설)가 한국(한전)과 태국, 라오스와 합작하여 라오스 앗타푸주에 건설하고 있던 세피안-세남노이Xe Pian-Xe Namnoy 댐이 붕괴하면서 마을 19곳이 수몰되어 사라졌다. 7000여 명이 집을 잃었고, 실종자 31명을 포함해 71명의 사상자가 발생했다. 정확한 피해 규모 파악은 어렵지만, 댐 붕괴로 쏟아진 50억m³의 물로 인해 심각한 삼림파괴와 토양 유실로 인한 강제적인 생태계 변형이 발생했다고 한다.[53] 순식간에 쏟아진 물 때문에 서식지를 잃고 생명을 빼앗긴 동식물은 무슨 죄인가.

이 댐은 한국 정부가 개발도상국에 유상원조 차원에서 융자해주는 대외경제협력기금EDCF을 지원받아 추진되었다는 점에서 한국 정부에도 책임이 있다. 하지만 사고 이후 정부는 시공사 뒤에 숨어 침묵했고, 시공사는 폭우로 인해 보조댐이 우발적으로 범람했다고 우기며 피해자들의 고통을 외면했다. 결국 라오스 국가조사위원회에서 사고가 '인재'라는 결론을 내리고,[54] 언론에서도 수익률 때문에 시공사가 설계를 변경했다는 의혹을 제기하자[55] 수세에 몰린 SK에코플랜트가 피해보상을 약속했다. 하지만 보상금 대부분이 피해 주민이 아니라 라오스 정부에 돌아가면서 "피해자들은 자신의 의사와 상관없이 낯선 땅으로 이주하였고, 지속가능한 생계수단을 확보하지 못하고 있다".[56] 수몰로 인해 생명을 잃은 동식물에 대한 사죄도, 파괴된 자연생태계 회복 조치는 아예 논의조차 찾아보기 힘들다.

3.

'한국형'
에코사이드,
왜 계속되는가

'종이호랑이'가 된 환경범죄 처벌 규정

지금까지 환경문제는 대부분 국가와 시민들의 관계를 규정하는 행정법과 개인 간 권리와 의무를 규정하는 민법에서 다뤄졌다. 행정법으로서 환경법은 각종 환경분쟁 관련 소송 절차, 국가가 허용하는 오염물질 배출 기준 규정처럼 국가와 시민 사이의 관계를 다루고, 민법으로서 환경법은 개인의 특정한 행위가 타인의 환경권을 침해했을 때 배상 등 개인들 사이의 문제를 규율한다. 전자의 예로는 환경영향평가 절차에 관한 법률, 후자의 예시로는 주변 건물로 인해 나의 공간으로 들어오는 햇빛이 줄어드는 상황을 둘러싼 '일조권(또는 채광권) 소송'을 생각해볼 수 있다. 행정법과 민법으로 환경문제를 다루는 의미가 있지만, 이 법들은 특정한 일탈 또는 법률 위반 행위를 범죄로 규정하지는 않는다. 반면 형법은 특정한 일탈 또는 반사회적 행위를 범죄로 규정하며, 국가는 시민들을 범죄로부터 보호하고, 범법자들이 초래한 피해에 비례하는 처벌을 내려 사법정의를 구현하며, 범죄 피해자들의 회복을 도모할 책임을 진다. 형법의 논리에서 환경문제가 다뤄진다는 것은 그만큼 국가의 환경오염 보호의무를 강화한다는 뜻으로 볼 수 있다.

낙동강 페놀 오염 사건은 1991년 3월부터 4월 사이 두 차례에 걸쳐 두산전자 구미공장에서 대구·경북 주민들이 식수원으로 사용하던 낙동강으로 총 32톤의 페놀 원액이 유출된 사건이다. 페놀phenol은 무색 또는 흰색을 띠는 화합물인데, 초창기에는 석탄을 가공해 만들었기 때문에 '석탄산carbolic acid'이라고도 불렀다. 페놀은 여러 화학물질을 섞어 만든 만큼 독성이 굉장히 강하며 체내 흡수가 빨라서 피부, 코, 눈에 노출될 경우 신경계와 순환계를 빠르게 손상시킬 수 있다. 이 독성물질로 오염된 낙동강 물을 마셨던 대구 시민들은 취수장에 수돗물에서 냄새가 난다고 항의했으나, 당시 취수장에서는 페놀 유입 사실을 모른 채 염소를 대량 투입하는 방식으로 대응했다.

이 사건은 우리나라 역사상 최악의 수질오염 사례로 기

록되었고, 1만 3000여 명이 피부병, 유산, 음식점 폐쇄, 정화 비용 등 신체적, 정신적, 사회적 피해를 호소했다. 대규모 참사가 발생하기 전에도 두산전자는 페놀로 오염된 300톤의 폐수를 하천에 무단으로 방류했다. 상습범인 셈인데, '낙동강 페놀 오염' 사건에 어떤 심판이 내려졌을까? 첫 번째 페놀 유출 당시 '고의성이 없고, 수출 산업에 지장이 갈 수 있다'는 이유로 두산전자는 30일간의 영업정지 행정처분만 받고 20일 만에 공장을 재가동할 수 있었다. 두 번째 유출 때는 공무원 징계, 두산그룹 회장 사임, 추가 영업정지 처분 조치가 있었으나 환경파괴 수준에 비해 그 책임은 너무 가벼웠다.

이러한 솜방망이 처벌에 전국적인 공분이 일자 정부는 사건 발생 두 달 만인 5월 31일에 '환경범죄의 처벌에 관한 특별조치법'을 제정했다. 이 법은 기업의 무분별한 환경오염 행위를 범죄로 규정했다는 점에서 의의가 있다. 특히 고의로 환경에 위해를 가하거나 업무 과실로 환경오염이 발생하는 두 가지 경우 모두를 처벌한다고 규정하고 있다. 미약하지만 기업의 환경오염을 범죄로 인식하기 시작한 것이다.

한편 정부는 1984년부터 '형사법개정특별심의위원회'를 설립하여 전면적인 형법 개정을 검토했고, 7년에 걸친 논의 끝에 1991년에 새로운 형법 개정안을 완성했다. 이 개정안에는 '환경에 관한 죄' 규정이 추가되었는데, 국회에서 통과되지는 않았다. 만약 이 개정안이 통과되었더라면 1990년대에 한국도 에코사이드 처벌 근거를 마련한 나라가 되었을 수도 있다. 하지만 '환경정책기본법' '대기환경보전법' 등 '환경 6법' 안 처벌 규정이 이미 존재하고, 다른 범죄와 달리 인과관계의 추정 원칙[1]이 적용 가능한 환경범죄를 형법의 원리 안에서 다루기 어렵다는 이유로 반대 의견이 제기되었다.[2] 이후 환경범죄 관련 규정을 포함한 형법 개정안은 폐기되었다.

이명박 정부는 2011년에 '환경범죄단속법'을 '환경범죄 등의 단속 및 가중처벌에 관한 법률'(이하 '환경범죄가중처벌법')으로 개정하여 환경오염 행위에 대한 처벌을 강화하고, 범죄 예방을 위해 대기, 토양, 수질, 식수 등 무려 45개의 개별 환경법률 이행을 감시할 수 있는 환경감시관제도 설립 근거를 마련했다. '4대강 죽이기' 등 각종 토건사업을 밀어붙였던 정부가 환경오염 처벌 규정을 강화했다니 참으로 모순적인 행보처럼 보이지만, 돌이켜 생각해보면 그만큼 '합법적인' 환경파괴는 법적 책임을 질 필요가 없다는 생각을 반영한 조치라고 해석할 수 있다.

같은 법은 2019년에 다시 개정되어 이제 중대한 환경오염 범죄를 3년 이상 15년 이하의 징역형에 처할 수 있다. 만약 사망 사고가 발생하면 무기징역 처분까지 가능하다. 기업 법인에도 범죄 책임을 물어 벌금을 부과하는 양벌규정(쌍벌

2부. '한국형' 에코사이드

규정)을 두고 있어 그만큼 법 자체는 환경오염을 상당히 무겁게 다스리고 있다고 볼 수 있다. "특별가중처벌법의 성격을 고려하더라도 …… 형법전의 법정형과 비교하여볼 때 행위의 불법이나 책임에 비해 지나치게 무겁게 가중 처벌하는 문제가 있다"는 지적이 있을 정도다.[3] 그래서일까, '경제 살리기'에 나선 윤석열 정부는 환경범죄가중처벌법이 기업의 성장을 가로막는다며 '규제완화' 대상으로 꼽아왔다.[4]

그렇다면 실제로 법이 어떻게 활용되고 있기에 '기업의 발목을 잡고' 있다는 걸까? 사실은 강력한 처벌 규정에 비해 실제 법이 적용되는 사건이 많지 않아 '종이호랑이' 상태라고 평가할 만하다. 일단 환경범죄가중처벌법이 도입된 후에도 환경범죄는 꾸준히 증가하고 있다. 법무연수원에서 발간한 《2023 범죄백서》에 따르면 2013년부터 2022년 사이 매년 6000건에서 8000건의 환경범죄가 발생했다. 흥미로운 점은 환경범죄 검거비율은 매년 거의 95% 이상을 넘기고 있지만, 전체 사건 중 80% 이상이 구약식 또는 기소유예 처분으로 끝났다는 것이다. 구약식 처분은 범죄혐의가 있으나 그 수준이 약해 벌금형만 청구하는 경우를 의미하고, 기소유예는 마찬가지로 범죄혐의는 있으나 재판을 청구하지 않는다는 뜻이다.

법과 현실의 괴리는 처벌 현황에서도 고스란히 드러난

다. 기소된 환경범죄 사건의 90% 이상이 경미한 벌금 선고로 끝난다. 한 검사는 "경제가 먹고사는 문제라면, 환경은 죽고 사는 문제"임에도 "솜방망이 처벌이 많아질수록 잡혀도 별거 아니라는 인식이 퍼진다"고 경고했다.[5] 10년 전에도 환경범죄로 기소된 사건 중 85.6%가 500만 원 이하 벌금형에 처해지고 있었는데, 지금도 사정이 그다지 달라지지 않은 셈이다.[6] '처벌만이 능사는 아니다'라는 의견도 있지만, 현실을 반영하지 못한 법의 적용은 '환경법은 잘 안 지켜도 된다'라는 일탈을 부추기는 인식을 심어줄 수 있다. 게다가 기업이 환경오염을 저질러 얻었을 수익이나 절약한 비용에 비하면 상당히 관대한 처벌이라고밖에 볼 수 없다.

미군과 한국 군산복합체의 '상부상조'

한국사회에서는 한국을 '지구상 유일한 분단국가'라고 호명한다. 전혀 사실이 아닌 터라 우물 안 개구리도 울고 갈 정도로 자기중심적인 생각이지만, 어쨌든 한국은 1948년 남한 단독정부 수립 이후 지난 80년 가까이 북한과 적대관계를 이어가고 있다. 세월이 흐르면 억한 감정도 누그러질 만하지 않나 싶지만, 오히려 남북한 모두 각자의 '동맹'과 함께 언제라도 전쟁을 일으킬 준비를 하고 있다.

이러한 '특수한 안보 상황'은 한국에 주둔하고 있는 미군과 한국 국방부에 (지나치게) 많은 권한을 부여하는 동시에 그 권한에 비례하여 필요한 견제와 감시를 차단하는 근거로도 활용된다. 일반 시민들이 앞서 언급했던 군대의 환경오염 사례들에 대한 정보에 접근하려면, (국방부 관계자들의 조롱과 방해를 포함하여) 수많은 난관을 거쳐야 한다. 경험상 국방부에 환경오염 관련 정보공개를 청구하면 '해당 정보는 없다'는 답변과 함께 '당신은 누구 편이냐' '북한이 침공하면 가족을 안 지킬 거냐'는 관심 어린 질문을 받을 수도 있다.

한반도에서 에코사이드를 일으키고 있는 미군과 한국 군대가 그저 환경파괴에 손 놓고 가만히만 있는 것은 아니다. 이들 조직에도 환경 관리를 담당하는 부서가 있다. 문제는 군대가 환경보호를 이유로 취하는 조치들은 자연생태계에 대한 존중보다 '멋대로' '될 대로' '비밀로' 진행된다는 점이다. 예를 들어 미군은 일찍이 기후변화로 인한 패권 경쟁과 군사 충돌이 강화될 것이라고 예측하면서 기후변화를 국가안보의 문제로 삼고 전투 무기를 개발해왔다. 바로 그 전투 무기 생산과 군사활동이 기후불안정을 초래하는 원인임을 외면하면서 말이다. 뒤늦게 (그리고 여전히 느리게) 한국군도 이러한 사고방식을 흡수하기 시작했다.

환경오염에 대한 주한미군과 한국 군대의 될 대로 되라는 식의 대응을 살펴보자. 주한미군은 '한미상호방위조약'과

'주한미군지위협정SOFA'에 따라 환경오염에 대해 책임을 면제 받는다. 그나마 2000년 2월 주한미군 소속 군무원이 한강에 포름알데히드를 무단으로 방류한 사실이 녹색연합 활동가들의 폭로를 통해 드러나면서 불평등한 SOFA에 대한 사회적 공분이 일었고, 이에 정부와 미군은 협상을 거쳐 SOFA에 환경 조항을 추가했다. 이 '주한미군 독극물 한강 방류 사건'은 이후 영화 〈괴물〉의 모티브가 되기도 했다.

하지만 SOFA 환경 조항은 사실상 미군의 면책 수단으로 악용되고 있다. 미군은 한국 환경법을 준수하는 대신 SOFA에 따라 '인간 건강에 대한, 알려진, 임박한, 실질적인, 급박한 위험KISE' 기준에 따라 한국에 미군기지를 '반환'할 때 기지 내 환경오염을 정화한다는 태도를 보이는데, KISE 적용 여부를 한국 정부가 아니라 미군이 내린다.[7] '오염 사실을 몰랐거나' '심하지 않은 오염'인 경우 정화하지 않고 방사능, 다이옥신, PFOS 등 온갖 물질로 오염된 땅을 무책임하게 한국에 돌려줄 수 있는 것이다(실제로 그렇게 하고 있다). 한국 정부도 환경보호 의무를 저버리는 건 마찬가지인데, 기지 반환 협상에 책임이 있는 한국 외교부는 미군의 환경 책임을 강하게 주장하지 않는다.[8] '힘들게 우리를 지켜주는 동맹에 어떻게 그런 걸 요구하냐'는 식이다.

한국 국방부는 군대가 직간접적으로 일으키는 에코사

이드를 방지하려는 계획 없이 온갖 땜질 처방을 이어가면서 환경오염에 대한 책임을 다한다고 주장한다. 2020년 세계군축행동의날 캠페인 단체들이 국방부와 환경부에 보낸 기후 책임에 대한 공개질의 서신에 대해 환경부는 국방부에 답변을 미뤘고, 국방부는 구체적인 온실가스 보고에 대한 답변은 거절하면서 차량 부제 실시, 에너지 저장시설 '현대화' 등 군대의 탄소 감축 노력을 설명했다. '신세대 먹거리 산업'으로 정부의 막대한 지원을 받는 'K-방위산업'은 이제 녹색 가면을 쓰고 더욱 활개 치고 있다. 무기박람회를 가보면 한국 무기 기업들이 '저탄소 녹색전쟁low-carbon green warfare'을 선도할 기술을 뽐내고 있는데, 예를 들면 (마치 무기 자체는 괜찮지만) '환경오염 위험이 있는' 화학물질을 뺀 총알을 제조하거나 재생 가능한 연료를 사용하는 장갑차나 전투기를 개발하는 식이다.[9] 군대의 뿌리 깊은 화석연료 의존도로 인해 실제로 얼마나 '넷제로Net-Zero'(또는 탄소중립) 달성이 가능할지에 대해서는 의문이 제기되고 있지만,[10] 이러한 녹색전쟁의 산업화 흐름은 앞으로 대세가 될 것이다.

라틴어로 'Si vis pacem, para bellum(평화를 원하면 전쟁을 준비하라)'는 말이 있다. 전쟁에서 승리한 자가 군림하는 세상이 평화의 조건이라는 세계관에서 도출된 논리인데, 이 논리는 오늘날 걷잡을 수 없는 군비경쟁이 '평화(그리고 안보)'라는 이름으로 이루어지고 있다는 점에서 여전히 엄청난 힘을 발휘하고 있다. 그만큼 군대는 본질적으로 적대로 가득 찬 세상에서 언제 전쟁이 터질지 모르니 준비되어 있어야 한다는 사고관으로 무장한 국가기관이다(그 적이 국가 외부의 '적'인지, 사회 내부의 '적'인지에 관계없이). 그래서 군대는 생명을 파괴하고 지배해야만 존재의 의미를 얻는 조직이고, 결국 에코사이드가 발생해야'만' 유지될 수 있다. 파괴력을 입증하지 못하는 군대는 쓸모없음을 드러내기 때문이다. 그래서 군대와 에코사이드에 대한 논의는 '평화란 무엇인가' '군대가 평화를 위해 정말 필요한가' '평화를 위해 복지 대신 전쟁 warfare than welfare이 우선해야 하는가' 등을 질문하면서 군축-평화 운동과 만나야 한다.

정경유착, '규제포획'과 '경계지대'

특정 집단이 정치적, 경제적 목적을 위해 저지르는 에코사이드는 조직범죄로 봐야 한다. 여기서 조직범죄란 암시장에서 활동하는 소위 '나쁜' 단체들의 범죄뿐만 아니라 합법적인 절차를 남용하는 집단이 저지르는 일탈 행위도 포함한다. 조직범죄는 합법과 불법의 경계가 모호해지는 '경계지대 mezzosphere'가 존재하기에 발생할 수 있으며, 이러한 경계지대는 정경유착과 '규제포획regulatory capture', 감시와 참여 제도 붕괴,

부정부패가 만연한 사회일수록 더욱 견고하게 유지된다.

개발독재 시기를 거쳐 공고해진 보수 정치인들과 재벌, 보수언론과 보수 유튜버들의 동맹관계를 보자. 그들은 온갖 탈법과 특혜, 정관계 로비, 시민사회단체와 노동조합 사찰 및 협박, 허위사실 유포, 꼬리 자르기 등 할 수 있는 모든 수단을 동원해 도덕적 공황을 유발한다. 도덕 질서가 무너질수록 세상은 이들에게 유리하게 돌아간다. 모두가 죄인이 되면 그 누구도 서로의 죄를 물을 수 없기 때문이다. 정경유착은 민주주의의 퇴행과 부정부패를 초래하고, 정부와 국회는 재벌에 특혜를 몰아주면서 에코사이드를 저지르고 있다.

규제포획 현상은 '거의 모든 산업 영역을 규율하는 규제를 만들고 집행하는 막강한 권한을 가진' 고위 공무원 집단이 산업계와 점점 가까워지면서 규제의 취지를 왜곡하는 현상을 의미한다. 한국사회에서 숱한 비난을 받는데도 각종 환경파괴 사업들의 물꼬를 터준 정부, 공공기관, 지방자치단체 소속 고위 공무원들이 퇴직 후 민간 기업으로 '금의환향'하는 경우를 많이 볼 수 있다. 이러한 '전관예우'에 대한 규제는 사실상 이루어지지 않는다. 규제 칼자루 또한 이들이 쥐고 있기 때문이다. 규제포획은 정의의 질서가 무너진 사회에서 발생하는 개인의 집단적인 일탈 행위이다. 이런 '관피아(관료+마피아)'들이 대접받는 세상에서 힘없는 사람들과 자연생태계, 뭇 생명이 설 자리는 점점 좁아진다.

조직범죄의 '생태계'는 생각보다 훨씬 크고 복잡하다. 불법 범죄조직이 합법적으로 폐기물 관리업체를 세워서 은행으로부터 사업자금을 대출받고, '친환경' 인증을 받아서 정부의 보조금을 받기도 한다. 세무사, 회계사, 변호사 등 전문직들이 사업에 필요한 서류를 꾸며주고, 부동산 업자들은 사정을 모른 채 땅을 판다(알았어도 그 사실을 입증하기가 어렵다). 의성 쓰레기산 등 각종 불법 폐기물 매립지가 이런 식으로 만들어졌다. '나쁜' 범죄조직들은 '합법적인' 기업을 보고 배운다. 예를 들어 '돈이 되는 장사'인 산업폐기물 처리는 대기업도 심지어 사모펀드도 서로 하려고 달려든다.[11] 서류 조작, 심야 불법 매립, 공무원 매수 등 온갖 방식을 동원할 준비가 된 이들은 충분히 돈을 벌고 나면 폐기물 매립 사업을 접고 매립지를 남겨둔 채 떠날 것이다. 여기서 불법과 합법은 한 끗 차이에 불과하다.

한편 경계지대에서는 에코사이드에 저항하는 사람들을 탄압하기 위한 은밀한 결탁도 이뤄진다. 한국사회에서 권력, 기업, 조폭 깡패의 뿌리 깊은 유착은 역사가 오래되었다. 제주 4·3학살을 저지른 서북청년회, 김두한의 대한민주청년동맹 등 조폭 깡패들은 우익과 결탁해 해방 이후 한국사회를 피로 물들였다. 민주화 시대에 접어들면서 달라진 게 있다

2부. '한국형' 에코사이드

면, '조폭 깡패'라는 이름 대신 '용역경비'라는 더 세련된 이름으로 사회 곳곳에서 '합법적으로' 폭력을 행사할 수 있게 되었다는 점이다. 용산사태에 동원되었던 용역들은 경찰과 함께 정부의 '행정대집행'을 수행했을 뿐이라며 폭력사태에 대한 사법 책임을 회피했다.[12] 평택 대추리, 제주 강정마을, 4대강 죽이기 반대 농성 등 에코사이드가 벌어지고 있는 현장에서도 정부와 기업을 뒷배 삼은 용역 깡패들은 대담하게 주민들과 환경운동가들을 때리고, 협박하고, 짓밟았다.

위험의 불평등

코로나19 감염병 확산이 한창일 때 지역 돌봄체계의 부재 속에서 노인과 장애인, 빈곤층, 노숙인 등 취약계층 보호가 사회문제로 대두했다. 한 교수는 "'빠른' 생태파괴, 대량의 '빠른' 육류 생산을 위한 공장식 가축사육, '빠른' 대규모 국경 이동"을 코로나19 유행의 근본적인 원인으로 지적하면서 "바이러스는 우리 몸과 사회의 가장 약한 부분을 먼저 찾아간다"고 경고했다.[13] 에코사이드도 마찬가지다. 생태계 붕괴 위험은 가장 취약한 지역에 집중되어 있으며(도시는 이미 생태계가 죽어 있기 때문이기도 하다), 힘없는 종과 개체일수록 환경오염으로 인한 죽음에 더욱 가까워진다. 그래서 에코사이드는 '군사적으로나 경제적으로 어쩔 수 없는 일'이나 '사고나 재난으로서 안타까운 일'이 아니라 '부당한 일'인 것이다.

에코사이드가 일어나는 시공간적 패턴은 사회적 불평등과 겹친다. 단적으로 한강 오염, 그린벨트 해제, 졸속으로 반환된 용산미군기지 오염 등 서울 안에서도 환경파괴 논란이 있지만, 간척사업, 화석연료 발전소, 군사활동 등 많은 에코사이드가 서울을 물질적으로 지탱하기 위해 희생당하고 있는 지방에서 일어난다. 국제적으로 시각을 넓혀보면 에코사이드 위험은 글로벌 북반구에 있는 부자나라들의 생존을 위해 글로벌 남반구에서 집중적으로 발생한다. 이러한 사회적 불평등과 생태계 붕괴 위험의 중첩은 결코 우연이 아니라 인위적으로 특정 집단의 정치적, 경제적 목적을 위해 만들어진 현상이다.

에코사이드를 위험의 불평등과 관계지어 생각할수록 노동착취와 자연착취의 뿌리 깊은 연계를 발견할 수 있다. 에코사이드는 본질적으로 위험한 노동을 수반하기 때문이다. 독성이 강한 제초제, 대규모 숲 파괴, 각종 건설사업 공사 등 에코사이드를 일으키는 행위는 (군인 포함) 노동자 없이는 불가능하다. 유해하고 위험한 작업은 복잡한 하청구조를 통해 점점 더 '외주화' 및 '이주화'되고 있다. 이러한 '위험의 외주화'는 이윤의 극대화를 동기로 "원청기업이 상시 필요하지만 유해하고 위험한 작업을 떼어내서 하도급 형태로 다수의 하

청기업들에게 떠넘기기 때문에 발생하는 문제"이다.[14]

위험의 외주화를 주도하는 정부와 대기업은 사회에서 가장 약한 집단이나 지역을 겨냥하여 '지역경제 살리기' '지역 일자리 투자 확대' 등을 빌미로 위험 노동을 떠안으라고 가스라이팅을 한다. 2023년 말 '기업하기 좋은 도시'인 충남 서산시에 소재한 현대오일뱅크 공장에서 페놀을 섞은 폐수가 무단으로 방출되었다. 공장이 있는 대산읍에는 현대오일뱅크의 불법 행위를 규탄하는 주민들이 붙여둔 현수막을 여기저기서 볼 수 있었다. 사건의 전말은 이러했다. 2019년 10월부터 2021년 12월까지 현대오일뱅크가 허용 기준치를 초과한 페놀 함유 폐수 일부를 자회사인 현대OCI와 현대케미칼로 흘려보냈고, 현대OCI가 이 폐수를 '정화'한 후 재활용하는 과정에서 대기 중으로 증발시켰다는 것이다. 이 사건은 공익제보를 통해 알려졌는데, 검찰은 폐수처리장 건설비용 450억과 자회사의 공업용수 공급비용을 낮추기 위한 목적으로 윗선의 조직적 개입 가능성을 의심했다.[15] 2025년 1월 현재 사건은 현재 진행형인데, 환경부는 환경범죄가중처벌법을 토대로 현대오일뱅크에 2695억 원의 과징금을 부과하려다가 현대오일뱅크의 감면신청을 받아들여 1000억 원을 깎아주었다. 심지어 이 과징금조차 700억 원대까지 깎일 수 있어 윗선의 '기업 봐주기' 의혹이 제기되고 있다.[16]

현대오일뱅크의 폐수 무단 배출을 두고 전국화학섬유
식품산업노동조합은 "대산공단에는 …… 수많은 노동자들
이 매일 폭발 위험, 분진, 먼지, 매연, 검댕, 특정 대기 유해물
질 속에서 일하고 있다. …… 고용된 노동자라는 속박된 신
분 때문에 누구보다도 현장에서 직접적으로 위험에 노출되
어 있으면서도 제대로 못하고 있다"고 지적했다.[17] '위험의 외
주화'는 비단 소수의 대기업이 저지르는 나쁜 일이 아니다.
'규제 혁파'라는 명목으로 안전기준과 노동자 보호법을 기업
별로 차등 적용하는 정부에도 큰 책임이 있다. 이러한 차별
은 안전불감증을 부추기고, 우리 사회가 '위험을 껴안고 사
는 세상'을 당연하다고 여기게 만든다. 민주적인 감시가 어
려운 곳일수록 노동에 대한 차별과 자연에 대한 파괴가 동시
에 일어난다. 유해물질을 무책임하게 사용하는 기업들은 '지
속가능 경영'이나 '녹색투자'로 포장하고 있지만 이들이 원하
는 것은 '유해한 지속가능성toxic sustainability'일 뿐이다.

열악한 조건에서 일하는 노동자일수록 에코사이드로 인
한 자연생태계의 붕괴가 초래하는 새로운 위험에 가장 먼저,
가장 많이 노출된다. 폭염, 폭설, 폭우 등 극단적인 기후 현
상이 발생할 때마다 주로 하청노동자의 사망 소식이 들린다.
사육장에 갇혀 죽은 많은 동물의 소식과 함께. 에코사이드를
일으켜도 되는 사회를 바꾸기 위해서는 모두가 위험하지 않

2부. '한국형' 에코사이드

은 노동을 할 수 있는 세상도 같이 만들어야 하는 이유이다. 이 맥락에서 2023년 〈923기후정의행진 선언문〉 중 일부를 다시 읽어보자.[18]

이 사회가 어디로 나아가야 할지 묻습니다. …… 화석연료를 땔감 삼아 활활 타오르는 자본주의의 탐욕을 꺼야 합니다. 그래야만 불타는 우리 공동의 집과 우리의 삶을 지킬 수 있습니다. 더 많은 성장과 이윤을 위해, 사람과 자연을 희생시키고 쥐어짜는 잘못된 체제를 무너뜨려야 합니다.

위험의 악순환으로 힘없는 사람과 자연을 강제로 떠밀고 있는 잘못된 체제를 무너뜨리기 위해서는 정치적 결단이 필요하다. 그리고 잘못된 체제를 넘어 자유롭게 노동하는 사람들이 생태적 조건이 허용하는 한도 안에서 사회적 필요에 따라 생산하는 평등사회를 현실로 만들어야 한다. 그리고 법을 활용해 우리 모두의 집을 파괴하는 일탈과 범죄 행위를 규율해야 한다. 에코사이드 처벌법은 이 맥락에서(만) 실천적 의미를 얻을 수 있다.

국가의 폭력: 길들이기와 흠집 내기

2016년 유엔총회는 '환경인권옹호자environmental human rights

defenders'를 '자신의 개인적·전문적 역량을 활용하여 평화로운 방식으로 환경에 관한 권리를 지키고, 증진하기 위해 노력하는 개인들 또는 집단'으로 규정하고, 이들에 대한 민주적인 보호는 인간의 환경권뿐만 아니라 자유권과 사회권 증진 및 보호에 필수적이라고 강조했다.[19] 비슷한 맥락에서 2019년 유엔인권이사회도 각국 정부가 환경인권옹호자를 적극적으로 보호할 의무가 있다고 상기했다.[20] 비록 법적 구속력은 없지만, 이 결의는 환경보호와 인권보호에 대한 국가의 상호교차하는 의무가 보편적인 규범으로 자리 잡고 있는 흐름을 보여준다.

전 지구적 생태위기가 악화하고 있는 오늘날 환경인권옹호자들은 공항, 도로, 항만 등 사회 주요시설이나 파괴 위기에 놓인 숲을 점거하는 등 다양한 비폭력 직접행동을 펼치고 있다. 유엔인권이사회 등 국제기구를 비롯하여 유럽연합, 캐나다, 말레이시아, 인도네시아 등 여러 나라들이 환경인권옹호자들을 보호하기 위한 정책 또는 지침을 마련하고 있다(실제 집행 상황에 대한 평가는 제외하더라도). 그러나 한국은 관련 지침을 마련하려는 논의조차 찾아보기 어렵다.

한국 정부는 스스로 '인권선진국'이라고 자부한다. 유엔 산하 인권 관련 기구에서 여러 차례 이사국을 지냈고, 다른 나라 인권 상황에(특히 북한) 대해서도 목청을 높이는 '훈장

2부. '한국형' 에코사이드

님' 중 하나로 활약하고 있다. 하지만 한국 환경인권옹호자들이 경험하고 있는 인권침해 상황은 다른 민주사회에 비해 그야말로 처참한 수준이다(현재 한국과 꼴찌를 경쟁하는 다른 '인권선진국'으로는 영국을 꼽을 수 있겠다[21]). 4대강, 새만금, 설악산 케이블카 등 각종 개발사업에 저항하는 많은 환경활동가들이 기물 파손, 사유지 침범, 업무방해 등 '폭력시위'에 가담했다는 이유로 벌금이나 징역형 처벌을 받았다. 어떤 활동가들은 탈법적인 '블랙리스트'에 이름이 올라 국정원의 사찰을 받고,[22] 민주주의체제에서 보호받지 못하고 '외부자' 또는 '범법자'로 낙인찍히는 폭력의 경험을 겪으며 트라우마가 쌓였다.[23] 시민사회 길들이기는 국가폭력이다.

'낙인찍기'를 통해 환경인권옹호자들을 길들이기도 한다. '법치'를 울부짖으며 환경활동가들의 '폭력시위'를 나무라던 언론들은 정작 개발사업들의 폭력성은 지적하지 않는다. 환경활동가들에게 따라다니는 '외부단체'나 '(종북)좌파단체' 꼬리표는 너무나 진부해 보이지만, 그만큼 사회적 고정관념을 강화한다. 국민의힘은 2023년 이른바 '시민단체 선진화 특별위원회'를 발족해 대놓고 시민사회 통제에 나섰다. 당시 이 특별위원회를 이끌던 하태경 위원장은 "환경단체들이 괴담 단체로 변질"했다면서 녹색연합과 환경운동연합 등 '허위 선동'을 일삼는 단체들에 보조금 지원을 끊어야 한다고 주장했다.[24] 이렇게 정치인이 메시지를 던지면, 보수언론과 보수 유튜버들이 확성기를 자처하면서 확인되지 않은(지어낸 거짓말이라 확인할 수도 없는) 온갖 의혹을 덧칠하여 사회에 퍼뜨린다. '괴담 단체'로 찍힌 녹색연합은 "환경정책의 기본을 감히 괴담이라고 치부한다면, 그런 정치인, 그런 당이야말로 환경정책을, 우리 환경, 국토를, 국민의 생명과 안전을 위태롭게 만들 뿐"이라고 반박했다.[25]

환경인권옹호운동은 인간이 '깨끗한 환경을 누릴 권리'(환경권)와 인간의 자연 지배와 결별을 추구하는 '이중 해방'운동이다. 자연생태계를 인간의 발전을 위해서 존재하는 지배 가능한 객체가 아니라 그 자체로 존중받아야 할 주체로 인정하더라도, 인간의 정치에서는 자연생태계를 대표할 환경인권옹호자 같은 대리인이 필요하다. 난개발을 초래하는 개발사업은 자연생태계를 고려하지 않은 의사결정이기 때문에 불공정하며, 이러한 사업에 저항하는 환경인권옹호자에 대한 탄압은 시민과 자연에 대한 이중 폭력이다. 이러한 폭력은 "버려진 사람들, 태어나지 않은 미래세대, 말 못하는 생명과 자연의 목소리를 듣고 …… 사람과 자연, 사람과 사람이 평화롭고 정의로운 공동체"를 만들려는 노력과 의지를 꺾으려는 시도이다.[26]

3부

에코사이드 어떻게 처벌해야 할까

21세기 에코사이드 정의운동

1.

국제법상 에코사이드 처벌 규정

국제형사법의 발전과 로마규정

1945년 10월 24일, 또 다른 재앙적인 전쟁을 막기 위해 출범한 유엔은 국제평화와 안보의 증진·수호를 위해 다양한 방식으로 국제법을 발전시켰다. 오늘날 국제정치의 바탕을 이루는 기초단위는 주권국가sovereign state이다. 주권국가는 특정한 영토에 속한 국민이 구성하는 중앙정부가 대표하는 정치체로서, 유엔 등 국제정치 무대에서 국가의 의사를 행사하는 권력을 가진다. 근대 주권국가의 정당성은 국민nation으로부터 나온다. 그래서 국제정치는 다른 민족이나 국가의 간섭을 받지 않고 '자기결정권self-determination'을 보장하는 원리 속에서 발전했다. 즉 자기 스스로의 의지에 따라 정치조직과 운명을 결정할 권리가 있는 것이다.

유엔이 설립한 기관 중 하나인 '국제법위원회International Law Commission, ILC'는 국가의 주권을 인정하면서도 한 국가가 국내법상으로 적절히 다루지 못하는 국제범죄를 처벌하기 위해 '국제범죄규정 초안' 논의를 제2차 세계대전 이후 본격적으로 시작했다. 당시 국제범죄란 정치적 동기를 가지고 국제평화와 안보를 위협하는 행위들에 한정되었고, 이에 따라 환경파괴를 비롯해 해적 행위, 위험 약물 및 마약 매매, 여성이나 아동 인신매매, 노예제, 화폐 위조, 해저 통신케이블 파괴 행위도 논의에서 제외되었다. 한편 나치 전범재판의 기초적 근거가 되었던 뉘른베르크 원칙Nürnberg Principles의 반영 여부와 개인의 형사책임 원칙과 형사소추 절차 등 국제범죄를 재판하기 위한 절차도 논의에서 다뤄졌는데, 시대 상황상 서구 전문가들이 과정을 주도했다.

냉전이 고조된 1960년대부터 1970년대 사이 국제법위원회는 국제범죄규정 초안에 대한 논의를 제대로 이어가지 못했다. 1980년대에 접어들면서 위원들의 노력으로 국제범죄규정에 대한 논의가 다시 활발해졌는데, 이 시기에는 평화, 생태, 시민권, 탈식민, 불평등 등 여러 사회정의운동에서 문제 제기했던 비인간적인 잔혹 행위도 국제범죄로 다뤄야 하는지에 대한 격론이 벌어졌다. 그 결과 1984년 국제범죄규정 초안 토론에서는 "인간 환경에 대한 심각한 피해"를 비롯해 식민주의, 아파르트헤이트 및 인종차별, 경제적 침략, 원자폭탄 및 용병mercenarism 사용의 국제범죄 여부가 다뤄졌다.

국제법위원회는 1991년 4월 29일부터 7월 19일 사이에 열린 제43차 회의에서 처음 공개한 국제범죄규정 초안 제26항에 "환경에 대한 의도적이고 심각한 피해wilful and severe damage to the environment"를 국제범죄로 명시했다. 이 조항은 전시와 평시를 가리지 않고 환경파괴를 평화와 안보를 위협하는 범죄로 처벌해야 한다고 보는 시각을 반영했다. 초안 해설서는 "'인간 환경의 보호와 보존'이 국제공동체의 기본적인 이익 중 하나로 이미 인정된 상황에서 …… 국제법위원회는 환경보호의 중요성을 고려하여 이러한 기본적인 이익에 대한 심각한 공격은 …… 국제 형사책임을 물어야 한다"고 강조했다.[1] 재앙적인 환경전쟁이었던 베트남전쟁에 반대 목소리를 높였던 시민들의 노력에 대한 화답이지 않았을까 생각한다.

그러나 첫 번째 초안을 바탕으로 유엔 회원국들의 의견을 수렴한 국제법위원회는 '그 누구도 의문을 제기하기 어려운' 행위들만 국제범죄로 규정하기로 입장을 선회했고, 그 결과 아파르트헤이트, 용병 고용, 침략 위협, 식민지배 및 기타 외세의 지배를 비롯해 환경에 대한 피해도 규정에서 다시 빠졌다. 정확히 어느 나라가 어떻게 반대했는지 알려진 바

없지만, 아무래도 미국, 영국을 비롯해 각종 잔혹 행위에 책임이 있는 강대국들과 그 동맹국들이 반대했을 가능성이 크다. 다만 국제법위원회는 불법 마약 매매와 함께 환경파괴의 범죄성에 대한 논의를 이어갔고, 결국 격론 끝에 위원들의 투표를 통해 전쟁범죄 맥락에서만 환경파괴를 처벌하는 규정을 마련했다.

한편 국제사회는 1990년대에 르완다대학살과 유고슬라비아전쟁의 참혹한 광경을 지켜보며 또 한 번 충격에 빠진다. 특히 유엔 회원국들이 '평화유지peacekeeping'를 명목으로 이미 군대를 파병한 상태였음에도 수백만 명이 학살당하거나 터전을 잃고 또 다른 범죄 피해에 희생되었기 때문에 유엔의 위선과 조직적인 무력함이 드러났다.[2] 이에 유엔총회는 잔혹 행위 재발 방지와 책임자 처벌, 일관적인 법 집행을 위해 1997년 12월 15일 결의 제50/160호를 채택해 '국제형사재판소International Criminal Court 설립에 관한 특명전권대사Plenipotentiaries 외교회의'를 개최하기로 결정했다. 그리고 국제법위원회에서 최종적으로 합의한 국제범죄규정 초안은 1998년 7월 17일 이탈리아 로마에서 열린 이 외교 각료회의에서 '국제형사재판소에 관한 로마규정Rome Statute of the International Criminal Court'(이하 '로마규정')이라는 명칭으로 채택되어 오늘날 국제형법의 토대가 되었다. 그렇게 21세기로 넘어가면서 국제사회는 특정한 조건에서 주권국가의 관할권을 초월하여 국제범죄를 다스릴 로마규정과 국제형법을 집행할 상설법원인 국제형사재판소를 갖추게 되었다.

전시 환경파괴를 처벌하지 못하는 이유

유리컵에 물이 절반쯤 담겨 있다고 해보자. 누군가는 '컵에 물이 절반만 채워져 있다'고 생각하고, 다른 사람은 '컵에 물이 절반씩이나 남아 있다'고 판단할 것이다. 유리컵의 상태를 어떻게 인지하는지에 따라 그에 상응하는 행동도 달라질 수 있다. 유리컵이 국제법이라면 어떨까? 국제법은 정말 다양한 분야에서 복잡한 내용을 다루기 위해 발전해왔다. 국제형사법의 토대인 로마규정이 대표 사례다. 하지만 절반이 차 있는 유리컵을 보는 두 개의 상반된 시각처럼, 로마규정을 비롯해 국제형법의 발전을 위해 노력해온 국제사회가 실제로 용납할 수 없는 범죄 행위들을 제대로 처벌하고 피해를 복구하며 정의를 구현했는지는 평가가 갈린다.

로마규정은 2002년 7월 1일 공식 효력이 발효됐고, 국제형사재판소는 로마규정을 비준한 124개 국가에 대해 관할권을 행사할 수 있다(한국은 2002년 11월 로마규정 비준, 2003년부터 정식 가입국이다). 그래서 국제형사재판소는 '2002년 이후'에 벌어진 전쟁범죄war crimes, 침략범죄crime of aggression, 집단살해genocide, 인도에 반한 죄crimes against humanity를 저지른 개인을 기소하고, 처벌할 수 있다. 금고형에 처해진 범죄자는 네덜란드 헤이그에 있는 구금센터에 수감된다. 이 책에서 국제형사재판소가 다룬 사건들을 전부 살펴볼 수는 없지만 국제형사재판소 출범 전후로 발생한 전시 환경파괴가 법적으로 어떻게 다뤄졌는지 살펴보고, 오늘날 국제형사재판소를 둘러싼 비판과 쟁점에 대해서도 균형 있게 소개해보려고 한다.

먼저 법률에 대해 살펴보자. 로마규정은 제8조 나항 4에서 "예상되는 달성하고자 하는 구체적이고 직접적인 제반 군사적 이익과의 관계에 있어서 명백히 과도하게 …… 자연환경에 대하여 광범위하고 장기간의 중대한 피해를 일으킨다는 것을 인식하고서도 의도적인 공격의 개시"[3]를 금지하고 있다. 전쟁범죄로서 환경파괴 금지 조항은 다음과 같은 세 가지 특징에 주목할 필요가 있다.

첫째, 군사 목적에 비례하지 않은 환경파괴를 용납하지 않는다는 점이다. 달리 생각하면 '군사 목적'을 충족하는 '과도하지 않은' 환경파괴는 전쟁범죄로 처벌할 수가 없다. 여기에서 정의의 딜레마가 발생한다. 누가 군사 목적이 정당한지 판단할 것이며, 그 목적을 달성하는 과정에서 발생하는 자연환경의 파괴는 어느 수준까지 용인되어야 하는가? 예를 들어 2023년 12월부터 이스라엘은 팔레스타인 이슬람 저항운동단체이자 준군사조직인 하마스로부터 자국을 방어한다는 이유로 팔레스타인 가자지구에 지중해 바닷물을 끌어다 쏟아붓고 있다. 심각한 에코사이드이자 국제법을 위반한 행위라는 비판에도 이스라엘은 하마스 조직원들이 땅굴을 파서 은신하고 있으니, '군사적 목적'을 달성하기 위해 불가피하다며 항변한다.[4]

둘째, 범죄 의도 입증이 쉽지 않다. 국제형사재판소는 환경을 파괴하겠다는 명백한 범죄 의도를 증명할 수 없더라도 광범위하고 장기간의 중대한 피해를 야기할 가능성을 인식하고 저질러진 행위는 처벌할 수 있다. 전시 환경파괴 피해, 즉 행위의 결과를 기준으로 환경파괴 책임자들이 사전에 그러한 결과가 발생할 줄 알았는지 역추적해서 범죄 의도를 유추할 수 있다. 예를 들어 독성물질이 인체 건강이나 생태계에 중대한 피해를 미칠 가능성을 지적하는 무기실험 연구 결과가 있었음에도 그 물질을 무기로 사용해서 '과도한' 환경파괴를 초래했다면, 전쟁범죄로 볼 수 있는 것이다. 다만 환경파괴 책임자들은 '명백히 심각한 환경파괴가 발생할 가능성을 사전에 인지하지 못했다'며 책임을 부인할 수 있다. 마치 미국 국방부가 베트남전쟁 당시 고엽제가 불러올 파괴적인 결과에 대해 사전에 제대로 파악하지 못했기 때문에, 법적 책임을 지는 것은 과도하다고 주장했듯이 말이다.

셋째, 전쟁범죄는 '평시'에 일어나는 인도에 반하는 죄나 제노사이드에는 적용되지 않는다. 즉 전쟁 상황에서 발생한 행위에만 적용된다. 국제법상 전쟁이란 보통 국가 간 무력분쟁을 의미한다. 최근 국제형사재판소는 내전civil war 상황에서도 전쟁범죄 조항을 적용하는 방향으로 움직이고는 있지만, 평시에 전쟁을 일으키는 과정에서 발생하는 환경파괴 행위는 법적 규제 대상이 아니다. 오늘날 전쟁은 고도로 분업화되어 있다. 예를 들어 무기를 실험하고, 생산하고, 판매하는 국가와 기업은 전시 상태에서 무기를 직접 사용하는 국가나 무장단체 등 최종 사용자와 다르다. 책의 앞부분에서 다뤘듯 무기 사용으로 인한 환경파괴만큼이나 무기 사용 전후로 발생하는 환경오염도 심각하다. 그러나 법적으로 전쟁이 발생한 나라가 아닌 곳은 평시에 해당해서 전쟁 발발로 각종 정치적, 경제적 이득을 취한 집단에 '전쟁범죄'에 대한 법적 책임을 묻기 어렵다. 이스라엘의 팔레스타인 제노사이드와 러시아-우크라이나 전쟁으로 '특수'를 노린 한국 방위산업체들을 생각해보라.

이처럼 전쟁범죄 틀 안에서 다뤄지는 환경파괴는 행위 그 자체가 아니라 전쟁 수단으로서 합목적성 여부에 따라 처벌 여부가 갈린다. 로마규정 채택을 전후로 여러 나라에서 발생한 전쟁범죄와 제노사이드, 인도에 반하는 범죄를 처벌하기 위해 구유고슬라비아 국제형사재판소(1993~2017),[5] 르완다 국제형사재판소(1994~2015),[6] 캄보디아 크메르루즈전범재판소(2003~2022)[7] 등 특별재판소가 설치되었다. 이 3개의 재판과 국제형사재판소가 지금까지 다룬 사건 중에서 전시 환경파괴에 대한 조사가 이루어진 경우는 1건 정도이다. 그러나 지금까지 전시 환경파괴를 이유로 기소되거나 처벌받은 경우는 전혀 없다. 조사조차 제대로 이루어지지 않은 경우가 허다하다.

구유고슬라비아 국제형사재판소 검찰부는 미국과 독일의 주도 아래 북대서양조약기구North Atlantic Treaty Organisation, NATO(이하 '나토')[8]가 1999년에 세르비아에서 실시한 공중폭격으로 발생한 환경파괴를 조사하고자 했다. 나토군은 무차별적으로 하늘에서 11톤에 달하는 열화우라늄depleted uranium 폭탄을 투하했다. 열화우라늄 폭탄은 전차를 관통할 정도로 강한 파괴력을 가진 폭탄이 터지면서 독성물질을 방출하고, 대기를 오염시키기 때문에 '더러운 폭탄dirty bomb'이라고도 불린다. 또한 폭발할 때 발생하는 엄청난 열로 인해 대기 중에 있는 여러 독성물질이 화학반응을 일으켜 예측 불가능한 새로운 화학오염을 일으킨다. 하지만 세르비아에서 나토군의 폭격이 정확히 얼마나, 어떻게 환경을 오염시켰는지 그 인과관계를 규명하기 어렵다는 이유로, 그리고 '전쟁에서 승리한' 미국과 독

일 등 나토 회원국들의 압박이 겹치면서 조사는 무산되었다.[9]

국제형사재판소의 변화와 도전 과제, 그리고 희망

국제형사재판소는 국내 법원에서 범죄를 처리할 능력이나 의사가 없는 경우 제한적으로나마 관할권을 행사하여 사법정의를 실현하는 '최후의 보루last resort'이다. 전 세계 다수의 국가가 로마규정을 비준했지만, 미국과 러시아, 중국 등 몇몇 유엔안전보장이사회 상임이사국과 이스라엘, 사우디아라비아, 북한 등 인권침해를 저지르고 있는 여러 나라들은 이에 해당하지 않는다. 브룬디, 필리핀, 남아프리카공화국 등 일부 나라들은 국제형사재판소가 서구 편향적이라는 이유로 로마규정 비준을 철회하기도 했다(타당한 지적이긴 하다).[10] 따라서 국제형사재판소는 사법적 독립을 보장받기 어려운 정치적인 환경에 놓여 있으며, 본질적으로도 중립적인 기관이 아니라 정치적인 기관이다. 그래서 국제형법을 최대한 보수적으로, '논란을 최소화하는 방향으로' 적용하려는 모습을 보였고, 범죄 입증이 정치적·기술적으로 어려운 전시 환경파괴를 정의의 저울에 올리지 않는 길을 선택했다.

하지만 최근 국제형사재판소 안에서 변화의 바람이 불고 있다. 국제형사재판소 검찰부는 2016년 9월 15일에 〈사건 선정 및 우선순위에 관한 정책백서Policy paper on case selection and prioritisation〉를 발표하면서 환경파괴, 불법 자연자원 착취 또는 불법 토지강탈 행위나 이러한 상황을 초래하는 전시 행위를 범죄 사건 조사에서 우선적으로 고려하겠다고 공언했다.[11] 로마규정 체제가 가지는 본질적인 한계가 있고, 아직 실질적인 행보를 보이지는 않았지만 적어도 그 안에서는 한 걸음 진전을 보였다고 평가할 만하다. 적어도 로마규정을 좀 더 녹색의 관점에서 바라보겠다는 약속이기 때문이다. 국제형사재판소 카림 칸Karim A. A. Khan 검사장은 2024년 12월에 새로운 환경범죄 수사 정책 초안을 발표하면서 비록 로마규정이 "인간중심적"이긴 하나 자연환경의 본질적 가치를 보호하기 위해 더욱 노력하겠다고 재차 밝혔다.

이러한 변화는 국경을 뛰어넘은 시민들의 연대활동이 없었다면 불가능했을 것이다. 지구생태계의 붕괴를 피부로 느끼면서 정의의 실현을 열망하는 시민들은 국제형사재판소가 실질적인 행동에 나서라고 촉구해왔다. 2014년부터 글로벌 딜리전스Global Diligence와 캄보디아 시민들은 국제인권연맹International Federation for Human Rights, 글로벌 위트니스Global Witness 등 인권단체와 협력하여 캄보디아의 '지배계급'이 불법으로 저지르고 있는 토지강탈 행위를 조사해달라고 국제형사재판소에 촉구했다. 2021년에 국제형사재판소에 보낸 서한에서 이들은 "캄보디아 상황은 국제형사재판소가 인류가 직면한 기후 및 환경 비상사태라는 가장 중대한 위협에 대응할 수 있는 기회"이며, 캄보디아를 비롯해 여러 나라에서 일어나고 있는 토지강탈은 폭력적이고 강제적인 추방, 구타, 살인, 토지 보호인들의 불법 구금뿐만 아니라 "불법 자원 착취, 선주민 억압, 환경파괴"를 초래하고, 이러한 행위들은 "인도에 반하는 범죄에 해당"한다고 주장했다.[12] 이들은 '에코사이드'라는 용어를 사용하지는 않았지만, 식민지배 시절부터 지속적으로 이어져온 환경파괴와 토지수탈이 오늘날 자연과 인간에게 가해진 폭력의 근본적인 원인임을 지적하고 있다.

브라질에서도 자이르 보우소나루 전 대통령을 국제형사재판소로 데려가 그가 재임 시절 저지른 무차별적인 아마존 파괴와 고의적인 선주민 집단살해에 대한 법적 책임을 물으려는 시도가 진행 중이다. 아른스위원회Arns Commission 등 브라질 인권단체들은 국제형사재판소에 보우소나루를 아마존 보호 구역에 사는 선주민들에 대한 탈법적 살해extrajudicial killing를 묵인하고, 불법 광산 채굴을 장려하는 등 중대한 환경파괴를 저지른 혐의로 두 차례나 고발했다. 2019년에는 선주민 집단학살, 2021년에는 인도에 반하는 죄를 저질렀다는 취지였다.[13]

환경파괴처럼 지구의 모든 생명이 의존하고 있는 삶의 토대를 복구가 불가능할 정도로 무너뜨리는 행위를 방지하기 위해서는 국제형사재판소에 대한 여러 개혁이 필요하다.

정의 실현을 열망하는 사람들에게 현재 국제형사재판소는 '그림의 떡'과 같은 기관에 불과할 수 있기 때문이다. 여기에는 로마규정이 가지는 구조적인 한계를 비롯해 여러 이유가 있는데, 필자가 국제 에코사이드 처벌운동에 참여하면서 질문받았던 국제형사재판소가 직면한 세 가지 도전 과제를 중점적으로 짚어보자.

첫째, 국제형사재판소는 로마규정 제25조 1항에 따라 '자연인natural person', 즉 '법률상 생물학적 육체를 가진 인간' 외에 회사, 학교, 종교단체, 비영리단체 등 법인격을 가진 개체 legal person를 재판할 권한이 없다.[14] 앞으로 베트남전쟁과 비슷한 전시 환경파괴가 발생하더라도, 지금으로서는 국제형사재판소가 화학물질을 군대에 제공한 기업들에 법적 책임을 묻기 어렵다는 뜻이다. 그래서 국제형사재판소는 '자연인'에 해당하는 개인들, 주로 국제범죄를 지시한 정부와 군대의 수뇌부들을 주로 처벌해왔다. 만약 이들이 로마규정 위반 혐의에 대해 유죄판결을 받더라도 전쟁에서 막대한 이윤을 창출하는 기업은 윤리적인 비난을 받을지언정 법에 구속되지는 않는다. 그렇게 전쟁이 끝나고 기업 구성원 몇 명이 감옥에 가면 아무 일도 없었다는 듯 기업들은 다른 곳에 무기를 팔 것이다(지금처럼).

둘째, 국제형사재판소는 국제사회가 용납할 수 없는 '가장 심각한' 행위들을 선별하여 다루려는 조직적 관성이 있는데, 이에 따르면 전쟁범죄나 집단살해, 인도에 반하는 죄에 해당하는 가장 '충격적이고' '극심한' 환경파괴 사례들만 다룰 가능성이 크다. 사건의 무거움을 따지는 과정에서 고통이 위계화되고, 차별적인 대우가 발생할 수 있다는 뜻이다. 이럴 경우 우리는 '도대체 여의도 몇 배만큼의 환경을 파괴해야 국제범죄가 될까?', '거의 모든 사람과 동물이 죽어야 국제범죄가 되나?'라는 질문과 마주하게 되는 것이다. 이러한 차등 대우는 과연 정당한가? 그렇다면 누구의 관점에서 판단이 이루어져야 할까?

셋째, 이 맥락에서 국제형사재판소는 끊임없이 서구 편향적인 기관이라는 비난을 받아왔다. 국제형사재판소의 예비조사 또는 조사 대상에 오른 나라들은 조지아를 제외하면 전부 글로벌 남반구에 위치한 나라이기 때문이다. 국제형사재판소가 국제범죄 혐의에 대해 유죄판결을 내린 사람들은 아프리카 국가 출신이 절대다수여서, "아프리카 전문 국제형사재판소"라는 조롱도 받는다.[15] 정작 미국, 러시아, 중국, 이스라엘 등 세계 곳곳에서 심각한 인권침해와 잔혹 행위를 저지르고 있는 나라들은 로마규정을 비준하지 않았다는 이유로 국제법상 그 어떤 조사나 처벌을 받지 않는다. 이러한 비판은 국제형사재판소의 관할권을 더 확대해야 한다는 뜻으로 해석할 수도 있고, 그 반대일 수도 있다. 앞서 언급했던 남아프리카공화국을 비롯해 수단, 부룬디 등 몇몇 아프리카 국가들은 국제형사재판소의 편파성을 이유로 아프리카 차원에서 로마규정 비준 철회를 촉구하기도 했다. 하지만 오히려 모든 국가가 동등하게 법의 심판을 받도록 세상을 바꾸는 게 더 정의롭지 않을까?

국제형사재판소의 한계를 보충하면서 정의를 실현하려는 노력도 있다. 몇몇 나라는 '보편적 관할권universal jurisdiction'을 행사하여 로마규정을 비준하지 않은 나라들의 정치인들까지도 자국 내 법정에 세우려는 실험적인 시도를 한 바 있다. 중대한 국제범죄를 저지른 자들은 국경에 구애받지 않고 법으로 처벌하여 정의의 질서를 세워야 한다는 취지였다. 예를 들어 벨기에는 이라크 침공을 결정한 미국 조지 부시 대통령을 기소하려고 시도했으며(미국 압박으로 실패), 스페인은 1970년대부터 1980년대 사이 아르헨티나 군부독재정권이 저지른 인권침해 행위를 국내법으로 처벌했다.[16] 아르헨티나 법원은 스페인 독재정권이 저지른 인권침해를 비롯해 중국 파룬궁法輪功 탄압,[17] 미얀마 로힝야 인종청소 사건 등에 대해 보편적 관할권을 적용해 재판을 이어가고 있다.

2.

기업 권력에 맞선 에코사이드 저항운동

디프워터호라이즌 사고가 일으킨 에코사이드 논의

'디프워터호라이즌Deep Water Horizon' 폭발 사건은 화석연료와 맹목적인 과학기술에 의존하고 있는 인류에게 경종을 울린 대형재난이다. 2010년 4월 20일 미국 멕시코만에서 영국 BP 사가 운영하고 있던 디프워터호라이즌 석유시추선(한국 회사 HD현대[당시 현대중공업]가 만들었다)이 폭발했다. 이전에도 디프워터호라이즌은 몇 차례 사고가 있었는데, 이날 사고로 엔진이 터져버려서 걷잡을 수 없는 대재앙이 시작되었다. 엔진 폭발과 함께 불기둥이 치솟았고, 4월 22일 시추선이 아예 바닷속으로 가라앉았다. 시추선 침몰은 더 큰 재앙의 서막이었는데, 시추선에 연결된 송유관이 부러지면서 해저에서 채굴하던 원유가 마구 뿜어져 나왔기 때문이다. 사고 결과 5개월 동안 7억 7000리터의 원유가 바다를 오염시켰고, 11명이 사망 또는 실종되었다. 또한 사고로 유출된 기름으로 해양 조류 8만 마리, 포유류 2만 6000마리 이상이 죽었다.[1]

디프워터호라이즌 사고가 초래한 장기적인 환경 피해는 여전히 진행 중이고, 우리가 가진 지식을 모두 동원하더라도 장기적인 피해 규모를 정확히 추산할 수 없다. 특히 인간의 발길이 닿기 어려운 심해에서 사고 직후 어떤 일이 벌어졌는지 알 길이 없는 상황이다. 이런 비교를 달가워하지는 않지만, 디프워터호라이즌 사고는 나이지리아 니제르강 원유 유출 사고, 미국 레이크뷰 분유정 사건, 걸프전쟁에 이어 역사적으로 4번째로 규모가 큰 원유 유출 사고이다. 그러나 대형 사고 발생 가능성을 인지하고 있었음에도 석유 채굴을 계속하도록 지시했으며, 사고가 났을 때 은폐에 나섰던 BP사 경영진들은 아무런 형사처벌을 받지 않았다. 그래서 이 사고는 아무리 기술이 발달해도 인간은 환경 대재앙을 막을 수 없다는 점과 현재의 법체계 안에서 부자들은 환경파괴에 대한 책임을 피할 수 있다는 점을 보여준 나쁜 선례로 남았다.

환경법 변호사 폴리 히긴스Polly Higgins는 디프워터호라이즌 사고가 여러 측면에서 기술사회의 오만함과 도덕적 해이를 보여주고, 에코사이드를 일으키는 주범들이 책임을 회피할

3부. 에코사이드 어떻게 처벌해야 할까

수 있는 경계지대에서 일어났다고 지적한다.[2] 디프워터호라이즌 사고는 나쁜 우연이 겹친 재앙이 아니라, 기술의 위험을 떠안고 사는 인류에게 언제 어디서든지 '일어날지 모르는' 필연적인 사건이었다. 히긴스가 보기에 이 재앙의 근본적인 원인은 기술에 대한 맹신을 앞세워 인간과 자연에 대한 책임을 저버려도 되는 기업문화에 있다.

그래서 히긴스는 오늘날 지구의 파괴에 앞장서고 있는 기업들, 특히 다국적기업이 지구 곳곳에서 폭력을 마음대로 휘두르지 못하도록 사회적 통제가 필요하다고 강변했다. 기업들의 환경파괴 행위는 사전에 방지하는 것이 가장 중요하지만, 이미 벌어진 환경파괴에 대해서는 피해에 상응하는 책임과 처벌이 따라야 한다는 것이다. 이러한 통제 수단은 환경파괴의 근본적인 원인 제거를 목적으로 한다. 예를 들면 '오염자부담원칙'에 따라 오염을 허용할 게 아니라, '오염금지원칙polluter no longer pollutes'이 사고와 행위의 기준점으로 통하는 세상을 만들자는 주장이다. 전자는 기업이 오염정화 및 복구 비용을 지불해야 한다는 경제적 원칙이지만, 후자는 그 행위 자체를 원천적으로 금지하는 환경윤리적 원칙이다. 히긴스는 더 나아가 파괴된 생태계를 복구하기 위해 지금과는 다른 법과 통치구조를 만들어야 한다고 촉구한다.

그 사유의 결과로 사법의 '정의로운 전환'을 위해 국제형법을 활용하여 기업의 에코사이드를 범죄로 규정하는 방안을 제안했다.[3] "형법은 최고경영자가 회사의 주주들에게 이윤 창출을 보장하기 위해 수행해야 하는 모든 의무에 앞서서 추가적인 의무를 강제"할 수 있기 때문이다.[4] 히긴스는 국제형사재판소 로마규정을 개정하여 "특정 영토에서 인간의 행위 또는 다른 원인에 의하여 생태계에 막대한 피해, 파괴 또는 훼손이 발생한 결과 해당 영토에 거주하는 사람들이 평화로운 삶을 향유할 수 없는 상태"를 에코사이드로 처벌해야 한다고 주장했다.[5]

지금 당장 전 지구적으로 일어나고 있는 에코사이드를 멈추지 않으면 희소한 자원을 둘러싼 전쟁과 폭력이 심각해진다는 우려가 히긴스의 사유를 이끌었다. 히긴스가 경험적으로 증명되지 않았을 뿐만 아니라 인종차별적인 전제에서 만들어진 '자원전쟁론resource war'[6]을 생각의 출발점으로 삼아 에코사이드 처벌을 주장하는 점은 아쉽게 생각한다. 그럼에도 지구를 황폐하게 만드는 생산과 파괴의 쳇바퀴를 돌려서 이득을 보는 정치인들과 기업 경영진들이 법과 정치 과정을 교묘하게 남용하고 있다는 점은 명확하다. 오늘날 민주정치의 제도가 무너지고, 나라를 가리지 않고 '도둑정치kleptocracy'가 벌어지는 상황에 제동을 걸고 사회적·생태적으로 안전하고 정의로운 세상을 지키기 위해 에코사이드 처벌법 도입은 매우 시급한 사회적 과제이다. 다음은 히긴스의 메시지이다.

에코사이드를 막기 위해서는 급진적이고 용감한 결정을 내려야 한다. …… 우리는 말 그대로 우리가 만들어낸 파괴의 전차가 멈추지 않고 질주하는 경로를 바꿔야 한다. 단지 제동을 거는 수준에서는 현실이 달라지지 않는다. 이 전차는 통제 불가능해진 거대한 힘으로 움직이고 있기 때문이다. 전차를 멈추려면 밖에서는 전차의 경로를 바꾸는 용기가, 안에서는 비상 정차 버튼을 누르는 용기가 필요하다. 두 가지 모두 빠르고 능숙하게 해낸다면, 전차가 급하게 멈추더라도 피해는 아주 적을 것이다.[7]

안타깝게도 히긴스는 2019년에 폐암으로 세상을 떠났지만, 조조 메타를 비롯해 히긴스의 뜻에 공감했던 사람들은 에코사이드 처벌을 위한 로마규정 개정운동을 이어가고 있다. 스톱에코사이드인터내셔널Stop Ecocide International(이하 'SEI')은 2017년에 폴리 히긴스와 조조 메타가 주도해 설립한 국제 환경운동단체이다. SEI는 현재 한국, 브라질, 스웨덴, 튀니지 등 46개 나라에 네트워크 형태로 지부를 두고서 로마규정 개정을 통한 에코사이드 처벌과 각 나라의 국내법상 에코사이드 처벌 캠페인을 전개하고 있다(동아시아에서는 한국에만 지부가 있다). 물론 SEI 외에도 해밀턴 그룹Hamilton Group 등 에코사이드 처벌을 주장하는 사람들과 단체들이 있다는 점을 밝혀 둔다.

SEI는 독립전문가위원회를 꾸려서 국제형사재판소 당사국 총회에 제출하기 위한 에코사이드 처벌 법률안을 논의해왔다. 조조 메타에 따르면 이 숙의 과정에 전 세계에서 60명이 넘는 법률가들은 물론 많은 선주민 권리운동단체, 인권단체, 환경단체가 자문으로 참여했다고 한다. 이 활동은 2021년 6월에 독립전문가위원회가 〈에코사이드 법률안 핵심 내용 및 해설서〉를 발표하면서 결실을 봤다. 법률안은 "자연환경에 심각하고, 광범위하거나 장기적인 피해를 끼칠 수 있다는 실질적인 가능성을 인식한 상태에서 저지른 불법 또는 무분별한 행위"를 에코사이드로 규정했다. 자세한 범죄행위 성립요건에 대해서는 다음과 같이 정의한다.[8]

a. "무분별한wanton"이란 예상되는 사회적 및 경제적 편익에 비해 명백히 과도하게 발생한 피해에 대한 부주의한 경시reckless disregard를 의미한다.

b. "심각한severe"이란 인간 생명 또는 자연, 문화 또는 경제적 자원에 미치는 심각한 영향을 포함하여 환경의 구성요소에 피해를 초래하는 매우 중대한 부정적인 변화, 붕괴 또는 위

해를 의미한다.

c. "광범위한widespread"이란 한정적인 지리적 영역을 넘어 국경을 초월하거나, 생태계 전체 또는 종 전체 또는 상당수의 인간에게 고통을 일으키는 피해를 의미한다.

d. "장기적long-term"이란 돌이킬 수 없거나 적정한 기간 reasonable period of time 동안 자연적인 회복을 통한 복구가 불가능한 피해를 의미한다.

e. "환경environment"이란 지구, 생물권, 설빙권cryosphere, 지권 lithosphere, 수권hydrosphere, 대기권 및 외기권outer space을 포함한다.

SEI는 이 법률안으로 현재 에코사이드 처벌법을 제정하고 있는 나라들과 함께 국제형사재판소 회원국 총회에서 로마규정 개정을 위한 활발한 로비 활동을 하고 있다. 최대한 많은 국가의 지지를 받기 위해서 '지속가능한 발전 개념을 토대로 사회적 및 경제적 편익과 균형을 이루는 환경 위해에 대해서는 처벌하지 않아야 한다'는 부칙도 제안하고 있다.[9] 그리하여 2024년 9월 9일 바누아투가 SEI의 제안서를 바탕으로 피지와 사모아, 콩고민주공화국의 공동지지를 받아 에코사이드를 5번째 국제범죄로 규정한 로마규정 개정안을 국제형사재판소 수정안 작업반Working Group on Amendaments에 공식 제출했다! 국제형사재판소 회원국 사이에서 침략범죄에 대한 정의를 합의하기까지 10년 넘게 걸렸다는 점에서[10] 로마규정 개정 여부에 대한 논의는 더 시간이 오래 걸릴 것으로 예상하지만, 에코사이드에 대한 사회적 관심을 환기할 뿐만 아니라 그동안 국제정치에서 주변부에 머무르던 나라들이 법 개정에 주도적인 역할을 하고 있다는 의의가 있다.

그렇다면 지금까지 어떤 나라들이 에코사이드 처벌법을 제정하고, 로마규정 개정을 지지하고 있는지, 그리고 어떤 나라들이 침묵 또는 방관하고 있는지, 그리고 한국은 어느 집단에 속하는지 알아보자.

SEI에 따르면 2024년 9월 기준 지금까지 15개 국가와 1개의 지역기구(유럽연합)가 국내 형법에 에코사이드 처벌 조항을 명시했고, 7개 국가가 국회에서 법률 제정을 논의 중이다. 그 외에도 국회에 법안이 제출되지는 않았으나, 에코사이드 처벌법의 필요성이 제기되고 있는 나라가 약 20개국 정도다.[11] 유럽, 아프리카, 라틴아메리카에 있는 여러 지역 기구들이 에코사이드 처벌법에 대한 지지를 보내고 있는 만큼, 앞으로 에코사이드를 범죄로 처벌하는 나라는 점점 증가할 것으로 예상된다. 이 관점을 통해 에코사이드 처벌법을 둘러싼 네 가지 국제적인 흐름을 포착할 수 있다. ① 에코사이드를 범죄로 규정했으나 실제 처벌 사례가 거의 없는 옛 사회주의권 국가들, ② 환경법의 생태적 전환을 추구하는 라틴아메리카 국가들, ③ 환경범죄 대응 강화를 추진하지만 '공허한 외침'에 그칠 수 있는 서구 자본주의 국가들, ④ 반대자와 방관자 집단이다. 이들 국가를 하나하나 열거하기보다는 이들이 에코사이드 처벌법을 도입 또는 반대하는 사회적 맥락과 이러한 결정이 가지는 의의 및 한계를 살펴본다.

옛 사회주의 국가들이 내디딘 첫걸음

오늘날 형법전에서 에코사이드를 범죄로 처벌하는 15개 국가 중 10개국은 구소련 국가들과 베트남이다. 1991년 소련이 붕괴한 후 1990년대 후반부터 2000년대 초반 사이 구소련 국가들은 자체적으로 법률을 정비하는 과정에서 순차적으로 에코사이드 처벌 규정을 마련했다. 러시아(1996), 카자흐스탄·키르기스스탄(1997), 타지키스탄(1998), 벨라루스·조지아(1999), 우크라이나(2001), 몰도바(2002), 아르메니아(2003) 순이다. 에코사이드의 정의와 처벌 수위에서 약간씩 차이가 있지만, 구소련 국가들은 공통적으로 에코사이드를 "광범위한 동물 또는 식물 서식지 파괴, 대기 또는 수자원 오염, 기타 생태적 재앙을 초래할 수 있는 행위"로 정의하며, 자유형에 처한다.[12]

국제형사재판소 로마규정이 1998년에 채택되었고, 그 효력은 2002년부터 발생했다는 점을 생각할 때 옛 사회주의

권 국가들의 에코사이드 처벌법 도입은 다른 나라들에 비해 상당히 빨랐다. 또한 이 나라들이 도입한 조항은 '전시'와 '평시'에 발생한 에코사이드에 대해 모두 적용할 수 있다. 어떤 법학자들은 적어도 이론적으로는 국제평화의 이름으로 이 법률 조항을 활용해서 이 나라들이 보편적 관할권을 행사할 수 있다고 본다.[13] 예를 들어 우크라이나는 국제형사재판소 회원국이 아닌 미국이나 중국, 러시아, 이스라엘, 북한 같은 나라가 저지른 에코사이드를 우크라이나 법정에서 재판할 수 있는 것이다. 한편 베트남도 1999년 형법전에 에코사이드를 '인류에 반하는 범죄' 중 하나로 규정하고 있다.

그렇다면 이 나라들이 에코사이드 처벌법을 도입한 지 거의 25년이 되었는데, 실제 상황은 어떨까? 러시아와 우크라이나는 현재 진행 중인 전쟁 전후로 서로가 상대에게 저지른 환경파괴 행위를 에코사이드로 조사하고 있다. 우크라이나 검찰은 러시아가 우크라이나 영토 안에서 저지른 환경파괴 행위 중 최소 11건을 에코사이드 혐의로 조사하고 있으며, 러시아는 우크라이나가 댐을 건설해서 크름반도로 향하는 강의 흐름을 막아버렸다며 에코사이드 혐의를 제기했다. 한편 키르기스스탄에서는 2012년에 국경을 넘어 불법으로 핵폐기물을 밀수한 기업이 에코사이드 혐의로 기소되었으나, 증거 부족으로 풀려났다. 그 밖의 나라에서는 에코사이드 혐의로 기소되거나 처벌된 사례를 확인할 수 없었다. 이들 국가들은 국제사회에서 적극적으로 에코사이드 처벌을 지지하는 목소리를 내지도 않아서, 국내법상 에코사이드 처벌 조항은 사실상 '사문화'된 게 아닌지 의심하게 된다.

자연과 인간의 공생을 위한 도전?

아직 소수이지만 좀 더 생태적/탈인간중심적인 관점에서 에코사이드 처벌법을 도입하려는 나라들도 있다. 에콰도르와 칠레, 브라질이 대표주자이다. 에콰도르는 2008년에 헌법을 개정하면서 '자연의 권리'를 인정했다. 국민 다수가 민주적인 절차를 통해 "생명이 재창조되고 존재하는 곳인 자연 또는 파차마마Pachamama(대지를 관장하는 여신)는 존재와 생명의 순환과 구조, 기능 및 진화 과정을 유지하고 재생을 존중받을 불가결한 권리를 가진다"고 결정한 것이다. 에콰도르에서는 자연의 권리가 단지 선언에 그치지 않고, 법적 소송이나 환경 의사결정에서 실체적 권리로 인정받고 있다. 2011년 에콰도르 법원은 적법한 절차를 따르지 않고 폐기물을 하천에 투기한 지방정부에 자연의 권리를 인용하면서 원상복구를 명령했다.[14] 에콰도르는 형법에 명확하게 에코사이드를 언급하고 있지 않지만, 인간뿐만 아니라 자연환경 또는 파차마마의 권리를 침해하는 다양한 행위를 범죄로 규정하고 있다.

헌법 개정을 통해 자연의 권리를 인정하려는 칠레도 비슷한 법을 가지고 있다. 에코사이드를 언급하고 있지는 않지만, 칠레 형법은 '자연에 반하는 범죄'를 '기업 및 경제 범죄'로 규정하면서 처벌 조항뿐만 아니라 자연생태계의 파괴 방지를 위해 기업들의 적극적인 의무를 강제하고 있다. '지구의 허파' 아마존의 대부분이 자국 내 경계에 있는 브라질은 2023년 11월에부터 국회에서 에코사이드 처벌법 제정 논의가 진행 중이다. 법률의 내용은 다른 나라와 비슷하지만, 기존 신고-허가 중심 환경법이 환경보호 목적을 달성하지 못했다는 점을 반성하면서 열대 초원 지대인 세하두와 아마존 지역에서 여러 불법 행위를 저지르고 있는 채굴산업과 농업을 규제하고, 선주민의 삶과 권리보호 맥락에서 에코사이드를 처벌하려는 특징이 있다.

한편 바누아투, 투발루, 통가, 피치, 니우에, 솔로몬제도로 이루어진 6개의 태평양 군소 도서 국가들은 2023년에 '화석연료로부터 자유로운 태평양'으로 정의로운 전환을 선언하면서 선주민 및 자연의 권리 인정과 국제적인 에코사이드 처벌법을 옹호한다. 이 나라들은 전 지구적인 환경변화에 가장 적게 기여하는 집단이지만, 정작 기후변화로 인한 해수면 상승과 해양오염으로 생존을 심각하게 위협받고 있다. 그

3부. 에코사이드 어떻게 처벌해야 할까

래서 부자 나라들과 기업의 기만적인 약속에 지친 국제사회 차원에서 법적 구속력이 있는 환경보호 조치를 촉구하고 있다. 두 번째 집단에 속하는 나라들은 국제형사재판소 회원국이기도 해서, 에코사이드 처벌을 위한 로마규정 개정 논의를 생태적인 관점에서 이끌어가려고 노력 중이다.

우리들의 일그러진 영웅? 서구 자본주의 국가들

나는 이 책 1부 마지막 장에서 전 지구적인 에코사이드를 일으키는 주범들로 서구 자본주의 국가들과 기업들을 지목했다. 이 중 최근 유럽, 특히 유럽연합 회원국이 에코사이드를 처벌하는 방향으로 움직이기 시작했다. 가장 발 빠른 나라는 프랑스다. 프랑스 마크롱 정부는 150명의 시민으로 구성된 '2019 기후시민의회'에서 제출한 권고를 수용하여 2021년에 '기후 및 회복력 강화법'[15]을 제정했다. 당초 권고에는 지구적 한계를 초과하는 묵과할 수 없는 환경파괴 행위를 에코사이드로 처벌해야 한다는 내용이 담겼는데, 입법 과정에서 이 내용이 빠지고 대신 에코사이드를 초래할 의도를 가지고 저지른 환경오염과 불법 폐기물 투기에 관한 가중처벌 조항이 생겼다. 시민사회는 프랑스 정부가 환경보호를 위해 획기적으로 법을 고칠 기회를 내다 버렸다고 비판했다.[16]

한편 2020년 유럽연합의 행정부에 해당하는 유럽집행

위원회는 유럽연합 '환경범죄지침EU Environmental Crime Directive'(이하 'EU ECD')[17]의 집행 상황 점검에 나섰다. 국경을 초월한 환경범죄가 유럽연합 회원국들에 막대한 경제적 손실을 초래하고 있는데도, 회원국마다 환경범죄 대응 상황에 현저한 차이가 있다는 문제의식이 깔려 있었다. 점검 결과 더욱 강력한 환경범죄 처벌 지침이 필요하다는 결론이 나왔고, 이에 2023년 11월 유럽이사회European Council는 환경범죄 유형을 기존 9개에서 20개로 늘리고, 처벌을 강화하는 조항 도입을 합의했다. 새로운 범죄로는 외래침입종 수입, 수자원 고갈, 불법 벌채, 불법 폐기물 수거 및 거래, 환경영향평가지침[18] 위반 행위 등이 있다.

2024년 2월 27일 유럽의회에서 EU ECD 개정안이 찬성 499표, 반대 100표, 기권 23표로 통과되었고, 3월 26일 유럽연합각료이사회Council of European Union에서 최종 승인되었다.[19] 신규 지침은 비록 에코사이드를 명확히 규정하고 있지는 않지만, '에코사이드에 준하는comparable to ecocide' 중대한 환경파괴 행위는 더욱 강력하게 처벌하도록 주문하고 있으며, 기업의 의사결정을 좌지우지하는 경영진에게 환경보호 의무를 더 강하게 부과한다. 다만 초국경 환경범죄 대응을 위해 유럽검찰청 내에 환경범죄 전담부서를 설립하려던 시도는 유럽이사회의 반대로 좌절되었다는 한계가 있다. 이 지침은 '역차별'을 방지하기 위해서 유럽연합 회원국에 소재한 기업들뿐만 아니라 유럽연합 단일 시장에 진입하려는 외국 기업들에도 적용될 예정이다. 한편 벨기에에서는 생태당(Ecolo) 등 녹색 정치인들의 노력 끝에 2024년 2월 23일 에코사이드 처벌 조항을 담은 형법 개정안이 국회를 통과했다.

극우세력의 반대 속에서 이루어진 EU ECD 개정은 더 이상 자유로운 기업활동을 이유로 환경파괴를 묵인해서는 안 된다는 메시지를 담고 있다. 다만 EU ECD에도 몇 가지 중대한 허점이 있다. 첫째, '불법' 행위만 규제하기 때문에 대규모 환경파괴가 '합법적인' 경우 처벌이 어렵다. 예를 들어 화석연료발전으로 인한 온실가스 배출은 '불법 폐기물 투기' 범죄에 해당하지 않는다. 심지어 유럽연합 집행부는 폴란드 등 동유럽에서 석탄화력발전을 '정의로운 전환(just transition)' 프로그램 일부로 삼고 보조금을 지원하고 있다.[20] 적법 절차를 거친 환경오염은, 특히 환경을 파괴할 의도를 입증하기 어렵기 때문에 범죄로 다뤄지지 않는다. 무기실험 및 거래 등 군대의 활동은 아예 EU ECD가 다룰 수 있는 영역으로 고려되지 않는다. 결국 오염금지원칙을 현실화하기보다는 '나쁜' 오염을 선별하겠다는 자기만족적 사고방식에 갇힐 수 있다. 모든 '불법' 환경오염 행위를 전부 단속하더라도 자연생태계 붕괴를 멈출 수 없게 된다.

둘째, 유럽연합은 스스로 국제 환경정책의 모범으로 홍보해왔고, EU ECD 개정도 그 맥락에서 성공적이라고 자평한다. 한국에서도 유럽연합의 '선구적인' 조치를 부러워하는 사람들이 있다. 하지만 역사적으로 유럽 대륙 안팎에서 유럽 국가와 기업들이 저지른 '불법' 환경파괴 행위에 대한 책임은 EU ECD에 언급이 없을뿐더러 후속 논의도 찾아보기 어렵다. EU ECD는 로마규정과 마찬가지로 법률불소급의 원칙[21]에 따라 과거에 발생한 환경파괴를 처벌할 수 없다. 따라서 환경파괴가 인류가 직면한 중대한 위험이라고 말하면서, 환경위기를 일으킨 과거 잔학 행위에 대한 반성은 빠진 자기모순에 가깝다. 더 나아가 유럽 나라들이 도입한 에코사이드 처벌법에는 평화와 안보에 대한 언급을 찾아보기 어렵다(벨기에의 법에서만 구분 차원에서 전시와 평시가 언급된다). 만약 에코사이드가 인류의 평화와 안보에 반하는 범죄라면, 유럽의 역사적 책임 문제를 피할 수 없기 때문은 아닐까 의심이 든다(그리고 국가가 관리하는 환경자원을 훼손하는 행위로만 환경범죄를 다루기 때문이기도 하다).

이처럼 자기반성 없는 환경범죄 처벌은 다른 나라들의 '탄소중립'이나 '유지 가능한 발전'을 촉진한다는 미명으로 유럽이 주도하는 '녹색기술 협력'(이라고 쓰고 녹색식민주의라고 읽는) 앞에서 유명무실해질 수밖에 없다.

그렇다면 유럽연합 회원국들을 포함해 지구가 이렇게 망가진 데 큰 책임이 있는 유럽이 진정으로 윤리적·정치적 책임을 다하려면 무엇을 해야 할까? 유럽연합은 '역사적 생태계 붕괴에 대한 책임 지침' 같은 정책을 도입하여 식민 배상과 수탈한 토지의 반환, 기업의 환경배상기금 강제, 탈성장으로의 전환 등 포괄적인 자기제한self-limiting 조처를 해야 한다.

방관자와 반대자들

방관자들은 로마규정을 비준한 국제형사재판소 회원국 중 정부 차원에서 에코사이드 처벌에 대한 어떤 입장도 명확히 내놓지 않은 나라들을 일컫는다. 각종 개발사업에 열중하고 있는 아프리카 나라들과 국제적인 반대에도 후쿠시마 오염수를 태평양에 퍼붓고 있는 일본, '녹색성장'을 내세워 국내외에서 각종 오염산업에 투자하고 있는 한국도 지금으로서는 방관자 집단에 포함된다. 구체적인 이유를 살펴보려면 면밀한 조사가 필요하겠지만, 그동안 아프리카 나라들은 빈곤 퇴치를 위한 발전의 필요성을 '환경 책임의 유예' 근거로 주장해왔다. 일본이나 한국처럼 선진국 대열에 올라선, 즉 지구생태계에 엄청난 부담을 얹고 있는 나라들은 자신들에게 제기될 환경 책임이 두려워 침묵하고 있는 것으로 보인다.

한국에서는 2024년 제22대 국회의원 선거에 나선 녹색

정의당이 에코사이드 처벌법을 공론화하기 위해 '생태학살 처벌특별법'을 비롯해 자연의 권리를 보장하는 법률 제정을 공약했다. 안타깝게도 이번 선거에서는 원내에 진입하지 못했지만, 적어도 생태학살을 한국사회에 화두로 삼았다는 의미가 있다.[22]

반대자들은 좀 더 찾기 쉬운데, 국제형사재판소 가입을 거부하고 있는 미국, 이스라엘, 러시아, 중국, 북한 등을 포함할 수 있다. 이들 나라는 에코사이드 처벌 찬반보다 국제형사재판소의 관할권 자체를 부인한다는 점에서 반대 견해를 내세운다고 볼 수 있지만, 국제정치 지형이 자신들에게 불리하게 돌아가지 않도록 얼마든지 국제사회에서 에코사이드 처벌 논의를 방해할 가능성이 있다. 강 건너 불구경하는 방관자들 역시 반대자들과 결과적으로는 같은 배를 타고 있다.

국제법상 에코사이드 처벌에 대한 토론

좋은 취지를 품고 있지만 국제법상 에코사이드 처벌은 그리 간단한 일이 아니다. 앞서 봤듯이 이미 전쟁범죄 맥락에서 환경범죄를 처벌할 수 있는 조항이 있음에도 국제형사재판소는 여러 절차상 어려움과 정치적 압박 속에서 단 한 건의 환경파괴 사례도 법의 심판대에 올릴 수가 없었다. 그리고 보다시피 에코사이드 처벌법 제정이 능사도 아니다. 오늘날 지구생태계 붕괴의 주요한 원인임에도 법률 제정 이전에 발생한 과거 잔혹 행위에는 적용하기 어렵기 때문이다. 그렇다면 국제법으로든, 국내법으로든 복잡하고 지난한 과정을 거쳐서 에코사이드 처벌법을 만드는 게 어떤 의미가 있을까? 또한 에코사이드 처벌법을 어떤 방식으로 활용하면 좋을까? 잠시 이 질문들에 대한 답을 탐구해보자.

로마규정 개정을 통한 에코사이드 처벌에 대한 견해는 적극적 지지, 비판적 지지, 회의론 이렇게 3가지로 분류할 수 있다. 먼저 적극적 지지층은 국제형사재판소에 각종 비판과 한계가 있긴 하지만 일단 로마규정을 개정해서 에코사이드 처벌 근거를 마련해야 한다고 생각한다. 비판적 지지층은 취지에는 공감하지만, 현재 SEI가 주도하고 있는 캠페인은 개선할 필요가 있다고 주장한다. 회의론자들은 에코사이드 처벌을 반대하기보다는 국제형사재판소 및 형법을 활용한 에코사이드에는 대응할 수 없거나 부적절하다고 본다. 〈표 1〉에 에코사이드 처벌법을 두고 의견이 갈리는 지점을 간단히 정리해봤다.

SEI는 적극적 지지 여론을 형성하고 있는 단체이다. 이들은 국제형사재판소의 권한을 확대해서 환경파괴를 처벌하기 위한 목적도 있지만, 국제법의 변화가 국내법에 불러올 파급 효과와 사회적 인식의 전환을 꾀할 수 있다고 기대한

⟨표 1⟩ 국제형사재판소의 에코사이드 처벌에 대한 논쟁 지점

지지하는 입장(비판적 지지 포함)	회의적인 입장(유보 입장 포함)
• 특히 다국적기업들은 각 국가의 법을 초월하여 활동하기 때문에 국제적인 형사 제재가 필요함 • '엄격책임strict liability'* 원칙을 적용하여 책임을 강제해야 함 • 회의론자들이 제기하는 법률상 모호한 부분들은 추후 개선하면 됨 • 로마규정을 비준하지 않은 나라들로 인해 국제형사재판소의 효력에 한계가 있지만, 로마규정을 비준한 국가들이 전 세계 다수를 차지함 • 적어도 국제형사재판소 회원국의 영토 안에서는 에코사이드를 방지하고 처벌할 수 있음	• 근대법 원리상 국가는 국가 스스로 처벌하지 않아서 국가의 환경파괴를 범죄로 다루기 어려움 • 환경파괴의 범죄 의도 입증과 피해 규모 조사가 어려움 • 특정 전쟁 행위와 장기간에 걸쳐 발생하는 환경파괴의 인과관계 규명이 어려움 • 국제형사재판소는 기업과 같은 법인체나 사회조직이 아니라 개인을 처벌함 • 환경파괴는 형법이 아니라 기업의 자발적 변화를 유도할 정책 등을 통해 해결할 문제임 • SEI가 제시한 에코사이드 개념은 '인도에 반하는 죄'로 다룰 수 있음

*고의적인 의도나 과실 여부를 따지지 않고 피해를 일으킨 당사자에게 형사책임을 부과하는 원리이다.

다. 또한 국제사회의 총의가 에코사이드 처벌로 모아지고 있다는 점을 강조한다. 실제로 SEI는 적극적인 활동을 통해 종교, 기업, 노동조합, 법률가단체 등 다양한 사회적 집단으로부터 에코사이드 처벌법 제정에 대한 지지를 얻고 있다.[23] 최근 안토니오 구테흐스 유엔사무총장을 비롯해 환경과 인권 관련 유엔 특별보고관들도 국제법상 에코사이드 처벌을 통해 환경파괴를 멈춰야 한다고 촉구했다. 다만 이들의 주장은 전시 환경파괴에 초점을 맞추고 있어 기업의 환경파괴 책임을 묻고자 하는 SEI와는 사뭇 결이 다르긴 하다.

에코사이드 처벌을 통한 지구생태계 보호 취지는 분명 의미가 있으나, SEI를 비롯한 서구 법률가들과 환경단체들의 주장은 본질적으로 '승자의 정의'를 되풀이할 위험을 떠안고 있다. 세 가지 문제를 살펴보자. 첫째, SEI는 에코사이드 처벌을 통해 지구를 살릴 '역사적인 기회'를 강조하면서도 정작 에코사이드 처벌법 적용에는 극도로 유보적인 자세를 취한다. SEI가 제안하는 에코사이드 처벌법은 '유지 가능한 발전'에 부합하거나 '사회적 편익이 환경파괴보다 큰 경우'는 범죄가 아니라고 규정한다. 둘째, SEI는 어떤 환경파괴 행위가 에코사이드에 해당하는지, 그러니까 사회적 편익 대비 환경파괴가 '합리적인지' 여부는 국제형사재판소 재판관들이 판단할 문제라고 주장한다.

앞서 설명했듯이 로마규정은 그 어떤 경우에도 위반해서는 안 되는 강행 규범이라는 속성이 있다. 그런데 어떤 환경파괴가 '사회적 편익'이나 '유지 가능한 발전'에 부합하는지 따지기 시작하면 국제형사재판소는 정말 '누가 아무리 봐도 반박할 수 없을 정도로 심각한 대형사고' 정도만 처벌할 수 있게 된다. 디프워터호라이즌 사고처럼 재앙적인 환경 사고는 국내법으로도 처벌할 수 있다(하지 않을 뿐). 여러 방면에서 독립성을 위협받고 있는 국제형사재판소가 그런 사고를 다룬다고 해서 무엇이 획기적으로 달라질 수 있을까? 전쟁범죄 맥락에서 환경파괴 행위를 범죄로 다루기 어렵게 만드는 딜레마에 다시 직면하는 셈이다.

게다가 '사회적 편익'을 누가 결정할 것인가라는 질문에 '재판관'이라고 응답하는 논리는 사회적·경제적·정치적 조건 속에서 법의 해석이 이루어지는 맥락을 외면하고, 사법부의 '권위'에만 매몰되는 실수를 저지른다. 이러한 법률(만능)주의적legalist 접근은 법이 만들어지면 법조계 엘리트들이 알아서 자기 역할을 할 것이라는 안일한 인식에 빠질 수 있다.[24] 그동안 SEI 본부는 특정 사건을 에코사이드로 규정하기를 기피해왔다. 그 이유는 크게 두 가지인데, ① SEI는 판사들이 아니기 때문이고, ② 최대한 많은 국가의 정부에 접근하기 위해 '중립을 지키려'고 하기 때문이다. 에코사이드 처벌에 대해 비판적 지지 입장을 견지하는 사람들은 탈인간중심적 관점에서 로마규정의 평화와 안보 개념을 먼저 바꾸고, 에코사이드 개념을 수정해야 한다는 등 여러 대안적인 주장을 제시하고 있다.[25]

세 번째는 앞서 법률불소급 원칙 맥락에서 지적했듯 '역사적 책임'을 묻지 않는다는 점이다. 최근 SEI를 이끄는 지도부는 새로운 로고와 함께 운동단체의 성격보다는 외교단체로 활동해야 한다는 입장을 내부에 공유했다. 이는 그동안 특정 환경파괴 사례를 에코사이드로 규정하지 않으면서 에코사이드 처벌을 강조하는 이 단체의 기존 견해의 연장선인데, 로마규정 개정 투표권을 가진 나라들을 설득하기 위해서는 이들을 자극하면 안 된다는 취지다. 단체의 활동 방향에 대해 논할 것은 아니나, 이러한 태도를 취할 경우 오늘날 에코사이드가 일어나는 역사적·구조적 원인들—앞서 살펴봤던 자본주의, 제국주의와 식민주의, 해로운 남성성 등—을 외면하고, 그 결과 에코사이드에 가장 책임 있는, 그러나 이제는 '녹색' 옷을 걸치고 국제 환경정책의 선두주자를 자임하는 서구 국가들이 마음 편하게 에코사이드 처벌을 지지할 수 있는 면죄부를 제공한다. 법적 판결은 그물망처럼 연결되어 있는 여러 사회적 맥락을 판단하지 못한다. 예를 들어 환경오염이 발생하면, 그 오염의 수준이 언제부터 얼마나 허용치를 초과했는지 살펴보고 위법성을 따질 뿐 그러한 오염이 발생한 사회적 원인에 대해서는 판단하지 않는다. 만약 SEI의 뜻대로 법원에서 에코사이드 재판을 하더라도, 이대로라면 오염을 일으킨 몇몇 기업을 처벌하는 데 그칠 수밖에 없다.

한편 법학계를 중심으로 에코사이드 범죄화에 대한 회의론도 존재한다. '절차적' 회의론은 중대한 환경파괴가 국제사회의 평화와 안보를 위협하는 행위가 맞지만, 국제형사재판소가 직면한 여러 절차상 한계를 고려할 때 로마규정 개정보다는 우회적인 대안을 모색해야 한다는 입장이다. 로마규정 대신 차라리 국제형사재판소 피해자신탁기금Trust Fund for Victims을 활용해 환경파괴 피해자들을 지원하는 방식을 제안한다.[26] 다만 이 경우 로마규정에 따라 '전시' 환경파괴 피해자만 구제 대상의 지위를 인정받을 수 있다는 한계가 있다.

에코사이드 개념 자체의 한계를 비판하는 '본질적' 회의론자들은 히긴스가 제시한 에코사이드 처벌법을 포함하여 국제사회에서 논의되고 있는 에코사이드 처벌법은 '제노사이드'처럼 '국가 사이'의 평화와 안보를 유지하기 위해 가장 '극단적인' 환경파괴를 규제하려는 목적을 갖기 때문에, "국제법과 윤리의 유럽중심주의적이며, 자유주의적이고, 보편주의적인 성격을 재생산"한다고 비판한다.[27] 현재 국제법이 작동하고 있는 국민국가 질서(이른바 '베스트팔렌체제')가 서구 식민주의의 산물임에도 '극단적인' 환경파괴를 막기 위해 그 체제를 무비판적으로 수용할 위험이 있다는 지적이다.[28] "달리 말하면, 이러한 접근은 국가가 국제 에코사이드 처벌법의 지지를 받으면서 고착화된 지구생태계에 대한 식민주의적 및/또는 제국주의적 통제를 정당화하는 방식으로 환경보전을 밀어붙일 수 있는 새로운 여지를 제공한다."[29]

국제법상 에코사이드 처벌에 반대하는 입장은 자연인의 행위만 재판할 수 있는 로마규정의 (해결하기 어렵다고 보는) 절차적 한계를 지적한다.[30] 실제로 지금까지 국제형사재판소는 시민사회단체의 요구에도 로마규정에서 금지하고 있는 범죄에 연루된 기업들에 대한 조사조차 제대로 실시할 수 없었다. 또한 국제형사재판소가 서구 편향적인 정치기관이기 때문에 에코사이드 처벌법을 도입하더라도 '승자의 정의'를 재탕할 뿐이라는 지적도 있다. 앞서 국제형사재판소가 아프리카 나라들에만 편향적으로 로마규정을 집행한 사례나, 1945년 집단살해방지협약 체결 이후 지금까지 유엔안전보장이사회가 르완다, 캄보디아, 구유고슬라비아에서 일어난 집단살해에만 특별형사절차를 통해 대응했다는 점이 이러한 주장을 뒷받침하는 근거로 제시된다.

예를 들어 유엔은 1948년 집단살해방지협약 이후 지금까지 캄보디아 킬링필드 집단학살, 르완다 대학살, 스레브니차 대학살 3건만 집단살해방지협약 사건으로 인정하고 있다. 여기에는 자의적인 집단살해방지협약 해석뿐만 아니라 집단살해에 대한 책임을 부인하려는 강대국들의 정치적 동기도 크게 작동하고 있다. 왜냐하면 집단살해 위반 사건 인정 기준이 일관적이지 않기 때문이다. 예를 들어 인도네시아는 1974년부터 1999년까지 동티모르Timor Leste[31]를 식민지로 삼고 이곳에서 독립운동을 진압하기 위해 '평화 캠페인'이라는 이름으로 학살을 저질렀다. 전체 80만 인구 중 25%에 달하는 20만 명이 인도네시아의 직간접적인 폭력으로 사망했지만, 인도네시아는 정의의 심판대에 오른 적이 없다. 80년이라는 긴 세월 동안 이스라엘이 팔레스타인에 저지른 제노사이드(그리고 에코사이드)는 어떠한가?

다른 갈래의 견해는 처벌이 능사가 아니라는 점을 강조하면서, 경제활동에서 불가피하게 발생하는 환경오염을 범죄로 규정하기보다는 기업의 자유를 침해하지 않고, 시장 질서를 교란하지 않는 방식으로 기업의 녹색화를 지원해야 한다는 주장을 개진한다. 이러한 주장을 하는 쪽에서는 어차피 기존 환경법을 활용해서도 환경범죄에 대한 수사와 범죄 의도 입증, 피해 규모 측정 등이 어려운 상황인데, 굳이 에코사이드 처벌법을 새로 만든다고 해서 사정이 의미 있게 달라지지 않을 것이라는 냉소적인, 그러나 일면 타당한 전망을 내놓는다.

여러분은 어떤 의견이 더 설득력 있다고 생각하는가? 에코사이드 처벌법은 고삐 풀린 국가와 기업을 사회적으로 통제하는 최소한의 안전장치 역할을 할 수 있을까? 이 법을 만들면 오늘날 사회정의 투쟁이 더욱 동력을 얻을 수 있을까? 자연을 그 자체로 존중하는 세상을 만드는 발판을 마련할 수 있을까? 에코사이드 처벌법을 둘러싸고 여전히 많은 질문이 남아 있다. 확실한 점은 에코사이드 처벌을 요구하는 사회적 목소리가 점점 커지고 있으며, 에코사이드 저항운동은 방관자와 반대자들이 쉽게 외면할 수 없는 사회적 물결이 만들어졌다는 것이다.

또한 숱한 절차적 난제와 전쟁과 제노사이드 앞에서 무력한 국제법의 모습에도 에코사이드에 대한 저항의 물결이 훈풍을 탈 수 있게 할 변화들도 포착할 수 있다. 예를 들어 '극단적인' 범죄만을 처벌하는 현행 로마규정의 한계에 대응하기 위한 노력을 살펴보자. 지금 한국에서는 아직 큰 관심을 끌지 못하고 있지만, 유엔총회 제6위원회Sixth Committee of the UN 에서는 '인도에 반한 죄 방지 및 처벌에 관한 조약 초안'[32] 제정 논의가 진행 중이다. 만약 이 조약이 체결될 경우, 인도에 반한 죄를 협소하게 규정하고 있는 로마규정을 보완하는 한편 인도에 반한 범죄 방지를 위한 국가의 의무를 더 명확하게 규정할 수 있을 것으로 기대된다.

3.

인식의 지평
넓히기

에코사이드
처벌 논쟁을 둘러싼
토론

이 책의 독자들은 국제사회에서 진행 중인 에코사이드 처벌 흐름에 함께하면서 한국형 에코사이드에 저항하는 방안을 고민하고 있으리라 생각한다. 우리는 어떻게 '승자의 정의'라는 장벽을 넘어 운동의 언어로서 에코사이드 개념과 제도로서 에코사이드 처벌법을 저항의 수단으로 현명하게 활용할수 있을까? 이번 장에서는 생태정의 관점에서 에코사이드 논의의 확장을 도모하기 위해 4개의 토론 주제를 소개한다.

인간 모두가 가해자인가?

과학자들은 약 1만 년 전부터 지금까지 지질시대를 충적세Holocene라고 부르는데, 최근 새로운 명칭이 필요하다는 여러 주장이 경합하고 있다. 그중에서 인간의 활동을 지구생태계 변화의 핵심 원인으로 지목하는 '인류세Anthropocene' 개념이 가장 큰 관심을 끌고 있다. 인류세의 시작점에 대해서도 여전히 논쟁이 진행 중인데, 국제인류세실무그룹Anthropocene Working Group에 참여한 대다수 지질학자는 인간의 핵실험으로 방사성 물질이 급증하기 시작한 1950년대를 주목했다.[1]

인류세 개념은 인간의 발전 역사가 자연의 강제적인 희생 없이는 불가능했다는 점을 부각한다는 의의가 있지만, 이 개념에 대한 비판적인 시선에 귀 기울일 필요가 있다. 국제인류세실무그룹 위원이던 얼 엘리스Erle C. Ellis는 이 단체가 인류세의 시점을 1950년대로 결정하자 반발하며 사퇴했다. 그는 산업혁명 등 그 이전부터 인간이 자연환경에 강제로 변화를 가한 역사가 지워진다는 우려를 제기했다.[2] 비슷한 맥락에서 아예 인류세가 아니라 다른 개념을 제시하는 학자들도 있다. 대표적으로 '자본세Capitalocene'를 주장하는 제이슨 무어Jason W. Moore와 '툴루세Chthulucene'를 주장하는 도나 해러웨이Donna Haraway다. 전자는 모든 인간이 아니라 자본주의 지배계급이 전 지구적 환경변화의 원인이라고 지적하고, 후자는 인간중심주의에 갇힌 사고와 삶의 방식을 해체하여 모든 생명이 서로 얽혀 있는 관계를 강조한다.[3]

'모든 인류가 지구생태계의 변화에 책임이 있는가'라는

질문은 에코사이드 논의에서도 중요하다. '인간이 죄인' '인간은 지구의 바이러스' '인간의 탐욕이 지구를 파괴한다'는 식의 논리는 환경운동단체뿐만 아니라 미디어에서도 자주 사용한다. 의도했든 의도하지 않았든 이 논리는 '지구적 생태위기가 어떤 집단(계층이나 국가)이나 어떤 메커니즘에 의해 유발되었는가?'에 대한 의문을 모호하게 하면서 그 원인과 책임을 인류 전체에게 전가하는 실수를 저지른다. 이러한 논리가 극단으로 치달으면 '지구에 사람이 너무 많이 산다'는 주장이 나오는데, 일부 환경주의자들은 이 괴상한 논리에 인종차별주의를 버무려 글로벌 남반구를 환경오염의 주범으로 지목하기도 한다. 지구생태계가 무너지고 있는 상황에서 정부는 '인구계획을 제대로 하지 않고', 사람들은 '피임을 똑바로 안 해서' 무책임하다는 주장이다.[4] 이런 신맬서스주의자들은 코로나19 팬데믹 사태 때 대규모 (취약계층의) 사망을 두고 '자연의 심판'이라느니, '지구가 숨을 쉴 기회'라고 논평하기도 했다.

정말로 지구가 쉴 수 있게 하려면 석유 채굴을 하루라도 멈추거나 군사 무기를 하나라도 없애는 게 낫다. 그러나 모든 인류에게 책임이 있다고 비난하는 사람들은 정작 누가 더 많은 책임이 있는지에 대한 계산에는 침묵한다. '인류 전체가 지구의 파괴자'라는 논리에서는 '모두가 에코사이드 가해자'라는 주장이 가능하다. 이 논리를 따르면 에코사이드 처벌법은 필요가 없거나, 그 취지와 달리 '빈곤과의 전쟁'에 악용될 가능성이 크다. 유럽연합의 화학물질 규제 동향을 보자. 그동안 무분별한 화학물질 개발과 판매로 막대한 수익을 벌어들인 농업-화학기업들은 자본을 투자해서 새로운 '친환경' 물질을 만들어 사용하고 있다. 하지만 거대한 농업회사들의 자본과 기술력을 따라갈 수 없는 영세 농민들은 규제를 준수하지 못해 벌금을 내거나 오염의 주범으로 낙인찍힌다.[5]

에코사이드에 저항하는 언어와 법은 지구를 파괴하는 행위를 조장하는 오염자들에게 책임을 묻고, 정의를 실현하려는 사회운동을 보완하고 강화할 수 있다. 예를 들어 파리 기후협약에서 두각을 나타낸 '공동의 그러나 차별화된 책임 Common But Differentiated Responsibilities, CBDR' 원칙은 형평성을 강조하면서 국가별 과거 탄소배출량을 고려하여 선진국과 개도국에 차등화된 온실가스 대응 책임을 부여한다. 그래서 이는 기후정의 실현 원칙으로 평가받는다. 하지만 이 원칙은 말 그대로 오늘날 '모두에게 기후 대응 책임이 있다'는 논리를 내세워 가장 책임이 큰 자들이 우선적인 책임을 지지 않아도 되는 국제 기후체제 재생산에 악용되고 있다. 또한 여기서 '책임' 은 삶을 가장 위협받고 있는 집단이 아니라 (경제적 이익을 가장 우선 고려하는) 각국 정부의 관점에서 정해진다. 누구도 그

원칙을 제대로 지키도록 강제할 수 없는 상황에서 쳇바퀴는 계속, 더 빠르게, 더 광범위한 규모로 굴러간다.[6]

에코사이드 저항의 언어는 '더 이상 파괴하지 말라'는 원칙을 최우선으로 내세운다. 그래서 에코사이드 금지는 평소와 다를 바 없는 business-as-usual 자기만족 행동을 멈추고, 지금 당장 과거와 단절하는 급진적인 조치들이 필요하다. 이 맥락에서 기후 및 생태계를 교란하는 행위 처벌은 물론 완전한 화석연료 사용 금지, 에코사이드를 지속적으로 일으키는 개인 또는 집단에 대한 제재 등 지구를 망치는 쳇바퀴를 멈추고 정의를 실현하기 위해 더욱 강력한 법과 정책을 강구할 수 있지 않을까?

넷제로는 에코사이드에 면죄부를 줄 수 있는가?

SEI는 '지속가능한 발전 sustainable development' 또는 '사회적 편익 social benefits'에 부합하는 환경파괴는 에코사이드로 처벌하지 않는다는 예외 조항을 제안한다. 그렇다면 어떤 경우가 이런 사례에 부합하며, 우리는 자기모순에 빠질 위험을 감수하면서까지 어떤 것을 '예외적인 경우'로 허용해야 할까? 이를테면 '차등화된 책임'에 따라서 개발도상국이 발전 과정에서 일으키는 에코사이드는 '정당방위'로 허용해야 할까? 그렇다면 국가 안에서 빈곤한 지방정부가 추진하는 개발사업은 어떠한가? '정당한 에코사이드'가 용인되어야 한다면, 그 허용 범위는 어디까지일까?

2024년 초 각종 SNS에서 라틴아메리카에 있는 작은 나라인 가이아나의 대통령과 영국 공영방송 BBC의 인터뷰 영상이 화제가 됐다. 가이아나가 최근 100년 만에 거대한 유전을 발견했다는 내용이었다. 다음은 BBC가 이르판 알리^{Irfaan Ali} 가이아나 대통령과 기후변화에 대해 나눈 대화 내용 중 일부다.[7]

BBC 기자: 전문가들은 가이아나가 새로 발견한 유전에서 석유를 채굴하기 시작하면 20억 톤에 달하는 탄소가 배출될 것으로 예상합니다. 혹시 대통령으로서 기후협약 당사국 총회에 가보신 적이 있나 모르겠는데요.

가이아나 대통령: 잠깐만요. 잠시 멈춰보시죠. 당신은 가이아나가 잉글랜드와 스코틀랜드를 다 합친 면적의 숲을 지금까지 보존해왔다는 사실을 아십니까? 그 숲은 19.5기가톤의 탄소를 흡수해왔습니다.

BBC 기자: 그게 가이아나가 탄소를 배출할 정당한 근거가 될 수 있나요?

가이아나 대통령: 당신은 기후변화에 대해 우리에게 훈계할 권리가 없습니다. 오히려 우리가 가르쳐야죠. 당신들은

숲을 지켜온 우리의 노력을 인정하지 않으면서 (혜택을) 누리지 않았나요? 그거 아세요? 가이아나는 새로운 유전을 개발하더라도 넷제로를 달성할 수 있습니다.

가이아나는 영국의 식민지였고, 지금도 영국의 그늘에서 벗어나지 못하고 있다. 영국은 가이아나가 발견한 석유를 노리는 베네수엘라로부터 가이아나를 지킨다는 이유로 인근에 군대를 파견한 상태다(가이아나를 지키려는지, 석유를 지키려는지 모르겠지만). 그래서 가이아나 대통령은 식민지 과거에 대한 반성 없이 기후변화를 앞세워 석유 개발의 문제점을 질문하는 BBC 기자의 태도를 반박한 것이다. 당시 영상에 달려 있던 댓글들을 보면 SNS상 여론도 가이아나 대통령의 의견에 동조하는 쪽에 기울어져 있었다.

그렇다면 에코사이드 저항의 관점에서 이 사건을 어떻게 사유해야 할까? '화석연료의 완전한 금지'를 에코사이드 방지 대책으로 고려한다면, 어느 국가에서도 더 이상의 석유 채굴을 용납해서는 안 되는 게 아닐까? 가이아나와 같은 '화석연료 자원이 풍부한' 글로벌 남반구 국가들은 어떤 대우를 받아야 할까?

두 가지 측면에서 이 문제를 고민해볼 수 있을 것 같다. 첫째, '사회적 편익'에 대한 고려다. 사실 가이아나가 유전을 개발하면 가장 많은 이득을 얻는 쪽은 가이아나 전임 정부와 불평등 계약을 체결하여 막대한 로열티를 약속받은 미국의 석유기업 엑슨모빌이다.[8] 가이아나 정부의 지지를 등에 업은 엑슨모빌은 계속해서 석유 채굴량을 늘리고 있으며, 2027년 까지 하루 130만 배럴의 석유를 생산할 계획이다. 2019년 가이아나의 하루 석유 채굴량은 약 65만 배럴이었으니, 약 10년 안에 2배로 늘리려는 셈이다. 가이아나는 포르투갈, 에스토니아, 그리스 등 남부 및 동부 유럽 나라들과 함께 전 세계에서 1인당 명목GDP 순위 40위권 내외에 있는 상당한 '부국'이다. 그러나 동시에 라틴아메리카 및 카리브해제도에서 가장 가난한 나라 중 하나이다. 이러한 차이는 부의 세습과 집중이 매우 심각하다는 점을 보여줄 뿐만 아니라, 석유를 팔아 빈곤을 퇴치하겠다는 가이아나 대통령의 주장이 얼마나 진실한지 의문을 품게 한다.

둘째, (탄소) 상쇄제도의 함정이다. BBC와의 인터뷰에서 가이아나 대통령은 신규 유전을 개발해도 가이아나는 (영국과 다르게) '넷제로' 약속을 달성할 수 있다고 강변했다. 석유 채굴로 발생할 탄소량과 가이아나가 보존한 숲이 흡수하는 탄소량이 거의 맞먹는다고 하니 맞는 말일 것이다. 가이아나 처지에서는 석유 채굴로 인한 환경오염을 '부차적인 피해'로 받아들일 수도 있다. 이 경우 예외적으로 허용할 수 있

3부. 에코사이드 어떻게 처벌해야 할까

는 에코사이드라고 할 수 있을까? 석유가 고갈될 때쯤 엑슨모빌은 떠나면 그만이지만, 환경오염의 대가는 지구상에 남은, 그리고 앞으로 남을 사람들과 자연생태계가 치러야 한다. 또한 신규 유전을 둘러싸고 가이아나와 베네수엘라 사이의 전쟁 위험이 점점 고조되는 상황을 볼 때, 석유가 불러일으키는 '간접비용'으로서 점증하는 전쟁 위험과 그 위험에 대응하겠다는 명목으로 정당화되는 군비 투자와 군사훈련을 생각하면 탄소를 비롯한 자연환경 파괴 규모는 더욱 커진다. 에코사이드 불법화 관점에서 보면 지구상 모든 곳에서 화석연료 채굴, 투자, 그리고 사용을 중단해야 한다.[9] 오래전 박정희 정부조차 포기했으나 윤석열 정부가 다시 강행하고 있는 포항 영일만 석유 개발 사업도 당장 멈춰야 한다.

인권과 자연의 권리를 동시에 지킬 수 있는가?

혹자는 인권이 약속한 이상적인 세상에 비해 날이 갈수록 인권침해가 늘어가는 현실로 인해 세계가 종말을 맞이하고 있다고 지적하지만,[10] 어쨌든 현대사회에서 인권은 우리의 법과 제도는 물론 일상생활에서 핵심적인 위치를 차지하고 있다. 법률에는 수많은 'OO권'이 보장되어 있고, 많은 사회문제들이 '인권' 또는 '권리' 관점에서 논의되고 있다. 인권은 법의 형성과 집행 방향을 안내하는 나침반 역할을 한다.

예를 들어 타인의 신체나 재산에 피해를 일으켜 신체의 자유와 재산권을 침해하는 행위는 형법에서 범죄로 처벌한다. 또한 국가가 자의적으로 시민들에게 강제력을 행사하여 인권을 침해할 수 없도록 범죄는 법에 따라서만 금지되어야 한다 (죄형법정주의 원칙). 그렇다면 에코사이드를 처벌하면서 누구의 권리를 어떻게 보호할 수 있을까? 또한 인권 담론은 어떤 방향으로 에코사이드 논의를 발전시킬 수 있을까?

인권은 사회적 신분과 지위에 관계없이 모든 사람을 위해 공적 기관에 어떤 의무를 일으키는 요구들이다.[11] 인권이 모두에게 보편적으로 적용되는 도덕적·정치적 규범이 된 질서는 매우 최근에야 확립되었지만(〈세계인권선언〉은 1948년에야 채택되었다), 사회적 변화 속에서 인권에 대한 논의는 빠르게 확장하고 있다. 환경권도 1970년대에 등장한 권리이며, 이제는 인간중심적 권리 패러다임을 넘어 동식물과 자연생태계의 권리까지 제도권 안에서 논의되고 있다.

'자연의 권리rights of nature'는 전 지구적 생태위기에 직면하여 인간의 이익만 반영한 법과 제도가 자연의 질서에 부합하지 않는다는 반성 속에서 강이나 산, 바다 같은 자연생태계와 동식물종을 권리의 주체로 인정하려는 대안적인 권리 담론이자 운동의 언어다. 지구의 관점에서 인간중심 법률체계의 전환을 추구하는 지구법학Earth Jurisprudence 이론가로 유명한 토머스 베리Thomas Berry는 지구상 모든 생명체가 존재할 권리, 거주할 권리, 지구 공동체의 일원으로서 자신의 기능을 수행하고 역량을 실현할 권리를 지닌다고 주장했다.[12]

오늘날 자연의 권리는 탈식민 선주민 권리운동, 환경운동, 비판법학운동 등 탈인간중심주의 관점을 견지하는 여러 사회운동의 성장에 힘입어 에콰도르, 뉴질랜드, 볼리비아, 아르헨티나, 인도 등 여러 나라에서 법률을 통해 인정되고 있다. 미국처럼 지방자치단체 차원 조례를 통해서 지역 생태계의 권리를 인정하는 예도 있으며, 앞으로 자연의 권리 인정 사례는 점점 늘어날 것이다. 자연의 권리는 녹색 바람을 타고 불어오는 21세기 '시민권'운동이다. 한국에서는 2023년 11월 제주도에서 생태법인제도 도입을 위한 '제주특별법' 개정안을 국회에 제안하고, 2025년에는 남방큰돌고래를 제주 '생태법인eco-legal personhood' 제1호로 지정하겠다고 발표했다.[13]

자연이 권리를 가진다면, 인간과 자연의 직접 소통이 어려운 지금 상황에서는 공적 절차[14]에서 자연의 입장을 대표할 후견인들이 필요하다. 자연의 권리를 법제화하고 있는 나라들은 오랫동안 자연과 공존관계 속에서 삶을 꾸려온 선주민들이나 환경인권 옹호자들의 후견인 지위를 인정하는 추세이다. 선주민들이 고수해온 삶의 방식이 생태적으로 지속가능하지 않다는 점을 제시하는 역사적 선례가 있지만, 현대

에코사이드의 기원은 선주민 강제추방과 토지강탈에 있다는 점을 고려할 때 자연의 권리보호는 선주민의 인권 증진과 맞물려 있다.[15] 그래서 자연의 권리보호를 위해서는 시민들이 자연을 대리할 수 있는 자유와 역량도 보장되어야 한다.

자연의 권리는 인권과 대립하는 개념이 아니라 오히려 지구생태계 보전이라는 공통목적을 달성하기 위한 쌍두마차 패러다임 안에서 활용할 때 그 의미를 찾을 수 있다.[16] 그래서 자연의 권리 인정은 '인간이 어떻게 살아야 하는지'에 대한 질문으로 돌아온다. 예를 들어 한강이 어떠한 권리를 가진다면, 그리고 그 권리를 행사하는 차원에서 한강의 물길을 가로막고 있는 댐을 허물라고 요구한다면 국가는 어떤 조처를 해야 할까? 서울 시민들은 어떤 의무를 져야 할까? 제주도 남방큰돌고래가 권리의 주체로서 행복한 삶을 추구하기 위해 제주도 해역에서 군사훈련 중단을 요구한다면 국가는 어떻게 해야 할까? 자연의 권리는 인간의 사적 소유권에 우선하는가?

에코사이드 방지 및 처벌의 관점에서 자연의 권리 인정은 크게 두 가지 의미를 부여할 수 있다. 첫째, 적어도 권리를 인정받은 생태계와 동식물종은, 비록 대리인을 통해서지만 에코사이드 피해에 대한 배상을 법적으로 청구할 수 있다. 또한 지금보다 더 적극적인 국가의 (그리고 기업의) '에코사이드 방지 대책'을 끌어낼 수 있다. 예를 들어 지금은 연간 800만 마리의 목숨을 앗아가는 새 충돌을 방지하기 위해 정부 및 정부기관이 소유하는 공공구조물에만 새 충돌 방지 스티커 부착 의무가 있다.[17] 민간 건축물은 의무가 아니며, 자율에 맡겨져 있다. 새들이 권리를 인정받고, 자연의 권리를 보장하기 위해 국가가 에코사이드 범죄에 적극 대응할 의무가 생겨서 새 충돌을 에코사이드 관점에서 접근한다면 공공과 민간을 가리지 않고 새 충돌 저감 대책을 의무화할 수 있을지 모른다. 한발 더 나아가 '범죄 예방' 차원에서 새들의 진로를 방해하고 목숨을 빼앗는 고층 건물 건축 제한 조치도 도입할 수 있지 않을까 생각한다.

법적 책임보다 시장중심 해결책이 효과적인가?

점점 더 많은 과학적 연구 결과가 환경오염의 주범으로 기업, 더 나아가 자본주의체제를 지목하고 있다. 특히 기후위기를 연구하는 과학자들은 정부와 기업 경영진의 전향적인 조치가 없다면 얼마 가지 않아 지구생태계 붕괴를 막지 못할 것이라는 우울한 진단을 내놓는다(과학자들도 굉장히 지치고 우울한 상태에 빠져 있다).[18] 이러한 위기의식에서 몇몇 과학자들은 획기적인 정치적 결정을 내릴 수 있는 정부의 강력한 조치를 요구하기도 한다. '지구한계선' 연구로 유명한 스웨덴 과학자 요한 록스트룀Johan Rockström은 한 강연에서 오늘날 생태계 붕괴에 비해 민주주의는 대응이 너무 느리고 비효율적이어서 세계 지도자들을 한방에 가둬놓고 기후행동 합의안을 도출하게 해야 한다고 말했을 정도다.[19]

하지만 국내외 환경정책의 기본 기조는 정부의 강제적인 조치보다 시장의 자율규제에 따르고 있다. 이 기조에서 정부는 시장을 움직이는 기업들이 녹색경제로 전환하도록 유도하고, 보조하는 역할을 수행한다. 예를 들어 국가의 세금을 활용하여 환경오염에 책임이 있는 기업들이 '친환경' 기술에 투자하거나 사업을 펼치도록 보조금이나 감세 혜택을 제공하거나 녹색기술 연구 투자를 지원하는 식이다. 안타깝게도 오늘날 '인간으로서 어떻게 살아야 하는가'를 탐구하는 인문·사회과학에 대한 국가의 지원은 전 세계적으로 점점 줄어들고 있는데, 기술혁신을 통해서 시장을 녹색으로 전환할 수 있다는 믿음이 깔려 있기 때문이다.

시장 기반 환경문제 해결을 선호하는 '생태적 근대화론 ecological modernisation' 지지자들은 과학기술의 발전과 제도 개선을 매개로 환경보호와 경제발전을 동시에 달성할 수 있다고 주장한다. 1970년대에 본격적으로 등장한 생태적 근대화론자들은 독일과 네덜란드 등 서유럽 국가의 경험을 기반으로 자본주의체제를 유지하면서도 국가와 기업, 시민이 함께 '협치'를 통해 생태적으로 지속가능한 경제를 구축할 수 있으며, 저발전 국가에 기술과 제도를 이전하여 국제적 수준에서도 생태적 근대화가 가능하며, 그 방향이 옳다고 믿는다.[20] 생태적 근대화가 가능해지려면 몇 가지 전제가 성립해야 한다. 첫째, 자연생태계는 경제성장을 방해하지 않도록 기술과 제도를 통해 인간의 통제 아래 있어야 한다. 둘째, 경제성장이 멈추지 않기 위해 자원으로서 자연생태계를 유지·관리·재생해야 한다. 셋째, 자연생태계의 변화에 맞춰 경제성장을 조절하는 제도가 필요하다.

시장중심 '해결책'에는 '넷제로'가 대표하는 상쇄제도, 탄소세, 생태관광, 기술투자, ESG 및 '기업인권실사'[21] 등이 있다. 이러한 해결책은 자유민주주의와 결합한 자본주의가 환경오염을 포함해 여러 사회문제에 효과적으로 대응하면서 발전을 지속할 수 있다는 신화를 전제로 한다. 생태적 근대화 예찬론자들은 '녹색자본주의' '자본주의 4.0' '저탄소 녹색전환' 등 온갖 미사여구를 동원하여 그 체제를 떠받들기 위해 더 많은 생명이 에코사이드의 쳇바퀴에 강제로 희생되어야 한다는 점을 감춘다. 예를 들어 아무리 축산업이 친환경 상표를 뒤집어쓴다고 하더라도, "소수 대기업의 이익 극대화라는 단 하나의 목표하에" (대부분 이주민으로 구성된) 노동자들은 점점 더 열악한 노동조건 속에서 "유전자를 변형한

닭과 소, 돼지를 …… 이루 말할 수 없는 잔혹 행위와 고통에 노출시키며 극단적으로 살을 찌운 뒤 죽여 뼈를 발라낸 살"을 생산해야 한다.[22] 오늘날 기업들은 탄소배출에 대한 세금을 (그마저도 최대한 깎아서) 지불하겠지만, 그러한 '손실'은 원재료 가격 상승 등 각종 구실을 만들어 재화와 서비스 가격을 올려서 소비자들에게 전가하면 된다. 결국 오염을 오염자가 부담하는 대신 '오염당하는 자'들이 떠안는 구조가 지속되는 것이다.

기업들은 합법과 불법, 탈법의 영역을 넘나들면서 노동과 자연으로부터 빼앗은 이윤 대부분을 소수 경영진에게 넘긴다. 이는 결국 사회적 부의 사유화인데, 기업의 활동은 주주, 때로는 노동자의 이익을 내세워 정당화된다. 오늘날 기업들은 주주들이 '합리적인' 투자 결정을 내릴 수 있도록 기업정보를 공시하지만, 기업의 환경 책임은 '지속가능경영 보고서'처럼 ESG의 일부로(극히 일부만) 공개된다. 시장중심 해결책을 지지하는 사람들은 국가의 개입보다는 시장의 '보이지 않는 손'을 통한 해결을 지지한다. 그들은 오염을 허용하고 방조해야만 수익이 발생하도록 설계된 사회체제의 불합리함을 지적하기보다는 환경 책임에 대한 관심이 많은 주주들의 요구를 따르지 못하는 기업은 어차피 '자연스럽게' 시장에서 퇴출될 것이란 논리를 편다.

시장만능주의 관점은 '오염금지원칙'을 내세운 에코사이드 처벌법을 매우 문제가 많고 현실에 부합하지 않는 발상이라고 평가절하한다. 세계경제포럼에서 SEI 대표 조조 메타가 에코사이드 방지 및 처벌의 필요성을 강변했을 때, 그 자리에 있던 청중들은 매우 격식 있고 진중한 표정으로 경청하는 모습을 보였지만 그 이상 어떤 의미 있는 행동은 취하지 않았다. SNS에서는 특히 극우세력들의 발언이 이어졌다. 당시 유럽에서 극우세력과 결합한 농민들의 시위가 한창이었기 때문에 그들은 '뭘 모르는 환경주의자가 농민을 모두 범죄자 취급한다'는 식으로 SEI를 비난했다.

에코사이드 처벌에 대한 논의를 공적 영역에서 거의 찾아보기 힘든 한국은 어떤가? 윤석열 정부는 2024년에 환경범죄 처벌 규정은 완화하면서 2050 탄소중립 달성과 녹색성장 실현을 목표로 2027년까지 민간 영역에서 녹색투자를 30조 원까지 끌어올리기 위한 대출, 채권, 감세 등 소수만이 특혜를 얻는 정책을 발표했다.[23] 기업의 '자율적인 혁신' 지원이 녹색전환에 더 바람직하다는 논리가 깔린 것이다. 도대체 더 많은 기업보조금이나 투자는 얼마나, 언제까지 이어져야 지구의 죽음을 멈출 수 있을까? 단 한순간이라도 멈출 수 있기는 할까? 지구를 공동 거주공간이 아니라 거대한 시장 정도로 취급하는 윤석열 정부는 오히려 에코사이드 행위를 마치

정상처럼 여기게 만들어 일탈을 부추기고 있을 뿐이다. 윤석열은 2024년 12월 3일 민주적 절차를 어기면서까지 '비상계엄'을 선포하며 내란을 일으켜 국회에서 탄핵소추되었고, 2025년 1월 15일에는 고위공직자수사처와 경찰에 의해 내란수괴 혐의로 체포되었다. '12월 3일'의 충격은 잊을 수 없지만, 환경운동가들은 이미 그전부터 윤석열 환경부가 '총만 들지 않은 내란'을 일으켰다고 지적한다. 2024년 5월 1일, 환경부는 단 15일간의 회의 끝에 4대강을 흐르지 못하도록 가로막고 있는 16개 보 중 유일하게 개방 중인 세종보마저 닫아버리겠다고 발표했다. 4대강 살리기 활동가들의 노력 끝에 문재인 정부에서 실시한 4대강 수질 모니터링과 세종보 해체 논의를 한순간에 뒤엎은 것이다.[24] 과연 윤석열 정부에 이어서 등장할 정부는 에코사이드 처벌에 관한 논의를 공적 영역으로 끌어들이고, 에코사이드 방지를 위한 적극적인 조치를 취할 수 있을까?

불타는 지구에서
정의를 묻다

2024년 8월 29일, 한국 헌법재판소는 '아시아 최초'라는 타이틀로 주목받았던 기후소송에 대한 최종 판결을 내렸다. 사건이 처음 청구된 지 4년 5개월 동안 9명의 헌법재판관들은 두 차례 공개변론을 열고 '저탄소 녹색성장 기본법'에서 규정한 정부의 온실가스 감축 목표가 기후위기 대응에 미흡하여 헌법상 권리인 환경권을 침해한다고 주장하는 원고 측과 법률상 문제가 없다는 정부의 반박 입장을 청취했다. 기후정책의 타당성을 법관 9명만의 판단에 맡기는 게 맞는지 의문이지만, 어쨌든 헌법재판소는 정부가 어떠한 방식으로도 2031년 이후 온실가스 감축 목표를 제시하지 않은 부분에 대해 '헌법불합치' 결정을 내렸다. 다만 2030년까지의 온실가스

감축 목표 및 다른 사항에 대해서는 전부 기각했다.[1]

언론에서는 '역사적 판결'이라는 찬사를 쏟아냈지만, 차분하게 생각해보면 정부가 현재 방식대로 2031년 이후 감축 목표를 제시해도 된다는 해석이 가능한 판결이었다. 다만 그동안 '실체 없는 헌법적 권리'로 여겨졌던 환경권이 기후위기 상황에서 미래세대 보호라는 구체적인 맥락에서 의미를 인정받았다는 의의가 있다. 한편 헌법재판소 기후소송 판결문을 읽으면서, 한 걸음 더 나아간 생각을 해보았다. 모든 인간과 생명체가 정당하게 누려야 할 생존권, 행복추구권, 환경권 등 여러 헌법적 권리를 보호하기 위해서는 '지금 당장'에 코사이드를 금지해야 하지 않을까? 기후위기를 부추기는 역사적 원인은 그대로 두면서 감축 목표만 제시하는 게 어떤 의미가 있는가?

이 책에서 살펴봤듯이 정부와 기업은 시장 논리를 방패막이로 방관 수준에 가까운 '자율적인 환경규제'를 우선시해 왔다. 사회생태적으로 정당하고 안전한 방식보다 기술혁신, 재생에너지 등 신사업 투자와 공급망 다각화 등을 통해 기업의 성장과 경제발전을 도모할 수 있다는 믿음은 물론 이해관계가 얽혀 있기 때문이다. 국가와 기업은 이러한 믿음을 사회적으로 제도화하기 위해 오염 행위를 합법화하고, 합법과 불법이 모호해지는 경계지대에서 생태계를 파괴하는 각종 사업을 밀어붙인다. 그 결과 이제는 누구나 '지속가능성'에 관해 이야기하지만, 정작 지구는 더 이상 인간이 일으킨 오염을 감당할 수 없는 수준에 도달했다.

우리는 정의의 관점에서 약자에게 더 많은 희생을 요구하면서 생태파괴를 멈추지 않으려는 자들이 추구하는 '유해한 지속가능성'과 지구를 안전하고 거주 가능한 공간으로 만들기 위한 '정의로운 지속가능성' 패러다임을 구분해야 한다. 에코사이드 저항운동은 후자의 패러다임을 상식으로 만들기 위한 노력이다. 정의로운 사회에서는 에코사이드 방지가 시장 논리에 우선해야 한다. 먼저 무분별한 생태계의 파괴를 사회적으로 금지한 다음에야 기업도 무엇이 잘못된 행위인지 이해하고, 범죄를 저지르지 않기 위해 자율적인 행위도 가능하기 때문이다. 에코사이드 처벌법 도입은 인간과 자연의 관계를 근본적으로 바꾸기 위한 초석이기도 하다. 범죄로 규정된 에코사이드 행위를 예방하기 위해서는 재발 방지 대책과 함께 사회적으로 바람직한 행위 양식도 촉진되어야 하기 때문이다.

국제사회 차원에서 에코사이드 처벌법 도입 논의가 활발해진 만큼, 지금까지 방관자 입장에 가까웠던 한국 정부도 '한국형 에코사이드' 근절과 피해 회복을 위한 적극적인 책무를 다해야 한다. 필자는 한국 정부가 다음과 같은 에코사이드 행위들을 우선 금지 및 중단하고, 국제형사재판소 회원국으로서 에코사이드 처벌을 위한 로마규정 개정에 찬성할 것을 촉구한다. 또한 에코사이드를 평화와 안보에 반하는 범죄로서 근절하기 위해 생태적 관점에서 평화와 안보를 재정의하는 토론도 적극적으로 이끌어나갈 것을 제안한다.

1. 전쟁 목적 달성을 위해 생태계를 파괴하는 행위와 동식물 학살·학대·동원.

2. 무기 생산, 군사훈련, 군사기지 건설 및 확장 등 전쟁 준비를 위해 지속적이고 광범위한 자연생태계 붕괴를 초래하는 행위.

3. 통일성을 띤 사회집단 또는 생물군집의 정신적·물질적 존속을 불가능하게 할 위험이 있는 계획적으로 시행된 국내외 개발사업.

4. 특정 집단의 경제적 목적 실현을 이유로 비인도적인[2] 대규모 동식물 살상을 실행, 촉진 또는 보조하는 행위.

5. 발생 가능성을 사전에 인지할 수 있었으며, 예방할 수 있었던 환경재난 또는 사고.

정의의 관점에서 다시 쓰는 에코사이드 처벌법은 파괴를 통해 이익을 보는 집단의 통제와 처벌만을 목적으로 두지 않는다. 오히려 범죄를 처벌하는 법적 기준으로서 에코사이드는 평등하게 존엄함을 누릴 자격이 있는 생명을 보호하기 위한 '최소한의 장치'이다(보호의 하한선 또는 국가의 '소극적 의무'). '느린 재난slow-onset disaster'을 연구하는 주윤정은 "에코사이드의 범죄화는 기존의 권리중심적 담론, 개체·종 단위로 사고하는 것과 달리, 가이아, 생명의 그물망 등 생태계 전체에 대한 사고를 통해 전체 관계망 속에서 인간-자연의 관계를 복합적으로 사유하게" 만들며, "인간, 생태, 기후변화의 관계"를 더욱 풍요롭게 만든다고 평했다.[3]

에코사이드 처벌법은 부자들을 위해서만 지속가능한 정치경제 제도의 해체를 위한 사회적 운동의 발판으로 활용해야 비로소 온전한 의미를 갖는다. '승자의 정의'로 정당화되어온, 잊힌 또는 너무나 당연한 일처럼 받아들여져온 에코사이드의 사슬을 끊고 정의를 되찾는 것이다. 예를 들어 '여성차별철폐협약'은 국제 및 국내 성평등 증진을 위해 "여성에 대한 차별을 구성하는 현행 법률, 규칙, 관습 및 관행을 수정 또는 폐지하도록 입법을 포함한 모든 적절한 조치를 취해"야 한다고 규정한다. 새뮤얼 모인Samuel Moyne은 이 협약이 불평등으로부터 눈을 감은 주류 인권운동과 달리 매우 급진적으로 가부장제 해체에 도전하는 "과거에 기획되었던 어떤 인권협약보다 변화의 힘이 큰 인권협약"이라고 평했다.[4]

지금까지 환경법은 부정의한 시장제도에다 환경보호 (더 모호한 표현으로는 '지속가능성')를 끼워 넣는 방식으로 발전해왔다. 이러한 방식은 그다지 충분한 역할을 한 적도 없지만, 더 이상 필요하지 않다. 우리가 여성차별철폐협약에 담긴 급진적 상상력으로부터 얻을 수 있는 교훈은 에코사이드 처벌법을 자연에 대한 지배를 존속하는 기존 법률, 규제, 관습, 제도는 물론 불평등한 생산·소유관계로부터 해방되기 위한 국제 및 국가 수준 입법 조치 맥락에서 추진할 수 있다는 점이다. 이 경우, 예를 들면 '과거에 일어난' 에코사이드에 대해서 형법상 범죄로 처벌할 수 없더라도 에코사이드에 대한 역사적 책임과 배상, 기업의 생산에 대한 민주적 통제와 탈성장degrowth을 지향하는 계획경제 도입, 사적 소유 철폐를 포함한 (넓은 의미에서) 토지개혁,[5] 비폭력 직접행동 증진·보호(활동에 대한 경제적 지원을 포함하여), 이주민과 자연 등 국민국가 테두리에서 배제된 목소리를 차별하는 민주적 공론 절차의 개편 등을 상상할 수 있다. 이러한 정책은 분명 시장 친화적이진 않지만, 평화와 정의를 향한 길은 맞다. 시장이 정의로운 지구를 바라는 사회적 열망에 친화적이지 않은데, 왜 사회는 시장을 걱정해야 하는가? 에코사이드 근절 대책이 시장친화적이길 바란다면, 먼저 시장이 에코사이드를 저질러서 돈을 버는 구조를 고집하지 않으면 될 일 아닐까? 에코사이드 저항은 시장의 자유보다는 지구의 평화가 우선하는 세상을 만들려는 정치운동이다.

에코사이드 저항운동은 본질적으로 불타는 지구에서 인간으로 존재하는 데 필요한 정의론을 다차원적인 관점에서 다시 쓰는 일이며, 그래서 여러 운동과 결합해 지지 기반을 넓힐 때 사회적 힘을 발휘할 수 있다. 사회적 부정의를 폭로하고 대안적인 인식론을 제공하는 평화주의, 에코페미니즘, 탈인간중심적 권리운동(자연의 권리, 동물권 등), 이행기 정의, 생태민주주의, 소수자, 마을자치, 생태사회주의, 사회실재론, 아나키즘, 생태영성 등 여러 관점과 상호보완을 거치며 '에코사이드 금지 이후'의 사회 모습을 함께 그려나갈 수 있을 것이다. 다차원적 정의 관점에서 에코사이드의 원인과 전개방식, 그리고 결과는 물론 에코사이드 대응 및 방지 대책과 수단에서도 일어날 수 있는 사회적 차별과 배제 요인[6]을 분석하고, 에코사이드를 일으키는 세력에 대항할 때 사회정의와 생태정의를 동시에 달성할 수 있다.

물론 말처럼 쉬운 일은 아니다. 로마규정 개정을 지지하는 목소리는 높아진다고 하는데, 정작 에코사이드 저항운동을 둘러싼 사정은 점점 더 녹록지 않다. 필자 역시 자유주의자들의 위선과 극우주의자들의 득세, 좌파의 무력함을 보여주는 여러 나라의 정치 동향을 지켜보면서, 독일에서 이주

생활을 하는 신분으로서 각종 어려움을 겪으며 저항운동을 어떻게 펼쳐나가야 할까 고민하면서 지낸다. 앞서 말한 에코 사이드 행위들을 저지하기 위해 법을 만들려면 결국 지난한 과정을 거쳐 사회를 바꿔야 하는 일이기 때문이다. 그래서 에코사이드 저항은, 보통 환경운동이 스스로를 '탈정치화'하는 데 반해 매우 정치적일 수밖에 없다.

그렇다면 에코사이드 저항을 위한 걸음을 어떻게 함께 걸을 수 있을까? 이미 사회운동과 비폭력 저항을 주제로 다룬 훌륭한 책들은 더러 출간되었다.[7] 이 때문에 여기서 대단히 새로운 방식을 소개할 수는 없을 것 같다. 그러나 다소 식상할 수 있는 이야기를 쓰는 이유는, 그만큼 끈기 있게 서로 도우며 저항을 이어갈 수 있다고 강조하기 위해서다. 에코사이드 저항운동은 이제야 새로 시작해야 하는 일이 아니라, 이미 오랫동안 이어져온 하나의 거대한 사회운동이다. 여러 번의 작은 날갯짓이 큰 변화를 이룬다고도 하지 않는가? 그래서 필자가 실천하고 있는 에코사이드 저항운동을 구축하기 위한 세 가지 방식을 나열해본다.

1. 감수성 깨우기

이미 이 책을 들고 에코사이드를 공부하고 있는 독자들은 타인에게도 그 감수성을 나눌 수 있는 역량이 충분하다고 생각한다. 특히 이 책에서 다룬 한국의 에코사이드 현장에 대해서는 한번쯤 들어봤을 것이다. 여기서 소개한 현장에서 지금 어떤 일이 일어나고 있는지 탐구하면서 실제로 에코사이드가 벌어지는 방식을 깨닫는 것이 저항의 시작이다. 안타깝게도 주류 언론에서는 저항의 목소리가 잘 들리지 않지만, 다행히 인터넷을 통해 여러 단체(환경아카이브 풀숲, 녹색연합, 환경운동연합, 평택평화센터, 전쟁없는세상, 열린군대를위한시민연대, 군산평화박물관 홈페이지, 제주 강정 주민과 평화지킴이들이 운영하는 카페와 페이스북 등)가 수집한 다양한 자료를 접할 수 있다.

2. 저항공간 만들기

비슷한 문제의식을 가진 사람들과 교류하면서 저항의 상상력을 펼칠 수 있는 저항공간을 만드는 것은 매우 중요하다. 저항공간은 모두에게 열려 있는 연구자네트워크일 수도 있고, 독서, 예술, 게릴라가드닝, 주민자치 등 주어진 상황 속에서 다양한 활동을 기획하는 동아리나 소모임을 생각해볼 수도 있다. 물론 시민사회단체에 참여하는 것도 좋다. 지금까지 한국과 유럽의 사회운동을 경험하면서 한국 시민사회 공간이 정말 활발하게 살아 있다는 점을 느꼈다. 정말 많은 저항공간을 찾아볼 수 있는데, 필자가 아는 공간으로는 위에 언급한 단체들과 함께 참여연대, 피스모모(평화페미니즘연구소), 한베평화재단, 플랫폼C, 멸종반란한국[XR Korea], 청년기후긴급행동 등이 있다. SEI의 한국지부 격에 해당하는 녹색범죄연구소도 모두에게 열려 있다.

그리고 기관이나 단체, 또는 소속 정당이나 정치조직에 에코사이드와 생태정의에 관한 내용을 담아달라고 의견을 제시해볼 수도 있다. 이 책에서 다뤘다시피 에코사이드는 개발 대 환경의 문제가 아니라 지구에 사는 모든 생명체에게 영향을 미치는 사회문제이기 때문에, 어떤 기관이나 단체라도 관심을 가져야 할 사안이다. 특히 노동, 빈곤, 장애, 소수자 등 차별·배제 문제와 관련 있기 때문에 이 문제가 더 적극적으로 다뤄지도록 목소리를 내면 좋을 것이다.

3. 집단행동하기

집단행동은 가장 조직적이고 가시적인 형태의 저항행동인 동시에 오랜 노력과 비용, 갈등을 감수해야 하는 일이기도 하다. 그만큼 집단행동의 목적을 달성했을 때 느끼는 희열도 크다(그 반대도 마찬가지지만). 소위 '적법한' 집단행동에는 청와대나 국회 청원, 주민조례 발안 같은 청원권 행사가 있다. 또 에코사이드 처벌의 필요성을 알리거나 에코사이드 주범을 고발하는 출판과 집회 활동, 학교 내 관련 수업 개설

탄원, 언론 비평 및 항의하기(특히 서구 외신을 받아쓰는 데 급급하는 국내 언론사들의 행태는 정말 문제가 많다. '국익 보도'에 매몰된 경제 기사들이 특히 그렇다) 등을 생각해볼 수 있다. 에코사이드를 일으키는 기업에 맞선 파업이나 소비자 불매운동 같은 적법한 비협조는 이들이 사회에 미치는 영향력과 에코사이드로부터 얻는 이익을 줄이는 데 기여할 수 있다.[8] 병역거부와 납세거부 등 시민불복종운동은 권력집단이 전쟁과 생태파괴에 공적 자금을 쓰지 못하도록 할 수도 있다.

끝으로 이 책을 기획한 의도를 되새겨보자. 왜 지금 우리는 다시 에코사이드를 말해야 할까? 에코사이드 범죄를 일으키는 사회적 원인들은 무엇일까? 무엇이 그들에게 에코사이드 범죄를 일으키게 하는가? 에코사이드를 통해 이익을 얻는 집단은 누구인가? 나는 이런 질문에 답하고 싶어 이 책을 썼다. 이런 질문을 중심으로 에코사이드에 대한 범죄학·사회학적 분석을 제시하고 싶었다. 그 이유는 현장에서 쓰이는 에코사이드라는 말이 때로는 SEI나 학계에서 논의되는 에코사이드 개념보다 훨씬 다층적이고 역동적인 함의를 갖기 때문이다. 또한 서로 다른 지리적·사회적·법적 조건에서 일어나는 에코사이드 사건은 결국 불평등에 맞선 거대한 사회운동의 흐름 속에서 그 본연의 의미를 찾을 수 있다. 그리고 우리 사회에 저항의 언어가 더욱 풍성해지면 좋겠다고 생각한다. 이 책의 의도가 잘 전달되어 한국형 에코사이드에 저항하기 위한 다양한 풀뿌리 행동, 공적 토론, 운동 담론, 사회 연구가 더욱 활발해지면 좋겠다.

서문 | 에코사이드에 저항하는 이유

1   황준서, 〈생태정의 관점에서 분석하는 유럽연합의 환경범죄 대응 정책〉,
    《EU연구》 63, 2022, 86쪽.

2   '아일랜드섬'은 영국령 북아일랜드Northern Ireland와 아일랜드공화국Republic
    of Ireland 두 나라로 구성되어 있다.

3   '자국민'의 환경보호를 이유로 이주민 인권 박탈 및 탄압 같은 극우
    정책을 정당화하는 정치운동. '생태파시즘ecofacism'의 현대적 형태로서
    환경문제의 심각성을 강조하지만, 그 원인을 이주민, 빈민, 노동자 등
    사회에서 차별받는 소수집단에 전가한다. 예를 들어 "난민이 아니라
    꿀벌을 살리자"와 같은 구호를 외친다. 사실 생태파시즘의 역사적
    기원은 생태학이라는 학문이 등장한 시기로까지 거슬러 올라갈 수
    있다. 생태적 위계를 강조하는 '생태학ecology'이라는 말을 제안한 독일
    생물학자 에른스트 헤켈Ernst Haeckel의 사상은 인종 간 우생학적 위계를
    주장한 독일 나치에 큰 영감을 주었다. 역사적 생태파시즘에 대한
    비판에 대해서는 Robert J. Richards, "Ernst Haeckel's Alleged Anti-
    Semitism and Contributions to Nazi Biology", *Biological Theory*

2, 2007, 97–103 참조. 최근 부상하고 있는 극우 환경운동에 대해서는 Sam Moore and Alex Roberts, *The Rise of Ecofacism: Climate Change and the Far Right*, Polity, 2022 참조.

들어가며 | 에코사이드는 정의의 문제다: 해수구제와 '승자의 정의'

1   오창영, 《한국동물원 80년사: 창경원 편》, 서울특별시, 1996, 198쪽.

2   국토지리연구원, 《대한민국 국가지도집 Ⅱ 2020》, 국토지리연구원, 2020, 102쪽.

3   〈야생생물 보호 및 관리에 관한 벌률 시행규칙〉 [별표 3] 〈유해야생동물〉 참조

4   여기서 '구제'란 "어려운 상황에 있는 남을 돕는다"는 뜻의 '救濟'가 아니라 "해로운 것을 몰아내서 없애버린다"는 뜻의 '驅除'이다.

5   〈전 세계서 '멸종위기'인데 한국선 '유해조수' 취급⋯ 삼국시대부터 함께한 '이 동물'〉, 《서울경제》, 2024.6.5.

6   〈"탕, 탕, 탕" 수목원 총성⋯ 하루에만 12마리 고라니가 사살됐다〉, 《한겨레》, 2022.12.6.

7   야마모토 다다사부로, 《정호기》, 이은옥 옮김, 에이도스. 2015, 20쪽.

8   조시현, 〈한일 과거청산과 식민지 범죄〉, 《문화연구》 4(1), 2016, 153쪽.

9   스텐 베리만, 《한국의 야생동물지》, 신복룡·변영우 옮김, 집문당, 1999, 7쪽.

10 원문은 다음과 같다. Let us be dissatisfied until the tragic walls that separate the outer city of wealth and comfort from the inner city of poverty and despair shall be crushed by the battering rams of the forces of justice.

1부. 에코사이드는 어떻게 시작되었나

1. 에코사이드 논의의 시작, 베트남전쟁과 고엽제

1   Arthur W. Galston, "An Accidental Plant Biologist", *Plant Physiology* 128(3), 2002, pp. 786–787.

2   그래서 일제가 말라야반도를 장악했을 때 미국, 영국, 프랑스 등 연합군은 고무 수급에 어려움을 겪고 대혼란에 빠지기도 했다. 미군이 갤스턴의 지도교수를 급하게 남아메리카로 보낸 이유도 말라야반도를 대체할 고무 생산지를 확보하기 위해서였다.

3   근대 국제인도법International humanitarian law의 기초가 된 4개의 조약인 '전쟁터에서 군대 부상자의 상태 개선에 관한 협약'(1864), '해상에서 군대의 부상자와 난파자의 상태 개선에 관한 협약'(1906), '전쟁 포로의 대우에 관한 협약'(1929), '전시 민간인 보호에 관한 협약'(1949)을 일컫는다.

4   UK Parliament, *Jungle Defoliation, Volume 499: debated on Wednesday 23 April 1952*, Parliament, 1952.

5   이후 미국 국방부 인사들의 증언을 통해 미국이 베트남 침공을 정당화하려고 통킹만 사건 내용 일부를 조작했다는 사실이 드러났다.

6   Bruce Cumings, *The Global Politics of Pesticides: Forging Consensus to Conflicting Interests*, Earthscan, 1998, p. 61.

7   〈고엽제 피해자 100만〉,《한국일보》, 2000.4.20.

8   Gabriel Kolko, *Anatomy of a War: Vietnam, the United States, and the Modern Historical Experience*, The New Press, 1994, pp. 144–145.

9   Arthur W. Galston, "Technology and American Power: The Changing Nature of War", eds. Erwin Knoll and Judith Nies, *War Crimes and the American Conscience*, Holt Rinehart Winston, 1970, pp. 71–72.

10   '인종학살' '민족학살' '집단학살' '집단살해' 등 '제노사이드'에 대한

적확한 번역에 대해 여러 논쟁이 있지만, 이 책에서는 제노사이드에
대한 우리나라 법률의 명칭에 따라 '집단살해'로 번역했다.

11 렘킨의 제노사이드 주장과 집단살해 방지협약의 한계에 대해서는
조효제의 《침묵의 범죄 에코사이드》, 창비, 2022 참조.

12 "Vietnam seeks funds for Agent Orange victims", *Reuters*,
2009.8.10.

13 Arthur W. Galston, "Science and Social Responsibility: A Case
History", *Annals of the New York Academy of Sciences* 196(4),
1972, p. 223.

14 UN General Assembly, *Resolution 2161 (XXI) B*, United Nations,
1966.

15 1960년에 설립된 10개국 군축위원회에 이어 냉전이 고조되던 시기
미국과 소련 사이 군축협상을 촉진하기 위해 1962년에 출범한
대화협의체로 1969년까지 활동했다. 이후 군축위원회회의 Conference of the
Committee on Disarmament를 거쳐 1984년에 군축회의 Conference on Disarmament로
탈바꿈했다.

16 최근 학술연구도 제초제가 화학무기로 사용되었다는 점을 지적하고
있다. Kenneth R. Olson and Larry Cihacek, "How United States
Agricultural Herbicides Became Military and Environmental
Chemical Weapons: Historical and Residual Effects", *Open
Journal of Soil Science* 12(2), 2022, pp. 13~81.

17 범죄의 주관적 요소로서 영어로는 'mens rea'라고도 한다. 환경범죄에
대한 형사적 처벌에 회의적인 의견들은 주로 범죄 의도 입증이 어렵다는
점을 근거로 제시한다.

18 United Kingdom, *Statement before the First Committee of the UN
General Assembly, UN Doc. A/C.1/PV.1717, 10 December 1969, 51*,
United Nations, 1969.

19 "Britain's Secret Role in the Brutal US War in Vietnam",
Declassified UK, 2022.11.16.

20 UN General Assembly, *Official Records: Agenda Item 54*, United Nations, 1971, p. 92

21 Kurt Waldheim, "III. Human Environment", *Bulletin of Peace Proposals* 3(3), 1972, p. 226.

22 David Zierler, *The Invention of Ecocide: Agent Orange, Vietnam, and the Scientists Who Changed the Way We Think About the Environment*, University of Georgia Press, 2011, p. 10.

23 Arthur W. Galston, "Science and Social Responsibility: A Case History", Ibid., p. 196.

24 동북아역사넷. 〈동아시아의 역사〉, https://contents.nahf.or.kr/id/ NAHF.edeah.d_0006_0020_0030_0040.

25 국가보훈부, 〈고엽제질병〉, https://www.mpva.go.kr/mpva/ contents.do?key=129; Institute of Medicine, *Veteran and Agent Orange: Update 2012*, National Academies Press, 2014.

26 Kiem N. Truong and Khuong V. Dinh, "Agent Orange: Half-Century Effects on the Vietnamese Wildlife Have Been Ignored", *Environmental Science & Technology* 55(22), 2021, pp. 15007–15009.

27 Vietnam Agent Orange Relief & Responsibility Campaign, Maps of Agent Orange Spraying Missions in Vietnam, https://vn-agentorange.org/maps/, 2014.

28 Marcos Zunino, 2016, "Subversive Justice: The Russell Vietnam War Crimes Tribunal and Transitional Justice", *International Journal of Transitional Justice* 10(2), 2016, pp. 211–229; 심아정, 〈페미니즘과 생태적 관점으로 다시-쓰는 '민民들의 법정'의 계보 — 확장된 민民들의 목소리와 그 연쇄적 사례를 중심으로〉,《사이間SAI》 31, 2021, 353~392쪽.

29 일본의 공모 혐의에 대해서는 찬성 8 대 반대 3 의견, 나머지는 만장일치.

30 〈50년 만의 판결, 2018년 베트남전 시민평화법정〉,
《일본군'위안부'문제연구소 웹진 '결'》, 2020.12.7.

31 "Vietnamese appeal 'agent orange' suit in New York", *Reuters*,
2007.8.9.

32 〈'고엽제 피해자' 첫 승소 의미와 영향〉,《연합뉴스》, 2006.1.26.

33 공식 명칭은 '한국군 월남 증파에 따른 미국의 협조에 대한 주한 미대사
공한'이다. 주요 내용은 한국군 현대화를 위해 수년간 장비 지원, 추가
파병에 필요한 장비 제공 및 비용 부담, 베트남 파견 병력을 대체할 보충
병력에게 필요한 장비 제공 및 재정 부담, 주월 한국군에게 필요한 보급
물자 용역 및 장비는 실시할 수 있는 한도까지 한국에서 구매, 미국 정부
및 업체들이 베트남에서 실시하는 건설 사업에 한국 업체들이 참여할
기회 및 한국인 민간 기술자들의 고용을 늘릴 것, 기술 원조 강화 및
추가 차관 제공 등이다.

34 이상호, 〈베트남전쟁 파병 국군 전사자 현황과 국내 언론 보도〉,《역사와
현실》 116, 2020, 103~126쪽.

35 "The U.S.'s Toxic Agent Orange Legacy". *The Atlantic*, 2019.7.20.

2. 죽고, 파괴되고, 사라지는 에코사이드 현장들

1 Vincenzo Ruggiero. "The environment and the crimes of
the economy", eds. Avi Brisman and Nigel South, *Routledge
International Handbook of Green Criminology*, Routledge, 2020,
pp. 421–432.

2 롭 닉슨,《느린 폭력과 빈자의 환경주의》, 김홍욱 옮김, 에코리브르,
2020.

3 Juneseo Hwang, "Criminal Justice in a Time of Ecological Crisis:
Can the Serious Accidents Punishment Act in Korea Be Enforced
to Punish 'Ecocide'?", *International Journal of Criminal Justice*
4(2), 2022, pp. 30–57.

4 '정당한 전쟁론just war'의 문제점과 전쟁 자체를 범죄로 규정해야

한다는 비판범죄학자들의 입장에 대해서는 Vincenzo Ruggiero, "Criminology against war", *Justice, Power and Resistance* 6(3), 2023, pp. 263–277 참조.

5 '페니언의 불_{Fenian fire}'이라는 별명을 가진 폭탄으로 이황화탄소 용액을 터뜨려 빠르게 불타는 하얀 증기를 퍼뜨리는 폭탄이다. 제네바협약과 특정재래식무기금지협약에서 주거지역이나 민간인 밀집 시설에서 백린탄 사용을 금지하고 있으며, 시민사회단체들은 백린탄의 완전한 폐기를 주장하고 있다. 그러나 한국은 '안보 상황'을 이유로 다양한 백린탄을 개발·생산·보유 중이다.

6 International Committee of the Red Cross, *Iraq's perfect storm: a climate and environmental crisis amid the scars of war*, International Committee of the Red Cross, 2021.

7 "Russia is committing grave acts of ecocide in Ukraine–and the results will harm the whole world", *The Guardian*, 2023.8.16.

8 콜롬비아에서만 전체 면적 중 30% 이상에 해당하는 30만 헥타르 숲에 제초제가 뿌려졌다고 한다. 참고로 서울의 면적이 약 6만 헥타르라고 하니, 미군은 서울의 5배가 넘는 땅에 에코사이드를 저지른 것이다.

9 International Coalition on Drug Policy Reform and Environmental Justice, *Revealing the missing link to Climate Justice: Drug Policy*, International Coalition on Drug Policy Reform and Environmental Justice, 2023.

10 기후변화를 '21세기 최악의 안보 위협_{security threat}'이라고도 하는데, 기후변화를 '기후안보'의 형태로 보는 관점은 오히려 군대의 환경 책임을 희석하고, 다가올 전쟁에 대비해야 한다는 주장으로 귀결되는 문제가 있다.

11 "The climate costs of war and militaries can no longer be ignored", *The Guardian*, 2024.1.9.

12 "US and UK militaries 'owe' combined \$111bn in climate reparations–study", *The Guardian*, 2023.11.6.

13 〈기후위기, 전쟁의 원인이자 전쟁의 결과〉, 《전쟁없는세상》, 2022.6.23.

14 Duncan Depledge, "Low-carbon warfare: climate change, net zero and military operations", *International Affairs* 99(2), 2023, pp. 667–685.

15 〈유엔, 아이티 콜레라 창궐 평화유지군 책임 첫 인정〉, 《연합뉴스》, 2016.8.18.

16 파키스탄 정부가 1971년 3월 당시 동파키스탄(현재 방글라데시)의 독립 요구를 탄압하고자 군대를 파병했고, 이곳에서 9개월에 걸쳐 파키스탄 정부군과 이슬람 민병대에 의한 집단학살이 발생했다. 사망자 규모는 30만~300만 명, 전시 강간 피해자는 20만~40만 명에 이른다. 홀로코스트 이후 가장 대규모 집단학살이라고 한다.

17 미얀마 서부 라카인주에 거주하는 소수집단인 로힝야 민족과 그들에 동조한 소수집단을 대상으로 미얀마 정부가 저지르고 있는 집단학살이다. 2017년 무장 해방을 추구하는 로힝야 무장단체가 정부군을 공격했다는 이유로 미얀바 정부는 '청소작전Clearance Operation'을 개시했고, 2만~4만 명의 사망자와 80만 명이 넘는 난민이 발생한 것으로 추정된다.

18 2003년 수단 독재자 오마르 알바시르Omar al-Bashir가 저지른 인종청소로 21세기 최초의 제노사이드라고 명명되기도 했던 사건이다. 아랍어-이슬람이라는 유사한 종교 및 언어집단 안에서 발생한 폭력이라는 특징이 있는데, 유목민과 정착민 사이 토지 분쟁과 외세까지 가담한 석유를 둘러싼 이권 분쟁 등 여러 복합적 원인이 얽혀 있는 장기화된 분쟁protracted conflict 중 하나이다. 국제형사재판소는 이 사건을 '인종청소'로 규정하고, 오마르 알바시르를 인도에 반하는 범죄와 전쟁범죄, 집단학살 혐의로 기소했으나, 수단 정부의 협조 거부로 체포에는 어려움을 겪고 있다.

19 야지디교는 쿠르드인의 민족종교이며, 야지디인은 이 종교를 기반으로 정체성을 형성한 집단이다. 이슬람과 기독교 국가에서 모두 이단으로 규정돼 박해받고 있다. 이라크를 장악한 이슬람국가IS 세력은

2014~2017년에 야지디인의 멸절을 목표로 인종청소를 저질렀다. 쿠르드인의 독립운동을 탄압하는 서방과 튀르키예 등 중동 국가들의 외면으로 현재 피해 회복에 어려움을 겪고 있다.

20 모순적으로 러시아는 우크라이나에 거주하는 러시아계 주민들을 잔학 행위로부터 보호하겠다면서 우크라이나를 침공했다.

21 Jennifer Huseman and Damien Short, "'A slow industrial genocide': tar sands and the indigenous peoples of northern Alberta", *International Journal of Human Rights* 16(1), 2012, pp. 216–237.

22 "Israel's Campaign Against Palestinian Olive Trees", *Yale Review of International Studies*, 2023.3.11.

23 〈'인권경영' 선언한 HD현대, 팔레스타인 문제는 '외면'〉, 《경향신문》, 2023.4.10.

24 "Legal Consequences arising from the Policies and Practices of Israel in the Occupied Palestinian Territory, including East Jerusalem", *International Court of Justice*, 2024.7.19.

25 "Application of the Convention on the Prevention and Punishment of the Crime of Genocide in the Gaza Strip (South Africa v. Israel)", *International Court of Justice*, 2024.

26 Rasha Khatib, Martin McKee and Salim Yusuf, "Counting the dead in Gaza: difficult but essential". *The LANCET* 404, 2024, pp. 237–238. 이스라엘은 무차별 공중폭격은 물론 인공지능을 활용해 '고의로' 민간인을 학살하고 있다. 이는 분명 집단살해방지협약 위반일 뿐만 아니라 그 자체로 악한 행위이다. 한편 국제법은 폭력적인 이스라엘을 통제하지 못하고 사실상 기능을 상실했다고 지탄받고 있다.

27 〈캐나다 원주민 집단 아동 유해' 잇따라 발견… 그것은 '제노사이드'였다〉, 《KBS》, 2021.9.30.

28 〈'타르샌드' 개발에 원자력 이용 논란〉, 《한겨레》, 2019.10.19.

29 참고로 한국은 1970년대 동력자원부 시절부터 공동타당성조사,

투자협의 등을 통해 캐나다 오일샌드 개발에 참여해왔다. 2023년에 한국원자력연구원은 앨버타주 오일샌드 광산 채굴에 필요한 에너지를 공급할 목적으로 캐나다 앨버타주 정부와 '탄소배출이 거의 없는' 소형 일체형 원자로 배치 추진을 위한 양해각서를 체결했다.

30 "The effects of tar sands development on Alberta's Indigenous peoples: a case of ecocide", *Medium*, 2020.10.27.

31 "Awaiting justice: Indigenous resistance in the tar sands of Canada", *OpenDemocracy*, 2015.4.22.

32 다만 고의성을 입증하기 어려운 '구조적인 집단살해'도 무리하게 집단살해의 범주에 넣으면 오히려 모든 현상이 집단살해가 되어버려 개념적 타당성을 잃는다는 반론도 있다.

33 한국 정부는 리튬, 니켈, 코발트, 망간, 흑연, 희토류 5종(세륨, 란탄, 네오디뮴, 디스프로슘, 터븀)을 '미래 첨단산업'에 필수적인 광물로 지정해 여러 나라에 있는 지하 광산은 물론 심해로까지 탐사 지역을 넓히고 있다.

34 모래는 복잡하고 거대한 수생태계를 지탱하는 기반이자 전 세계적으로 화석연료보다 더 많이 채굴된 자원이다. 유엔환경계획은 전 세계적으로 매년 400~500억 톤의 모래가 바다와 강바닥에서 채굴되고 있다고 추산하며, 조만간 고갈 상태에 이를 것이라고 진단한다.

35 거대한 그물로 해저 바닥까지 긁어서 어획하는 방식으로 19세기 영국에서는 '획기적인 어획량 증대'를 가져올 방식으로 성행했다. 그러나 마구잡이로 건져 올린 물고기 중 대다수는 '경제적 가치'가 없다는 이유로 다시 폐기되며, 어린 치어들도 마구 잡기 때문에 어류의 멸종을 초래하고 해양생태계를 파괴하는 주요 원인으로 비판받는다. '쌍끌이' 어업이라고도 불린다.

36 세대를 거치면서 자연과 거리가 멀어지는 현상을 '환경에 대한 세대 간 기억상실generational environmental amnesia'이라고 부른다. 환경오염이 축적될수록 '오염된 자연환경'이 새로운 세대에게는 가장 깨끗한 상태로 기억된다는 현상이다. 피터 칸 주니어Peter H. Kahn Jr.가 미국 휴스턴에

사는 아동들을 대상으로 한 실험을 통해 도출한 개념이다. 이 실험에서 아동들은 휴스턴이 실제로는 미국에서 가장 오염된 도시 중 하나임에도 가장 깨끗한 곳이라고 인식했다.

37 지역사회의 사회적·생태적 수용 능력을 초과하여 지나치게 많은 관광객이 몰려들면서 생태계 조작을 비롯해 탄소배출, 자원 낭비, 폐기물 축적, 젠트리피케이션, 슬럼화 등의 문제가 연쇄적으로 악화되는 현상이다. 영어로는 '오버투어리즘overtourism'이라고 한다. 한국에서는 토착 식물을 뽑고 핑크뮬리 같은 생태계 교란종을 심어서 관광을 유도하는 상황을 대표적인 과잉관광 문제로 생각해볼 수 있다.

38 습기가 많은 땅에서 죽은 식물들이 분해되지 않은 상태로 석탄의 일종인 이탄 상태로 퇴적되어 형성된 습지를 뜻한다. 한국에는 오대산 소황병산늪, 정족산 무제치늪 지대가 있다. 지구 표면의 약 3%만을 차지하고 있지만, 상당량의 탄소를 머금고 있어 천연 탄소저장고로 주목받고 있다. 그러나 식용, 농지 개간, 연료용 이탄 채굴, 도로 건설, 광산 채굴, 풍력이나 수력 등 '재생에너지' 인프라 건설 등으로 세계 곳곳에서 상당히 파괴된 상태다.

39 운전자들은 로드킬로 인해 파손된 차량을 개인적으로 보험처리를 하고, 정신적 피해도 스스로 회복해야 한다.

40 "Deep Dive: The hidden death toll of roadkill", *Deutsche Welle*, 2024.5.2.

41 울리히 벡, 《위험사회: 새로운 근대(성)을 향하여》, 홍성태 옮김, 새물결, 1997.

42 한국원자력안전기술원 산하 원자력안전정보공개센터, 《자꾸만 정지하는 원자력발전소, 과연 안전한가요?》 참조.

43 〈'체르노빌 20돌' 재앙은 오래 계속된다〉, 《한겨레》, 2019.10.20.

44 "Japanese govt should be charged with ecocide for dumping nuclear-contaminated wastewater into ocean: think tank", *Global Times*, 2023.9.2.

45 "Bhopal: The World's Worst Industrial Disaster, 30 Years Later",

The Atlantic, 2014.12.2.

3. 누가, 어떻게 에코사이드를 일으키는가

1   Allan Schnaiberg, *The Environment: From Surplus to Scarcity*,
    Oxford University Press, 1980, p. 417.

2   '생물다양성'은 한국 환경단체에서도 흔히 무분별하게 사용되는
    개념이지만, '자연생태계는 다양한 종이 있어야 옳다'는 환상을
    재생산하고, 생태계를 지금까지 인간에게 알려진 생물종을 기준으로
    치환하며, 서구 과학 관점에 따라 인간을 생물다양성 범주에서 빼놓는
    등 여러 문제를 지적받고 있다. "The case against the concept of
    biodiversity", *Vox*, 2021.8.5. 참조.

3   "Techno-Optimism: Why Money and Technology Won't Save
    Us", *Earth.Org*, 2021.6.8.

4   그동안 잘 알려지지 않은 데이터 기술의 환경영향에 대해서는 "Data
    Centres: 10 Things You Really Should Know About These "Super-
    Dumps"", *Hot Press*, 2023.7.11. 참조. 한국에서도 데이터센터 건립을
    둘러싼 갈등이 진행 중이다. 다만 안타깝게도 데이터센터가 상징하는
    여러 사회적, 환경적 문제들에 대한 논의보다는 '주민 이기주의'나 '보상
    문제'로 묘사되고 있다.

5   〈'전기 먹는 하마' 데이터센터 급증… "원전 30기 분량 전력 더 필요"〉,
    《매일경제》, 2023.9.17.

6   한국에서는 'settler colonialism'을 '정착민(또는 개척자)
    식민주의'라고도 하는데, '정착민'이란 '특정 지역에 이주해 영주하는
    사람들'이라는 뜻으로 토지강탈을 수반하는 식민화 현상을
    정확히 묘사하기에는 적합하지 않다고 본다. 이외 소수의 침략자
    집단이 토착민들을 지배하면서 무력을 동원하여 착취하는 '착취
    식민주의exploitation colonialism', 침략자들이 영구적 또는 반영구적으로 토착
    식생을 강제로 단일 작물농장으로 바꾸는 '플랜테이션 식민주의plantation
    colonialism', 외세가 식민지에서 외세를 추종하는 현지 통치자를 세우는

‘대리 식민주의surrogate colonialism’, 한 민족국가 내에서 특정 집단이 다른 집단을 지배하는 ‘내부 식민주의internal colonialism’ 유형이 있다.

7   Farhana Sultana, "The unbearable heaviness of climate coloniality", *Political Geography* 99, 2022, p. 102638.

8   〈식민지 탐욕이 하와이 산불 키웠다… 식민주의와 기후재앙〉, 《경향신문》, 2023.10.20.

9   Peter Dauvergne, *Environmentalism of the Rich*, The MIT Press, 2016.

10   "EU elections: Is ‘greenlash’ behind the rise of th far-right or are other factors at play?", *euronews*, 2024.6.6.

11   스리랑카에서도 최근 녹색정책에 대한 비슷한 반발이 일었다. 형제가 대통령과 총리직을 교대하는 등 부정부패가 만연한 상황에서 스리랑카 정부는 농민들의 현실을 고려하지 않고 100% 화학비료 금지 및 유기농 농업 전환 조치를 발표했고, 이는 정권 퇴진운동을 불러왔다

12   "Why is Europe desperate for lithium, and why are Serbians up in arms?", *euronews*, 2024.8.9.

13   크리스토프 멩케·아른트 폴만, 《인권 철학 입문: 정치적·도덕적 경험에 비추어본 인권의 철학적 문제들》, 정미라·주정립 옮김, 21세기북스, 2012, 243쪽.

14   〈거짓을 욕망하고, AI로 가짜 정보를 찍어내는 ‘탈진실’의 시대〉, 《한겨레》, 2024.2.5.

15   마이클 만·톰 톨스, 《누가 왜 기후변화를 부정하는가: 거짓 선동과 모략을 일삼는 기후변화 부정론자들에게 보내는 레드카드》, 정태영 옮김, 미래인, 2017.

16   "Turmp Has Called Climate Change a Chinese Hoax. Beijing Says It Is Anything But", *New York Times*, 2016.11.18.

17   〈"미 교토의정서 거부, 엑슨모빌 로비 탓"〉, 《한겨레》, 2019.10.19.

18   Joana Setzer and Catherine Higham, *Global trends in climate change litigation: 2024 snapshot*, Grantham Research Institute on

Climate Change and the Environment, 2024.

19 "Climate Misinformation on Social Media Is Undermining Climate Action", *NRDC*, 2022.4.19.

20 스베틀라나 알렉시예비치, 《전쟁은 여자의 얼굴을 하지 않았다》, 박은정 옮김, 문학동네, 2015, 18쪽.

21 〈"전쟁이 남성성을 만들었다"〉, 《한겨레21》, 2020.5.12.

22 Cara Daggett, "Petro-masculinity: Fossil Fuels and Authoritarian Desire", *Millennium: Journal of International Studies* 47(1), 2018, pp. 24–44.

23 어린이재단 스웨덴Barnfonden, 《기후변화와 아동대상 폭력 간 연관성에 대한 탐구》, 어린이재단 스웨덴, 2021.

24 유엔 여성에 대한 폭력 및 그 원인과 결과 특별보고관Special Rapporteur on violence against women and girls, its causes and consequences의 2022년 보고서(A/77/136) 참조.

25 "Men Resist Green Behavior as Unmanly", *Scientific American*, 2017.12.16.

26 한국을 비롯해 2030 남성이 기후변화나 환경문제에 덜 관심을 보이는 동시에 빠르게 보수적으로 변하는 현상은 글로벌 북반구 전반에 걸친 사회적 경향이다. "A new global gender divided is emerging", *Financial Times*, 2024.1.26.

27 "Explainer: How gender inequality and climate change are interconnected", *UN Women*, 2022.2.28.

28 2023년에 한국 시민사회단체들은 '여성, 청년, 성소수자, 비인간동물을 모두 포함한 페미니즘'의 관점에서 쓴 〈페미니스트 기후정의 선언문〉을 채택했다.

2부. '한국형' 에코사이드

1. 모든 비극의 서막, 개발독재

1   〈문재인 전 대통령 "잼버리로 우리는 국격, 긍지를 잃었다"〉,
    《경향신문》, 2023.8.13.

2   〈[기고] '국제적 망신' 새만금 잼버리, 승자는 따로 있다〉, 《녹색연합》,
    2023.8.17.

3   〈"저질러 놓고, 시설은 이후에"… 11년 전 잼버리 유치 때부터 개최
    능력은 '뒷전'〉, 《한국일보》, 2023.8.9.

4   1986년에 이미 '김제지구 간척지 농업개발사업'이라는 이름으로 추진된
    바 있었는데, 전두환 정부 안에서도 경제성이 떨어진다는 반대 의견이
    있어 중단되었다. 새만금사업은 이미 타당성을 잃은 사업이었다.

5   〈새만금 고항, 미군 통제 벗어나겠다며 미군 요구 반영하나〉,
    《한겨레21》, 2023.8.25.

6   〈[서곡숙의 문화톡톡] 〈수라〉—새만금의 마지막 갯벌, 인간의 오만과
    자연의 생명력〉, 《르몽드디플로마티크》, 2024.1.15.

7   〈"생태학살", "지역 발전" 새만금공항 건설 두고 두 쪽 난 전북〉,
    《한겨레》, 2024.9.20.

8   〈[보도자료] 새만금호 교호 운영 여전히 빈산소 수괴 해결 못해〉,
    새만금시민생태조사단, 2024.10.11.

9   최광승·조원빈, 〈박정희의 민주주의관과 유신체제 정당화〉,
    《한국동북아논총》 26(2), 2021, 45~67쪽.

10 조희연, 《박정희와 개발독재시대: 5·16에서 10·26까지》, 역사비평사,
    2007.

11 홍성태, 〈대한민국은 공사 중, '토건국가'의 개혁을 위해〉, 《참여사회》,
    2005.10.1.

12 홍성태, 《개발주의를 비판한다》, 당대, 2007.

13 강진연, 〈국가성의 지역화—한국의 토건국가 형성 과정과 성장연합의
    역사적 구성〉, 《사회와 역사》 105, 2015, 328쪽.

14 같은 책, 329쪽.

15 〈쏟아지는 외화에 입을 다물지 못하다〉, 《한겨레》, 2014.11.14.

16 〈[발굴 秘史 미래전략가 박정희 7] 국토의 백년대계 '그린벨트'〉,
    《영남일보》, 2010.11.15.

17 그래서 도시 사이에 그린벨트가 샌드위치처럼 끼어 있는 '개구리뜀뛰기
    개발현상leapfrog'이 발생했다.

18 〈강남 땅 투기 원조는 박정희였다〉, 《한겨레》, 2017.1.9.

19 1971년에 일어난 '8·10성남민권운동'('광주대단지사건'이라고도 함)이
    대표적인 사건이다.

20 1902년 서울에서 처음 발견되어 '서울개발나물'이라는 이름이 붙었다.

21 〈[황재성의 황금알] 박정희가 만든 52살 개발제한구역, 100년을 내다본
    정답은〉, 《동아일보》, 2023.6.17.

22 Mark Beeson, "The coming of environmental authoritarianism",
    Environmental Politics 19(2), 2010, pp. 276–294.

23 Yifei Li and Judith Shapiro, *China Goes Green: Coercive
    Environmentalism for a Troubled Planet*, Polity Press, 2020.

24 Chang-Hee Christine Bae and Myung-Jin Jun, "Counterfactual
    Planning: What If There Had Been No Greenbelt in Seoul?",
    Journal of Planning Education and Research 22, 2003, pp. 374–
    383.

25 이상훈, 〈한 번 해제하면 되돌릴 수 없다 — 반대〉, 《참여사회》, 1999.9.1.

26 〈그린벨트 농업용 비닐하우스서 흑염소 키우고, 작업장 만들다 적발〉,
    《경향신문》, 2022.5.8.

27 〈2026년까지 서울에 정원 1,000개 만든다… 도심 녹지 늘까?〉,
    《경향신문》, 2024.3.7.

28 한국과 마찬가지로 외세에 의한 분단과 식민지배 잔재, 고착화된
    갈등구조가 비슷한 아일랜드는 영국으로부터 독립한 이후 근대 국가로
    변모하는 과정에서 발생하는 환경오염 비용을 최소화하기 위해
    환경관리체제를 수립했다. 그러나 이 관리체제의 핵심 목적은 '도시의

깨끗한 발전'을 도모하기 위해 오염을 농촌으로 외주화하는 것이었다. Patrick Bresnihan and Patrick Brodie, "From toxic industries to green extractivism: rural environmental struggles, multinational corporations and Ireland's postcolonial ecological regime", *Irish Studies Review* 32(1), 2024, pp. 93–122.

29 '오염자부담원칙'은 1972년 5월 26일 경제개발협력기구OECD에서 채택한 '국제경제적 측면에서 환경정책 지도원칙'에 처음 등장했다. 이에 따르면 환경문제를 생태계 보호가 아니라 오염비용의 분배 측면에서 다루기 때문에 (상품 및 서비스의 가격 인상, 정리해고를 통한 '비용 절감' 등을 통해) 오염비용을 지불할 수 있는 기업은 오염을 계속 일으킬 수 있다.

30 주재현, 〈환경보전법 제정 원인에 관한 연구〉, 《한국행정학회보》 33(1), 295~310쪽.

31 고문현, 〈헌법상 환경권의 개정 방안〉, 《법학논총》 40, 2018, 1~20쪽.

32 안종주, 〈국내 주요 환경보건 재난의 전개 과정과 그 교훈, 그리고 환경보건 전문가의 역할〉, 《한국환경보건학회지》 48(1), 2022, 11쪽.

2. 한국 에코사이드 현장들

1 〈[논평] '민생 내팽개친' 윤석열 정부의 2024년도 예산안〉, 《참여연대》, 2023.8.29.

2 "Is military enlistment a pathway to upward mobility?", *Fordham Institute*, 2022.12.8.

3 돈과 권력을 이용해 각종 편법 행위로 징병을 피하는 집단이 있으므로 '외관상'이라는 표현을 덧붙였다.

4 "Does the Military Give Young People a 'Leg Up'?", *ForcesWatch*, 2017.5.1.

5 협력국 소개 참조. https://www.un.org/peacebuilding/content/featured-partner-republic-korea.

6 황준서, 〈에어쇼, 불편한 진실을 감추는 '전쟁 프로파간다': [주장]

군대의 환경 책임에 대하여〉, 《오마이뉴스》, 2021.10.20.

7 〈[22대 국회 과제] 공격적이고 과도한 전력 증강 계획 수정 및 군비 축소〉, 《참여연대》, 2024.6.4.

8 〈집속탄〉, 《경향신문》, 2023.7.10.

9 "Israel's toxic legacy: White phosphorus bombs on south Lebanon", *Al Jajeera*, 2024.3.25.

10 〈무기·총포탄 제조하는 '코리아디펜스인더스트리' 논산공장 준공식 개최〉, 《뉴스투데이》, 2024.6.13.

11 〈비인도 무기 확산탄 생산 숨기려 한 한국 정부〉, 《전쟁없는세상》, 2023.7.21.

12 〈집속탄 생산국·수출국·수입국 KOREA〉, 《한겨레21》, 2008.6.12.

13 〈'지뢰 매설 밀도 세계 1위' 한반도 DMZ〉, 《녹색연합》, 2019.10.16.

14 〈제주를 '항공우주전쟁섬'이 되게 할 것인가〉, 《프레시안》, 2023.12.31.

15 〈서해 호령하던 '백령도 물범' 다 어디로…〉, 《한겨레》, 2019.10.20.

16 〈뽀송뽀송 배내털 남은 점박이물범이 왜 백령도에?… 국내서도 번식 가능성〉, 《경향신문》, 2024.3.11.

17 〈환경에 구멍 뚫린 '군 골프장'〉, 《한겨레21》, 2001.10.31.

18 〈군 골프장 농약 사용 관리의 문제점〉, 《녹색연합》, 2002.6.26.

19 〈[마부작침] 골프가 유행이라는데, 환경은 괜찮은 걸까?〉, 《SBS》, 2022.6.26.

20 동쪽 지역은 현재 '파푸아뉴기니'로 독립했다.

21 17세기 초 잉글랜드가 식민지배 중이던 아일랜드섬에 본토 주민을 대거 이주시킨 '얼스터 플랜테이션'과 유사하다. 강미경, 〈원주민들은 어디로 갔을까?: 17세기 초 얼스터 플랜테이션 시기 원주민의 이주〉, 《영국 연구》 50, 2023, 1~27쪽 참조.

22 "President Wenda: A crime against humanity has been committed in West Papua", *United Liberation Movement for West Papua*, 2024.3.21.

23 "West Papua Conflict: From Genocide to Ecocide", *Center for*

Creative Ecologies, 2018.3.

24 〈인도네시아 하원, 파푸아 개발법 통과… 원주민 반발 확산〉,
《연합뉴스》, 2022.6.30.

25 무기 수출 품목 분류에 따라 최루탄을 (비살상용) '치안무기'로
명명했으나, 한국 민주화 시위를 비롯해 여러 사례들이 최루탄도 살해
도구로 쓰일 수 있다는 사실을 증명한다.

26 〈[세대 간 기후범죄 재판소] 증언 2: 웨스트파푸아를 탄압하는 한국산
무기〉, 《전쟁없는세상》, 2023.4.12.

27 〈[기사] 인도네시아의 원시림을 파괴하는 한국 회사들을 만나다〉,
《공익법센터 어필》, 2017.11.28.

28 〈대표 한상기업 '코린도그룹', 팜유 개간 위해 인도네시아 열대우림 방화
'맹비난'〉, 《IMPACT ON》, 2020.11.17.

29 "Permanent Peoples' Tribunal on State and Environmental
Violence in West Papua", *The Indicment*, Centre for Climate
Crime and Climate Justice, 2024, p. 3.

30 성토대회 영상은 유튜브에서 다시 볼 수 있다. https://
www.youtube.com/watch?v=dbrIO-7VVLM.

31 〈[보도자료] 올림픽 잔치는 끝났다, 가리왕산 복원하라!〉, 《녹색연합》,
2024.8.12.

32 윤성순·김경신·장정인, 《바닷모래의 이용 실태와 관리 개선 방향》,
한국해양수산개발원, 2017, 33쪽.

33 이시환 외, 《생명의 근원 바다여 영원하라》, 신세림출판사, 2018.

34 〈'살처분' 용어 사라지나… 경기도, 축산 용어 순화 추진〉, 《연합뉴스》,
2021.4.14.

35 〈[산 채로 분쇄, 눈뜬 채 도살… 우리가 먹는 동물들의 삶]〉, 《KBS》,
2021.4.5.

36 〈알 못 낳는다고… 수컷 병아리 매년 5000만 마리 학살〉, 《한겨레》,
2024.7.8.

37 〈충남 스마트 축산단지, '100일' 안에 결판난다〉, 《중도일보》, 2024.5.27.

38 〈공장을 나온 동물들의 이야기〉,《르몽드디플로마티크》, 2024.4.30.

39 〈정부의 소·돼지 살처분, 과연 잘못된 선택이었나?〉,《프레시안》, 2011.4.12.

40 〈올해 예방적 살처분 일상화되고 있다〉,《돼지와사람》, 2023.2.17.

41 〈천연기념물 한반도 산양 70%의 떼죽음〉,《한국일보》, 2024.6.12.

42 〈환경부, 멧돼지 ASF 울타리 '부분 개방' 연구 결과 받고도 1년간 뭐했나〉,《한국일보》, 2024.3.26. 환경부는 겨울 폭설로 먹이를 구하지 못한 원인이 더 크다고 변명으로 일관하다가 (폭염으로 인해 먹이를 구하려고 이동하던 산양들이 울타리에 막혔을 가능성은 제대로 고려하지 않고), 결국 2024년 5월부터 1년간 울타리 부분 개방 시범사업을 시행하기로 했다.

43 〈"제발 구해주세요" 사육 곰 300마리의 외침〉,《주간경향》, 2024.1.22.

44 시노하라 마사타케,《인류세의 철학: 사변적 실재론 이후의 '인간의 조건'》, 조성환·이우진·야규 마코토·허남진 옮김, 모시는사람들, 2022.

45 〈'한랭 다습'서 '온난 건조'로… 산불에 더 취약해진 강원도〉,《KBS》, 2024.2.24.

46 〈최문순 "강원 산불 인재 아냐" 발언에 이재민들 사죄 요구〉,《매일경제》, 2019.4.22.

47 그러나 2024년 12월 26일 대법원은 SK케미칼 홍지호 전 대표와 한순종 전 상무, 안용찬 전 애경산업 대표에게 금고 4년을 선고한 원심을 파기하고 서울고법으로 돌려보냈다. 대법원이 해당 사건을 파기환송한 핵심 이유는 2018년 대법원에서 최종 유죄를 선고받은 신현우 전 옥시레킷벤키저 대표와 SK케미칼, 애경산업 전 대표 등을 공동정범으로 묶을 수 없다는 것이었다.

48 〈'태안 기름유출사건' 삼성重·삼성물산 고발당해〉,《경향신문》, 2008.3.13.

49 이창현,〈자원봉사는 태안을 살리고 자원봉사 보도는 삼성만 살렸다: 기름유출사고와 언론 보도 분석〉,《신문과방송》 446, 2008, 86~91쪽.

50 박순열·홍덕화,〈허베이 스피리트호 기름유출사고로 인한 태안 지역의

사회경제적 변동: 재난의 파편화와 사사화〉, 《공간과사회》 34, 2010, 142쪽.

51 〈태안 신문 기자들이 전하는 '삼성중공업 기름유출사고' 15년의 아픔〉, 《미디어오늘》, 2022.12.7.

52 〈"환수? 위탁? 못 줘?"… 태안 기름유출 삼성 출연금 2천억 표류 계속〉, 《KBS》, 2023.10.4.

53 "Devastating Laos dam collapse leads to deforestation of protected forests", *Mongabay*, 2018.12.28.

54 주민들과 환경단체의 반대에도 댐 건설을 강행한 라오스 정부도 책임이 있다.

55 〈[단독] '라오스 댐 붕괴' SK건설, 이윤 늘리려 설계 변경 의혹〉, 《한겨레》, 2018.10.15.; 〈[기자회견] '인재'로 밝혀진 라오스 댐 사고 1년, SK건설과 한국 정부의 책임 촉구〉, 《참여연대》, 2019.7.23.

56 〈[보도자료] 라오스 세피안·세남노이 댐 사고 5주기, 피해자들의 고통은 계속되고 있다〉, 《KTNC Watch》, 2023.7.23.

3. '한국형' 에코사이드, 왜 계속되는가

1 형법상 범죄를 입증하기 위해서 사법부(검사)는 범죄 사실에 대한 증거를 제출해야 한다. 증거가 불충분한 상태에서 무고한 시민을 범법자로 만드는 국가권력의 남용을 방지하기 위해서이다. 하지만 우리가 가진 과학 지식으로 특정 행위가 정확히 어디까지, 언제까지, 얼마나 환경을 오염시켰는지 입증하기가 쉽지 않다. 따라서 환경범죄 처벌에서는 인과관계 추정을 허용하는 법적 규정에 따라서 인과관계를 추정할 수 있다고 보는 원칙이다.

2 김정환, 〈30년간 환경형법의 변화〉, 《법학연구》 27(3), 2017, 57~87쪽.

3 김재윤, 〈환경범죄단속법상 형벌 규정의 문제점과 개선 방향〉, 《일감법학》 40, 2018, 73쪽.

4 〈환경 사범 늘어가는데 형벌 완화하겠다는 윤석열 정부〉, 《함께사는길》, 2022.10.1.

5 〈"환경범죄 90% 이상 경미한 벌금형"〉, 《법률신문》, 2020.11.16.

6 〈[단독] 환경사범 적발하면 뭐 하나… 처벌 결과도 모르는 환경부〉, 《그린포스트코리아》, 2015.10.7.

7 〈미군이 오염된 땅을 넘겨주고 떠나는 이유〉, 《뉴스타파》, 2018.11.2.

8 〈[단독] 폐쇄 7년 원주 '캠프 롱' 오염정화비도 한국이 떠맡는다〉, 《한겨레》, 2017.7.24.

9 Duncan Depledge, "Low-carbon warfare: climate change, net zero and military operations", *International Affairs* 99(2), pp. 667–685.

10 〈기후위기 시대, '친환경 가면'을 쓴 기후 악당들-방위산업체의 그린워싱〉, 《전쟁없는세상》, 2022.9.24.

11 〈"산업폐기물로 기업은 돈 벌고 피해는 주민이… 더는 안 돼"〉, 《한겨레》, 2023.11.15.

12 〈경찰은 '서둘러 무리'했고, 용역 깡패는 대담했다〉, 《오마이뉴스》, 2017.1.20.

13 신영전, 〈[세상 읽기] 나쁜 바이러스는 없다〉, 《한겨레》, 2020.3.4.

14 이주연, 〈'위험의 외주화'가 '어쩔 수 없는 일'이라고?〉, 《프레시안》, 2018.12.29.

15 〈현대오일뱅크, 450억 아끼려 페놀 폐수 대기 중에 내보내 검찰 기소〉, 《한겨레》, 2023.8.11.

16 〈[단독] 현대오일뱅크에 1509억 과징금 환경부, 금액 낮춘다〉, 《뉴스1》, 2023.2.22.

17 〈HD현대오일뱅크, 오염물질의 외주화인가?〉, 《서산시대》, 2023.9.21.

18 〈위기를 넘는 우리의 힘! 923기후정의행진〉, 《참여연대》, 2023.9.19.

19 UN General Assembly, *A/71/281*, United Nations, 2016.

20 UN Human Rights Council, *A/HRC/RES/40/11*, UN Human Rights Council, 2019.

21 2024년 7월 20일, 영국 법원은 고속도로 봉쇄 시위를 기획한 기후활동가 5명에게 '공공안전 위협'을 이유로 4~5년의 징역형을

선고했다. 영국 역사상 비폭력 시위를 이끈 단체에 내려진 가장 높은 형량인데, 마약 범죄(3.3년), 폭력(1.7년), 강도(4년)에 선고된 평균 징역형보다 훨씬 강한 처벌이 내려져 인권침해 및 사법 불평등 논란이 있다.

22 〈[보도자료] MB 국정원의 4대강 사업반대 민간인 사찰을 폭로한다〉,
    《녹색연합》, 2021.3.15.

23 〈"생명 존중 내세워 좌파 이념 성향… 4대강 반대 당연시"〉, 《불교닷컴》,
    2021.3.15.

24 〈與, 사드 등 '7대 환경 괴담' 규정… "환경단체 괴담 단체로 변질"〉,
    《연합뉴스》, 2023.6.27.

25 〈[논평] 시민들의 비판이 두려워 스스로 괴담 정치꾼이 된 하태경이
    가소로울 뿐이다!〉, 《녹색연합》, 2023.6.27.

26 구도완, 《생태민주주의》, 한티재, 2018, 6쪽.

3부. 에코사이드 어떻게 처벌해야 할까

1. 국제법상 에코사이드 처벌 규정

1 United Nations, *Yearbook of the International Law Commission:
   Part II*, United Nations, 1991, p. 107.

2 〈평화 유지 못하는 유엔 평화유지군〉, 《르몽드 디플로마티크》, 2017.2.1.

3 국가법령정보센터의 〈국제형사재판소에 관한 로마규정〉 공식 번역문
   참조.

4 "Flooding Hamas tunnels with seawater risks 'ruining basic life
   in Gaza', says expert'", *The Guardian*, 2023.12.23. 그러나 이 작전은
   하마스 조직원들이 바닷물이 다른 방향으로 흐르도록 새로운 지하
   땅굴을 파서 실패했다고 알려졌다.

5 1991년 구유고슬라비아 영역에서 발생한 중대한 제네바협약 위반
   행위, 국제전쟁법 및 관습 위반 행위, 집단살해, 인도에 반하는 죄를

처벌하기 위해 1993년에 5월에 설립되었다. 사회주의 연방국가였던 유고슬라비아는 1991년 연방국들 사이에 독립을 둘러싼 내전을 여러 차례 겪었다. 특히 1992년부터 1995년까지 보스니아-헤르체고비나에서 발생했던 세르비아와 크로아티아, 보스니아 사이 전쟁과 코소보의 독립선언에 반대하는 세르비아의 충돌로 이어진 코소보전쟁에서는 인종청소ethnic cleansing, 집단살해, 전시 성폭력, 터전 파괴 등 여러 잔혹 행위가 발생했다. 당시 미국과 독일은 논란에도 불구하고 전쟁 개입을 반대하는 러시아와 중국이 거부권을 행사할 수 있는 유엔안전보장이사회를 우회해서 나토를 동원했다. 오랜 전쟁으로 14만 명이 사망했으며, 400만 명의 이산민이 발생했다. 이후 유고슬라비아는 크로아티아, 슬로베니아, 알바니아, 보스니아, 세르비아, 코소보, 몬테네그로, 북마케도니아 등 7개 국가로 분할됐다.

6 1959년부터 1996년까지 르완다에 거주하는 후투인과 투치인, 그리고 소수집단 사이에 내전이 이어졌다. 1994년 4월부터 7월 사이에는 단 100일 만에 80여만 명이 희생당하는 대학살이 발생했는데, 독일 홀로코스트, 캄보디아 킬링필드와 함께 최악의 집단살해 기록으로 남아 있다. 대학살 희생자 중 80% 이상이 투치인이었지만, 학살에 동조하지 않았던 후투인과 소수 민족집단 희생자도 상당했다. 대학살뿐만 아니라 전시 성폭력, 기근과 질병의 무기화, 소년병, 프랑스의 학살 조장 등 여러 잔학 행위가 일어나 도덕적 공황을 초래했다.

7 1970년대 캄보디아에서는 폴 포트가 이끄는 크메르루주가 마오쩌둥 사상을 따른다면서 '문화대혁명' 유의 국가 대개조 계획을 강제했다. 도시 시민들은 강제로 이주당했고, 이 과정에서 2만여 명이 사망했다. 그리고 강제로 이주당한 사람들은 집단농장에서 강제노동을 했으며, '민족정화'를 이유로 지식인, 종교인, 소수 민족집단 등을 살해했다. 당시 캄보디아 전체가 거대한 학살 장소였기 때문에 '킬링필드'라는 별칭이 등장했다. 사망자는 적게는 120만 명, 많게는 280만 명으로 추정되며, 이후 크메르루주 정권은 베트남전쟁에서 승리한 베트남군에 의해 붕괴했다. 캄보디아 정부와 유엔은 협상을 통해 1970년대

당시 '킬링필드'에서 벌어진 잔학 행위와 인권침해를 단죄하기 위해 특별재판소를 설치했다. 국제형사재판소는 2002년 이후에 발생한 사건에 대해서만 관할권을 행사할 수 있기 때문에 1970년대에 발생한 범죄 사건을 다룰 수 없었기 때문이다.

8 냉전이 시작된 1949년 상호 집단안보를 보장하기 위해 미국과 캐나다, 그리고 서유럽 국가들이 만든 군사협력체다. 출범 당시 12개국으로 시작해서 현재 32개 회원국으로 규모가 증가했다. 한국은 나토 회원국은 아니지만, '글로벌 파트너 국가'이며 나토 사이버방위센터 정회원이기도 하다.

9 Rachel Killean, "From Ecocide to Eco-Sensitivity: 'Greening' Reparations at the International Criminal Court", *Journal of Human Rights* 25(2), 2021, pp. 323–347.

10 남아프리카공화국의 경우 고등법원의 결정으로 비준 철회가 무효화되어 국제형사재판소 회원국으로 남았다.

11 The Office of the Prosecutor, *Policy paper on case selection and prioritisation*, International Criminal Court, 2016, p. 14.

12 "Open Letter: Supporting the Cambodian Land Grabbing Case", *International Federation for Human Rights*, 2021.3.18.

13 "Jair Bolsonaro could face charges in The Hague over Amazon rainforest", *The Guardian*, 2021.1.23.

14 뒤에서 설명하겠지만, 이 점에 착안해서 에코사이드를 국제형사법상으로 처벌해야 한다고 목소리를 높이는 사람들도 있다. 통상 환경법 위반 행위는 기업에 (가벼운 수준의) 벌금을 부과하는 방식으로 끝나는데, 기업은 벌금을 내더라도 그 비용을 상품이나 서비스 가격을 올리거나 생산비용을 줄여서 결국 그 책임을 노동자와 소비자, 그리고 사회에 전가할 수 있기 때문이다. 그래서 기업 경영진 개인에게 책임을 물어야 한다고 강조한다. 기업의 안전의무를 기업 경영책임자에게 부과하는 한국의 중대재해처벌법과 유사한 논리라고 볼 수 있다.

15 고봉진, 〈국제형법의 가능성과 한계〉, 《국제법무》 10(1), 2018, 1~23쪽.

16 스페인은 1985년에 보편적 관할권을 명문화해서 세계적으로 보편적 관할권에 대한 선도적인 입지를 다졌으나, 2014년에 이 행사를 포기했다.

17 파룬궁은 1990년대에 성행하기 시작한 수련을 통한 영적 운동으로 알려져 있다. 중국공산당은 파룬궁 수련자가 점점 늘어나자 1999년부터 이들을 사이비 종교집단으로 규정하고, 4300여 명 이상을 '사상 개조'를 이유로 노동수용소에 강제로 구금하거나 고문하고 있다. 이 과정에서 탈법적 살해와 장기 밀매가 발생하고 있다는 의혹이 제기되고 있다.

2. 기업 권력에 맞선 에코사이드 저항운동

1 〈큰돌고래 건강 악화… 최악의 원유 유출이 남긴 상흔〉, 《뉴스펭귄》, 2022.8.29.

2 Polly Higgins, *Eradicating Ecocide: Exposing the corporate and political practices destroying the planet and proposing the laws to eradicate ecocide* 2nd edition. Shepheard-Walwyn, 2015, pp. x–xi.

3 폴리 히긴스의 TED 영상은 다음 링크를 참조. https://www.youtube.com/watch?v=8EuxYzQ65H4.

4 Polly Higgins, *Eradicating Ecocide: Exposing the corporate and political practices destroying the planet and proposing the laws to eradicate ecocide*, p. 63.

5 Ibid., p. 107.

6 '희소한 자원이 전쟁/폭력을 초래한다'는 가설은 캐나다 정치학자 토마스 호머-딕슨Thomas Homer-Dixon을 비롯한 '현실주의' 안보론자들이 적극적으로 제기했다. 이 가설은 경제발전에 필요한 희소한 중요 자원을 사전에(그러니까 적보다 먼저) 확보해야 한다는 '환경안보environmental security'론으로 이어진다. 식민지 역사, 차별과 사회적 배제, (역사적으로 축적된) 빈곤 등 역사적·사회적·정치적 배경을 고려하지 않고, 내전이

빈번하게 발생하고 있는 아프리카 나라들을 중심으로 연구의 결론을 도출해서 비판받고 있다. 자원희소론과 동전의 양면을 이루는 '자원의 저주resource curse' 가설은 자원이 풍부한 나라일수록 전쟁과 폭력에 시달린다는 주장인데, 두 가설 모두 실증연구도 부족할 뿐만 아니라 인간은 폭력이 만연한 상태에 놓여 있으며, 결국 공존은 실패하고 싸울 수밖에 없다는 전제에서 출발한다는 문제가 있다. 자원전쟁론의 빈약한 인과관계에 대한 비판은 Agha Bayramov, "Review: Dubious nexus between natural resources and conflict", *Journal of Eurasian Studies* 9(1), 2018, pp. 72–81 참조. 평화적 수단에 의한 인간과 자연의 공존에 대한 논의는 환경협력에 기초한 평화구축environmental peacebuilding이나 평화생태학peace ecology 맥락에서 전개되고 있다.

7 Polly Higgins, *Eradicating Ecocide: Exposing the corporate and political practices destroying the planet and proposing the laws to eradicate ecocide*, p. xii.

8 Stop Ecocide Foundation, *International Expert Panel for the Legal Definition of Ecocide: Commentary and Core Text*, Stop Ecocide Foundation, 2021, p. 2.

9 이 부칙 때문에 SEI가 제안한 에코사이드 처벌법이 인간중심적이며, 기존 환경법에 비해 새롭지 않다는 지적도 있다. 다음 논문을 참조. Adam Branch and Liana Minkova, "Ecocide, the Anthropocene, and the International Criminal Court", *Ethics & International Affairs* 37(1), 2023, pp. 51–79.

10 로마규정은 당시 강대국의 반대로 침략범죄에 대한 구체적인 정의 없이 채택되어 사실상 적용이 유보된 상태였다. 이러한 공백은 2010년 캄팔라 총회에서 국제형사재판소 회원국들이 침략범죄 정의 개정안을 채택하면서 해소되었다.

11 https://ecocidelaw.com/existing-ecocide-laws/ 참조.

12 Rachel Killean and Damien Short, *Scoping a Domestic Legal Framework for Ecocide in Scotland*, Environmental Rights Centre

for Scotland, 2024.

13 Ibid., p. 8.

14 박태현, 〈에콰도르 헌법상 자연의 권리, 그 이상과 현실〉, 《환경법연구》, 41(2), 2019, 107쪽.

15 공식 명칭은 Loi portant la lutte contre le dérèglement climatique et le renforcement de la résilience face à ses effets.

16 "French Government's Apparent Confusion Demonstrates Why Ecocide Should Be An International Crime", *Stop Ecocide International*, 2021.3.20.

17 공식 명칭은 Directive 2008/99/EC on the protection of the environment through criminal law.

18 유럽연합은 국경을 초월한 환경오염이 발생할 수 있는 사안에 대해 환경영향평가를 실시하도록 규정한 '월경성 환경영향평가 협약'(일명 'ESPOO협약')에 가입해 있다.

19 27개 회원국이 만장일치로 동의해야 하는데, 아일랜드와 덴마크는 새로운 지침 집행에 참여하지 않아 투표권이 없었고, 독일은 연방정부 연정을 구성하고 있는 자유민주당이 환경규제 강화 반대를 고수하여 기권했다.

20 황준서, 〈생태정의 관점에서 고찰하는 유럽연합의 환경범죄 대응 정책〉, 앞의 책, 77~112쪽.

21 법률이 제정되기 이전에 발생한 사실에 대해서는 소급 적용하지 않는다는 원칙으로, '소급입법금지원칙'이라고도 한다.

22 녹색정의당의 공약은 앞으로 발생할 에코사이드를 방지하기 위해 대규모 토건사업의 즉각적인 중단뿐만 아니라 과거에 발생한 생태학살에 대한 진상규명과 피해 회복, 인간과 자연의 화해를 위한 과거사위원회 출범 등 이행기 정의transitional justice 수단을 포함했다는 특징이 있다. 참고로 투명한 평가를 위해 필자가 녹색당 당원일 때 이 공약의 초안을 작성했다는 사실을 밝혀둔다.

23 SEI 대표 조조 메타는 내부 논란에도 불구하고 2024년 1월 스위스

다보스에서 열리는 세계경제포럼에 참여해서 에코사이드 방지 및
처벌에 대한 기업들의 지지와 인식 전환을 촉구했다. 세계경제포럼에는
다국적 화석연료 채굴기업들을 비롯해 전 세계 환경오염 주범들이
모인다. 이에 대항하는 대표적인 국제운동으로는 세계사회포럼이 있다.

24 〈법法만능주의의 함정〉, 《월간복지동향》, 2005.4.10.

25 김재윤, 〈'생태살해죄' 심리법원으로서 국제형사재판소의 한계와 대안〉,
《한국형사법학회》 35(2), 2023, 287~317쪽; 황준서, 〈에코사이드 처벌,
가능성과 의미〉, 《녹색평론》 183, 2024, 108~116쪽; Tim Lindgren,
"Ecocide, genocide and the disregard of alternative life-systems",
The International Journal of Human Rights 22(4), 2018, pp.
525–549.

26 Rachel Killean, "From ecocide to eco-sensitivity: 'greening'
reparations at the International Criminal Court", *The
International Journal of Human Rights* 25(2), pp. 323–347.

27 Audra Mitchell, *Revenant Ecologies: Defying the Violence of
Extinction and Conservation*, University of Minnesota Press,
2023, p. 169.

28 이러한 비판은 국민국가 질서를 본질적으로 문제 삼지 않으면서 '녹색
가치'를 추구하는 환경운동과 녹색정치운동에도 적용할 수 있다.

29 Audra Mitchell, *Revenant Ecologies*, p. 170.

30 "Skeptical Thoughts on the Proposed Crime of "Ecocide" (That
Isn't)", *OpinioJuris*, 2023.6.21.; Danuta Palarczyk, "Ecocide Before
The International Criminal Court: Simplicity Is Better Than An
Elaborate Embellishment", *Criminal Law Forum* 34, 2023, pp.
147–207.

31 영문 공식 명칭은 '티무르레스테민주공화국'이고, 국제 외교 문서에도
티무르레스테를 공식 명칭으로 쓰고 있다. 다만 한국에서는 여전히
'동티모르'가 통용되고 있다. 포르투갈의 오랜 식민지였으나,
독립투쟁의 성과로 1975년에 독립했다. 그러나 독립하기 전부터
인도네시아의 침공을 받았으며, 인도네시아군은 동티모르에서

아동 납치, 민간인 학살, 고문 등 잔혹 행위를 저질렀다. 한국이 사상
처음으로 평화유지군을 파병한 나라이기도 하다.

32 2019년에 Draft articles on Prevention and Punishment of Crimes
    Against Humanity라는 이름으로 공식 제안되었다.

3. 인식의 지평 넓히기: 에코사이드 처벌 논쟁을 둘러싼 토론

1   〈'인류세' 대표 지층은 캐나다 '크로퍼드 호수'〉, 《한겨레》,
    2023.7.12. 현재 지질시대를 공식적으로 '인류세'로 불러야 한다는
    인류세실무그룹의 제안은 2024년 초 국제층서위원회 산하 제4기
    층서위원회에서 기각되었다.

2   "Why I Resigned from the Anthropocene Working Group",
    Anthroecology Lab, 2023.7.13.

3   손민달, 〈인류세 담론의 의미와 한계〉, 《한민족어문학》 102, 2023,
    219~255쪽.

4   Alessandra Mezzadri, "Social reproduction and pandemic
    neoliberalism: Planetary crises and the reorganisation of life,
    work and death", *Organization* 29(3), 2022, pp. 379–400.

5   Aziz Omar and Martin Hvarregaard Thorsøe, "Rebalance power
    and strengthen farmers' position in the EU food system? A CDA
    of the Farm to Fork Strategy", *Agriculture and Human Values* 41,
    2023, pp. 631–646.

6   David Ciplet and J. Timmons Roberts, "Climate change and
    the transition to neoliberal environmental governance", *Global
    Environmental Change* 46, 2017, pp. 148–156; Christopher
    D. Stone, "Common But Differentiated Responsibilities in
    International Law", *American Journal of International Law* 98(2),
    2004, pp. 276–301.

7   전체 인터뷰 영상은 유튜브에서 확인할 수 있다. https://
    www.youtube.com/watch?v=5P4uAcGLWQg.

8   다국적 석유기업들은 기술을 앞세워 여러 글로벌 남반구 산유국들과
     불평등한 계약을 맺어왔다. 이에 반발한 베네수엘라, 볼리비아 등
     여러 나라는 자원민족주의를 내세워 국영기업의 화석연료 개발사업을
     확대하고 있다. 자원 거래를 통해 얻은 수입을 외세에 수탈당하지 않고
     자국의 사회발전에 쓰겠다는 의도다.

9   화석연료비확산조약운동Fossil Fuel Non-proliferation Treaty Initiative 참조.

10   Costas Dounizas, *The End of Human Rights: Critical Thought at
     the Turn of the Century*, Bloomsbury Publishing, 2000.

11   크리스토프 멩케·아른트 폴만,《인권 철학 입문: 정치적·도덕적 경험에
     비추어본 인권의 철학적 문제들》, 46쪽.

12   생물종 고유의 권리에 대해 토머스 베리가 쓴 〈권리의 기원과 분화
     그리고 역할〉은 지구법학회,《지구법학: 자연의 권리선언과 정치 참여》,
     문학과지성사, 2023 참조.

13   〈제주남방큰돌고래에 법인격 부여해 보호… 생태법인 도입 추진〉,
     《경향신문》, 2023.11.13.

14   여기서 공적 절차란 비단 정부가 주도하는 의사결정 과정 등
     제도정치뿐만 아니라 소위 '사적 영역'에 해당하는 기업의 조직 운영도
     포함한다. 예를 들어, 모든 기업활동은 자연생태계에 의존하고 있다는
     점에서 의결권을 가진 자연의 대리인이 주주총회에 참여하는 것 등을
     상상할 수 있다.

15   Matthias Petel, "The Illusion of Harmony: Power, Politics, and
     Distributive Implications of Rights of Nature", *Transnational
     Environmental Law* 13(1), 2024, pp. 12–34.

16   모순적으로 환경보호를 이유로 주민들과 지역사회로부터 토지와
     자원을 강탈하는 '녹색 땅뺏기green grabbing'와 멸종위기종 보호를 이유로
     전통적인 수렵 방식을 유지하며 살아온 선주민들을 '국립공원'에서
     추방하거나 사살하는 '군사화된 보전militarised conservation' 정책이 서구
     환경단체들의 지지를 받고 있다.

17   〈투명하고 소리 없는 800만 마리 새들의 유리창 충돌 죽음〉,

《녹색연합》, 2019.4.2.

18 "'Hopeless and broken': why the world's top climate scientists are
    in despair", *The Guardian*, 2024.5.8.

19 이 발언 뒤에 일반 시민들은 기후위기를 너무 모른다는 다소 오만한
    발언도 덧붙여 장내가 술렁였다. 독일 함부르크 뉴인스티튜트New
    Institute에서 '안전하고 정의로운 세상'에 대해 열린 강연이었다.

20 John Barry and Matthew Paterson, "Globalisation, Ecological
    Modernisation and New Labour", *Political Studies* 52, 2004, pp.
    767–784.

21 미국 인플레이션감축법IRA, 유럽연합 기업지속가능성 주의의무지침EU
    CSDDD 등 기업이 사전에 인권과 환경 책임을 식별하고 관련 조치를
    취하도록 의무를 부과하는 방식. 한국에서도 제21대 국회에서
    '기업인권환경실사법'이 발의된 바 있다.

22 이얼 프레스, 《더티 워크: 비윤리적이고 불결한 노동은 누구에게 어떻게
    전가되는가》, 오윤성 옮김, 한겨레출판, 2023, 285쪽.

23 〈2027년까지 민간 녹색투자 30조 30조 원으로… "녹색투자 활성화"〉,
    대한민국 정책브리핑, 2024.3.19.

24 〈"환경부는 이미 내란 상태… 세종보는 탄핵 최전선"〉,《오마이뉴스》,
    2025.1.12.

나가며 | 불타는 지구에서 정의를 묻는다

1 〈보도자료: 기후위기 대응을 위한 국가 온실가스 감축 목표 사건〉,
   헌법재판소 공보관실, 2024.8.29.

2 그렇다면 '인도적인' 살상이란 무엇인지, 그러한 방식의 살상이
   가능하기는 한 것인지에 대한 논쟁도 있을 것이다. 이러한 것에 대한
   비판이 있을 수 있다는 점도 인정한다.

3 주윤정, 〈추출주의, 멸종, 그리고 에코사이드〉,《과학기술과 사회》
   3, 2022, 128쪽. 다만 이 논문은 이 책에서 지적했듯이 '승자의
   정의'를 되풀이할 위험을 안고 있는 히긴스와 SEI가 제시한

인간중심적·국가중심적 에코사이드 개념에 기반함으로써 오히려 그
주장의 의미를 퇴색시키는 한계가 있다.

4 새뮤얼 모인, 《충분하지 않다: 불평등한 세계를 넘어서는 인권》, 김대근
옮김, 글항아리, 2021, 347쪽.

5 이 맥락에서 라다 드수자Radha D'Souza 등 탈근대 이론가들은 이성적인
주체로서 인간의 사적 소유를 절대적인 가치로 삼는 근대 인권
패러다임을 아예 해체해야 한다고 주장한다.

6 '친환경 장애차별주의eco-ableism'가 대표적인 사례다. 소수자의 위치성에
둔감한 환경정책과 환경운동 안에서 발생하는 장애차별을 의미하며,
예를 들어 일회용 플라스틱 빨대 완전 금지, 휠체어 접근성을 방해하는
전기차 충전소 등 환경운동에서 옹호하는 '녹색소비' 정책이 오히려
장애인에게는 또 다른 사회적 차별로 다가올 수 있다. (넓은 의미에서
'장애'를 정의할 때) 장애인은 생태적 변화가 초래하는 부정적인 영향에
가장 취약한 집단인 동시에 환경정의 논의에서도 주변화된 주체였다.
장애차별 요소를 고려한 환경정책도 필요하지만, 동시에 장애를
낙인찍는 사회의 변화가 동시에 일어나야 한다.

7 예를 들면 전쟁없는세상 편, 《저항하는 평화: 전쟁, 국가, 권력에
저항하는 평화주의자들의 대담》, 오월의봄, 2015; 사울 D. 알린스키,
《급진주의자를 위한 규칙: 현실적 급진주의자를 위한 실천적 입문서》,
박순성·박지우 옮김, 아르케, 2016.

8 최근 터키, 그리스, 스페인, 미국 등 여러 나라 학생과 노동자들이
이스라엘의 팔레스타인 제노사이드-에코사이드에 맞서 점거농성과
파업을 하기도 했다.

국내 도서

구도완, 《생태민주주의》, 한티재, 2018.

국토지리연구원, 《대한민국 국가지도집 II 2020》, 국토지리연구원, 2020.

야마모토 다다사부로 지음, 《정호기》, 이은옥 옮김, 에이도스. 2015.

오창영, 《한국동물원80년사 창경원편》, 서울특별시, 1996.

윤성순·김경신·장정인, 《바닷모래의 이용실태와 관리 개선방향》,
      한국해양수산개발원, 2017.

이시환 외, 《생명의 근원 바다여 영원하라》, 신세림출판사, 2018.

전쟁없는세상 편, 《저항하는 평화: 전쟁, 국가, 권력에 저항하는
      평화주의자들의 대담》, 오월의봄, 2015.

조효제, 《침묵의 범죄 에코사이드》, 창비, 2022.

조희연, 《박정희와 개발독재시대: 5·16에서 10·26까지》, 역사비평사, 2007.

지구법학회, 《지구법학: 자연의 권리선언과 정치 참여》, 문학과지성사,
      2023.

홍성태, 《개발독재를 비판한다》, 새물결, 2007.

국내 논문

강미경, 〈원주민들은 어디로 갔을까?: 17세기 초 얼스터 플랜테이션 시기 원주민의 이주〉, 《영국 연구》 50, 2023, 1~27쪽.

강진연, 〈국가성의 지역화—한국의 토건국가 형성 과정과 성장연합의 역사적 구성〉, 《사회와 역사》 105, 2015, 319~355쪽.

고문현, 〈헌법상 환경권의 개정방안〉, 《법학논총》 40, 2018, 1~20쪽.

고봉진, 〈국제형법의 가능성과 한계〉, 《국제법무》 10(1), 2018, 1~23쪽.

김재윤, 〈'생태살해죄' 심리법원으로서 국제형사재판소의 한계와 대안〉, 《한국형사법학회》 35(2), 2023, 287~317쪽.

_____, 〈환경범죄단속법상 형벌규정의 문제점과 개선방향〉, 《일감법학》 40, 2018, 73~95쪽.

김정환, 〈30년간 환경형법의 변화〉, 《법학연구》 27(3), 2017, 57~87쪽.

박순열·홍덕화, 〈허베이 스피리트호 기름유출사고로 인한 태안 지역의 사회경제적 변동: 재난의 파편화와 사사화〉, 《공간과 사회》 34, 2010, 142~180쪽.

박태현, 〈에콰도르 헌법상 자연의 권리, 그 이상과 현실〉, 《환경법연구》, 41(2), 2019, 107~141쪽.

손민달, 〈인류세 담론의 의미와 한계〉, 《한민족어문학》 102, 2023, 219~255쪽.

심아정, 〈페미니즘과 생태적 관점으로 다시-쓰는 '민民들의 법정'의 계보—확장된 민民들의 목소리와 그 연쇄적 사례를 중심으로—〉, 《사이間SAI》 31, 2021, 353~392쪽.

안종주, 〈국내 주요 환경보건 재난의 전개 과정과 그 교훈, 그리고 환경보건 전문가의 역할〉, 《한국환경보건학회지》 48(1), 2022, 9~18쪽.

이상호, 〈베트남전쟁 파병 국군 전사자 현황과 국내 언론 보도〉, 《역사와 현실》 116, 2020, 103~126쪽.

이창현, 〈자원봉사는 태안을 살리고 자원봉사 보도는 삼성만 살렸다:기름유출사고와 언론 보도 분석〉, 《신문과방송》 446, 2008, 86~91쪽.

조시현, 〈한일 과거청산과 식민지 범죄〉, 《문화연구》 4(1), 2016,
    153~188쪽.

주윤정, 〈추출주의, 멸종, 그리고 에코사이드〉, 《과학기술과 사회》 3, 2022,
    114~137쪽.

최광승·조원빈, 〈박정희의 민주주의관과 유신체제 정당화〉,
    《한국동북아논총》 26(2), 2021, 45~67쪽.

황준서, 〈생태정의 관점에서 고찰하는 유럽연합의 환경범죄 대응 정책〉,
    《EU연구》 63, 2022, 77~112쪽.

_____, 〈에코사이드 처벌, 가능성과 의미〉, 《녹색평론》 183, 2024,
    108~116쪽.

해외 도서

Allan Schnaiberg, *The Environment: From Surplus to Scarcity*, New
    York and Oxford: Oxford University Press, 1980.

Arthur W. Galston, "Technology and American Power: The Changing
    Nature of War", eds. Erwin Knoll and Judith Nies, *War Crimes
    and the American Conscience*, New York: Holt Rinehart Winston,
    1970, pp. 47–103.

Audra Mitchell, *Revenant Ecologies: Defying the Violence of
    Extinction and Conservation*, Minneapolis and London:
    University of Minnesota Press, 2023.

Bruce Cumings, *The Global Politics of Pesticides: Forging Consensus
    to Conflicting Interests*, London: Earthscan, 1998.

Christoph Menke and Arnd Pollmann, *Philosophie der
    Menschenrechte zur Einführung*, Hamburg, Junius Verlag, 2007.
    (한국어판: 《인권 철학 입문: 정치적·도덕적 경험에 비추어본 인권의
    철학적 문제들》, 정미라·주정립 옮김, 21세기북스, 2012.)

Costas Dounizas, *The End of Human Rights: Critical Thought at the*

Turn of the Century, London, Bloomsbury Publishing, 2000.

David Zierler, *The Invention of Ecocide: Agent Orange, Vietnam, and the Scientists Who Changed the Way We Think About the Environment*, Athens, GA: University of Georgia Press, 2011.

Eyal Press, *Dirty Work: Essential Jobs and the Hidden Toll of Inequality in America*, New York: Farrar, Straus and Giroux, 2021. (한국어판:《더티 워크: 비윤리적이고 불결한 노동은 누구에게 어떻게 전가되는가》, 오윤성 옮김, 한겨레출판, 2023.)

Gabriel Kolko, *Anatomy of a War: Vietnam, the United States, and the Modern Historical Experience*, New York: The New Press, 1994.

Institute of Medicine, *Veteran and Agent Orange: Update 2012*, Washington: National Academies Press, 2014.

Michael E. Mann and Tom Toles, *The Madhouse Effect: How Climate Change Denial Is Threatening Our Planet, Destroying Our Politics, and Driving Us Crazy*, New York, Columbia University Press, 2016. (한국어판:《누가 왜 기후변화를 부정하는가: 거짓 선동과 모략을 일삼는 기후변화 부정론자들에게 보내는 레드카드》, 정태영 옮김, 미래인, 2017.)

Peter Dauvergne, *Environmentalism of the Rich*, Cambridge, MA: The MIT Press, 2016.

Polly Higgins, *Eradicating Ecocide: Exposing the corporate and political practices destroying the planet and proposing the laws to eradicate ecocide*. 2nd edition. London: Shepheard-Walwyn, 2015.

Rob Nixon, *Slow Violence and the Environmentalism of the Poor*, Cambridge, MA: Harvard University Press, 2011. (한국어판:《느린 폭력과 빈자의 환경주의》, 김홍옥 옮김, 에코리브르, 2020.)

Sam Moore and Alex Roberts, *The Rise of Ecofacism: Climate Change and the Far Right*, Cambridge: Polity Press, 2022.

Samuel Moyne, *Not Enough: Human Rights in an Unequal World*, Cambridge, MA: Harvard University Press, 2018. (한국어판: 《충분하지 않다: 불평등한 세계를 넘어서는 인권》, 김대근 옮김, 글항아리, 2021.)

Saul D. Alinsky, *Rules for Radicals: A Pragmatic Primer for Realistic Radicals*, New York: Random House, 1971. (한국어판: 《급진주의자들을 위한 규칙: 현실적 급진주의자를 위한 실천적 입문서》, 박순성·박지우 공역, 아르케, 2016)

Shinohara Masatake, 人新世の哲学: 思弁的実在論以後の「人間の条件」, 人文書院, 2018. (한국어판: 《인류세의 철학: 사변적 실재론 이후의 '인간의 조건'》, 조성환·이우진·야규 마코토·허남진 옮김, 모시는사람들, 2022.)

Sten Bergman, *In Korean Wilds and Villages*, Travel Book Club, 1938. (한국어판: 《한국의 야생동물지》, 신복룡·변영우 옮김, 집문당, 1999.)

Svetlana Alexievich, *У войны не женское лицо*, *Мастацкая лит-ра*, 1985. (한국어판: 《전쟁은 여자의 얼굴을 하지 않았다》, 박은정 옮김, 문학동네, 2015.)

The Office of the Prosecutor, *Policy paper on case selection and prioritisation*, The Hague: International Criminal Court, 2016.

Ulrich Beck, *Risk Society: Towards a New Modernity*, Sage Publications, 1992. (한국어판: 《위험사회: 새로운 근대(성)을 향하여》, 홍성태 옮김, 새물결, 1997.)

Yifei Li and Judith Shapiro, *China Goes Green: Coercive Environmentalism for a Troubled Planet*, Cambridge: Polity Press, 2020.

해외 논문

Adam Branch and Liana Minkova, "Ecocide, the Anthropocene, and the International Criminal Court", *Ethics & International Affairs* 37(1), 2023, pp. 51–79.

Agha Bayramov, "Review: Dubious nexus between natural resources and conflict", *Journal of Eurasian Studies* 9(1), 2018, pp. 72–81.

Alessandra Mezzadri, "Social reproduction and pandemic neoliberalism: Planetary crises and the reorganisation of life, work and death", *Organization* 29(3), 2022, pp. 379–400.

Arthur W. Galston, "An Accidental Plant Biologist", *Plant Physiology* 128(3), 2002, pp. 786–787.

Arthur W. Galston, "Science and Social Responsibility: A Case History", *Annals of the New York Academy of Sciences* 196(4), 1972, pp. 223–235.

Aziz Omar and Martin Hvarregaard Thorsøe, "Rebalance power and strengthen farmers' position in the EU food system? A CDA of the Farm to Fork Strategy", *Agriculture and Human Values* 41, 2023, pp. 631–646.

Cara Daggett, "Petro-masculinity: Fossil Fuels and Authoritarian Desire", *Millennium: Journal of International Studies* 47(1), 2018, pp. 24–44.

Chang-Hee Christine Bae and Myung-Jin Jun, "Counterfactual Planning: What If There Had Been No Greenbelt in Seoul?", *Journal of Planning Education and Research* 22, 2003, pp. 374–383.

Christopher D. Stone, "Common But Differentiated Responsibilities in International Law", *American Journal of International Law* 98(2), 2004, pp. 276–301.

Danuta Palarczyk, "Ecocide Before The International Criminal Court: Simplicity Is Better Than An Elaborate Embellishment", *Criminal Law Forum* 34, 2023, pp. 147–207.

David Ciplet and J. Timmons Roberts, "Climate change and the transition to neoliberal environmental governance", *Global Environmental Change* 46, 2017, pp. 148–156.

Duncan Depledge, "Low-carbon warfare: climate change, net zero and military operations", *International Affairs* 99(2), 2023, pp. 667–685.

Farhana Sultana, "The unbearable heaviness of climate coloniality", *Political Geography* 99, 2022, p. 102638.

Jennifer Huseman and Damien Short, "A slow industrial genocide': tar sands and the indigenous peoples of northern Alberta", *International Journal of Human Rights* 16(1), 2012, pp. 216–237.

John Barry and Matthew Paterson, "Globalisation, Ecological Modernisation and New Labour", *Political Studies* 52, 2004, pp. 767–784.

Juneseo Hwang, "Criminal Justice in a Time of Ecological Crisis: Can the Serious Accidents Punishment Act in Korea Be Enforced to Punish 'Ecocide'?", *International Journal of Criminal Justice* 4(2), 2022, pp. 30–57.

Kenneth R. Olson and Larry Cihacek, "How United States Agricultural Herbicides Became Military and Environmental Chemical Weapons: Historical and Residual Effects", *Open Journal of Soil Science* 12(2), 2022, pp. 13–81.

Kiem N. Truong and Khuong V. Dinh, "Agent Orange: Half-Century Effects on the Vietnamese Wildlife Have Been Ignored", *Environmental Science & Technology* 55(22), 2021, pp. 15007–15009.

Kurt Waldheim, "III. Human Environment", Bulletin of Peace Proposals 3(3), 1972, pp. 226–239.

Marcos Zunino, 2016, "Subversive Justice: The Russell Vietnam War

Crimes Tribunal and Transitional Justice", *International Journal of Transitional Justice* 10(2), 2016, pp. 211–229.

Mark Beeson, "The coming of environmental authoritarianism", *Environmental Politics* 19(2), 2010, pp. 276–294.

Matthias Petel, "The Illusion of Harmony: Power, Politics, and Distributive Implications of Rights of Nature", *Transnational Environmental Law* 13(1), 2024, pp. 12–34.

Patrick Bresnihan and Patrick Brodie, "From toxic industries to green extractivism: rural environmental struggles, multinational corporations and Ireland's postcolonial ecological regime", *Irish Studies Review* 32(1), 2024, pp. 93–122.

Rachel Killean, "From Ecocide to Eco-Sensitivity: 'Greening' Reparations at the International Criminal Court", *Journal of Human Rights* 25(2), 2021, pp. 323–347.

Rachel Killean, "From ecocide to eco-sensitivity: 'greening' reparations at the International Criminal Court", *The International Journal of Human Rights* 25(2), pp. 323–347.

Robert J. Richards, "Ernst Haeckel's Alleged Anti-Semitism and Contributions to Nazi Biology", *Biological Theory* 2, 2007, 97–103.

Tim Lindgren, "Ecocide, genocide and the disregard of alternative life-systems", *The International Journal of Human Rights* 22(4), 2018, pp. 525–549.

Vincenzo Ruggiero, "Criminology against war", *Justice, Power and Resistance* 6(3), 2023, pp. 263–277.

신문 기사 및 보도자료

경향신문, 공익법센터 어필, 그린포스트코리아, 녹색연합, 뉴스1, 뉴스타파, 뉴스투데이, 뉴스펭귄, 대한민국 정책브리핑, 동아일보, 돼지와사람,

르몽드디플로마티크, 매일경제, 미디어오늘, 법률신문, 불교닷컴,
서산시대, 새만금시민생태조사단, 서울경제, 연합뉴스, 영남일보,
오마이뉴스, 월간복지동향, 일본군'위안부'문제연구소 웹진 '결',
전쟁없는세상, 주간경향, 중도일보, 참여사회, 참여연대, 프레시안,
한겨레, 한겨레21, 한국일보, 함께사는길, 헌법재판소 공보관실,
IMPACT ON, KBS, KTNC Watch, SBS.

Al Jajeera, Anthroecology Lab, Center for Creative Ecologies,
Declassified UK, Deutsche Welle, Earth.Org, EuroNews, Financial
Times, ForcesWatch, Fordham Institute, Global Times, Hot
Press, International Court of Justice, International Federation
for Human Rights, Medium, Mongabay, New York Times, NRDC,
OpenDemocracy, OpinioJuris, Scientific American, Stop Ecocide
International, The Atlantic, The Guardian, UN Women, United
Liberation Movement for West Papua, Vox, Reuters, Yale Review
of International Studies.

기타 자료(보고서, 회의록, 웹사이트, 팸플릿 등)

국가보훈부, 동북아역사넷, 어린이재단 스웨덴, 한국원자력안전기술원 산하
원자력안전정보공개센터.

Global Initiative Against Transnational Organized Crime,
*Intersections: Building blocks of a global strategy against
organized crime*, Geneva: Global Initiative Against Transnational
Organized Crime, 2024.

International Coalition on Drug Policy Reform and Environmental
Justice, *Revealing the missing link to Climate Justice: Drug Policy*,
London: International Coalition on Drug Policy Reform and
Environmental Justice, 2023.

International Committee of the Red Cross, *Iraq's perfect storm-a*

climate and environmental crisis amid the scars of war, Geneva:
    International Committee of the Red Cross, 2021.

Joana Setzer and Catherine Higham, *Global trends in climate change
    litigation: 2024 snapshot*, London: Grantham Research Institute
    on Climate Change and the Environment, 2024.

Permanent Peoples' Tribunal on State and Environmental Violence in
    West Papua, *The Indicment*, London: Centre for Climate Crime
    and Climate Justice, 2024.

Rachel Killean and Damien Short, *Scoping a Domestic Legal
    Framework for Ecocide in Scotland*, Edinburgh: Environmental
    Rights Centre for Scotland, 2024.

Stop Ecocide Foundation, *International Expert Panel for the Legal
    Definition of Ecocide: Commentary and Core Text*, Amsterdam:
    Stop Ecocide Foundation, 2021.

UK Parliament, *Jungle Defoliation, Volume 499: debated on
    Wednesday 23 April 1952*, London: UK Parliament, 1952.

지금 당장, 정의 실현

초판 1쇄 펴낸날   2025년 2월 7일
지은이   황준서
펴낸이   박재영
편집   임세현·이다연
마케팅   신연경
디자인   조하늘
제작   제이오
펴낸곳   도서출판 오월의봄
주소   경기도 파주시 회동길 363-15 201호
등록   제406-2010-000111호
전화   070-7704-5018
팩스   0505-300-0518
이메일   maybook05@naver.com
X(트위터)   @oohbom
블로그   blog.naver.com/maybook05
페이스북   facebook.com/maybook05
인스타그램   instagram.com/maybooks_05

ISBN   979-11-6873-140-0 03300

만든 사람들
책임편집   박재영
디자인   조하늘